Le monde en marche

Histoire Géographie
Éducation civique

INCLUS
LA PRÉPARATION
AU BACCALAURÉAT

Term

NOUVEAU
PROGRAMME
BAC PRO
• 3 ANS

Alain Brélivet
Martin Fugler
Anne-Marie Gérin-Grataloup
Jean-Marie Guillemard
Anne Inglebert
Isabelle Juguet
Gérard Labrune

Nathan
TECHNIQUE

Programme

Histoire Terminale

Le monde au XXe siècle et au début du XXIe siècle

Le XXe siècle – de 1914 à 1990 – est abordé ici à travers quelques thèmes permettant d'éclairer cette période d'affrontements meurtriers, de combats des idéologies, de progrès technologique, économique et social, de tentatives d'organisations mondiales et régionales. On traite également le XXIe siècle, tel qu'il se dessine depuis la chute du Mur de Berlin.

Les sujets d'étude sont tous obligatoires. Pour chaque sujet d'étude, on retient au moins une situation parmi celles indiquées et on garde la liberté d'en traiter d'autres tirées de la liste du programme ou à l'initiative de l'enseignant.

Sujets d'étude	Une situation au moins	Orientations et mots-clés
1. Les États-Unis et le monde (1917-1989)	• Les 14 points de Wilson • Le plan Marshall et le début de la guerre froide	On montre l'engagement des États-Unis dans les deux guerres mondiales et dans la guerre froide et leur rôle moteur dans l'économie mondiale, qui contribuent à la construction de la puissance américaine. On analyse les tentations de repli (isolationnisme) et les échecs (Viêtnam). On explique comment les États-Unis ont défendu voire imposé leur modèle économique (capitalisme) et politique (démocratie libérale).
2. L'idée d'Europe au XXe siècle	• Le plan Schuman • Kohl - Mitterrand et l'Europe	On étudie les grands projets politiques et économiques d'union de l'Europe, les débats et les oppositions qu'ils suscitent (supranationalité, fédéralisme). On montre les réalisations éphémères ou durables (projet de Briand, marché commun initié par Schuman et Adenauer) en les replaçant dans leurs contextes. On souligne le renouvellement de la question de la construction européenne à la suite de la disparition des blocs.
3. La décolonisation et la construction de nouveaux États : Inde, Algérie	• Gandhi et la non-violence • La Toussaint 1954	On montre, à travers l'Inde et l'Algérie, les luttes coloniales et deux processus de décolonisation – pacifique et militaire - tandis que les indépendances s'accompagnent de transferts de population. On insiste sur les similitudes entre les deux pays (non-alignement) et sur leurs choix de systèmes politiques et économiques différents.
4. Le monde depuis le tournant des années 1990	• La chute du Mur de Berlin • Le 11 septembre 2001	On présente les années 1990, l'effondrement du modèle soviétique et la victoire de la démocratie libérale et de l'économie de marché. On insiste sur les crises qui marquent le début de cette nouvelle période : génocides en Afrique et en Europe – Rwanda, Srebrenica –, terrorisme – 11 septembre – conflits qui opposent des États et des réseaux, interventions militaires des États-Unis et de leurs alliés.

Bulletin officiel spécial n° 2 du 19 février 2009,
Ministère de l'Éducation nationale.

25 avenue Pierre de Coubertin – 75013 Paris
ISBN 978-2-09-161655-1

Sommaire Histoire Terminale

Sujet d'étude 1

Sujet d'étude 2

Sujet d'étude 3

Sujet d'étude 4

Géographie Terminale

La France dans l'Union européenne

La France s'inscrit dans l'Union européenne et dans le monde. L'articulation des trois échelles permet de situer sa puissance et de comprendre ses dynamiques territoriales.

Les sujets d'étude sont tous obligatoires. Pour chaque sujet d'étude, on retient au moins une situation parmi celles indiquées et on garde la liberté d'en traiter d'autres tirées de la liste du programme ou à l'initiative de l'enseignant.

Sujets d'étude	Une situation au moins	Orientations et mots-clés
1. La France dans l'UE et dans le monde	• Paris, ville mondiale • L'outre-mer et la puissance française	On présente le territoire français, sa diversité, son ouverture sur l'Union européenne et sur le monde. On mesure la puissance de la France dans les domaines économique, géopolitique et culturel.
2. Acteurs et enjeux de l'aménagement des territoires français	• Le Conservatoire du littoral • Un aménagement dans une communauté de communes	Avec la construction européenne et la décentralisation, l'État n'est plus le seul acteur de l'aménagement des territoires. On identifie le rôle des collectivités territoriales, des communautés de communes et des territoires de projet, de l'État, de l'Union européenne. On fait apparaître la complexité des enjeux : compétitivité des territoires, équité territoriale, environnement.
3. Les transformations de l'espace productif et décisionnel	• Une métropole • La région de l'établissement	On met en relation le redéploiement du système productif et les dynamiques territoriales. On montre la concentration des fonctions de commandement, de recherche et d'innovation dans les métropoles. Au sein de chaque filière se dessine ainsi une division spatiale du travail. On fait apparaître la diversité des espaces productifs : technopôles, pôles de compétitivité, reconversions, déprises.
4. Les mobilités de la population	• La France en été • Les migrations entre la métropole et l'outre-mer	On étudie la répartition de la population, ses facteurs et ses dynamiques. On met en évidence les mobilités croissantes liées au travail, aux loisirs ou aux modes de vie. On fait apparaître l'inégale attractivité des territoires de métropole et d'outre-mer. On souligne l'importance de la gentrification des centres-villes, de la périurbanisation et de la littoralisation.
5. L'Union européenne et ses territoires	• Les frontières de l'Union européenne • Un grand projet européen : *Ariane*	L'Union européenne est une construction géoéconomique et géopolitique. On présente l'élargissement de cet espace à géométrie variable (espace Schengen, zone Euro) ainsi que les acquis communautaires. On évoque les grands débats qui le traversent.

Bulletin officiel spécial n° 2 du 19 février 2009,
Ministère de l'Éducation nationale.

Sommaire Géographie Terminale

Sujet d'étude 1

Sujet d'étude 2

Sujet d'étude 3

Sujet d'étude 4

Sujet d'étude 5

Programme

Éducation civique Terminale

Le citoyen et le monde

Les thèmes posent des questions éthiques qui renvoient à la responsabilité individuelle et collective du citoyen, face aux grands enjeux économiques et sociaux du monde actuel.

On aborde deux thèmes : le thème obligatoire et un thème parmi les trois au choix. Pour chaque thème, on s'appuie sur un sujet au moins. On garde la liberté de traiter d'autres sujets pris dans la liste du programme ou choisis à l'initiative de l'enseignant.

Thèmes	Sujets possibles	Orientations
A. Thème obligatoire : Droits de l'homme et action internationale	• L'ingérence humanitaire • Le rôle des organisations non gouvernementales (ONG) • L'ONU	La Déclaration universelle des droits de l'homme a énoncé un droit universel placé au-dessus des législations étatiques. On montre que l'Organisation des nations unies (ONU) est chargée de la mise en œuvre de ce droit : mandats donnés à des États pour le rétablissement de la paix et pour l'ingérence humanitaire, institution de tribunaux internationaux.
B. Thèmes au choix : **Citoyenneté, science et éthique**	• La procréation médicalement assistée • Le clonage • Informatique et liberté	On aborde la responsabilité du citoyen face aux applications de la recherche scientifique, notamment dans les technologies du vivant et de l'informatique. On questionne la pertinence des usages sociaux de la science au regard du droit et des limites de la liberté humaine.
Ou : **Citoyenneté et environnement**	• Les organismes génétiquement modifiés (OGM) • Énergie nucléaire et gestion des déchets • La biodiversité	On s'interroge sur le besoin d'information pour comprendre les débats complexes qui portent sur les relations entre progrès technologiques, santé et environnement, dans une perspective de développement durable. On met en débat la responsabilité du citoyen au plan individuel et collectif.
Ou : **Citoyenneté et travail**	• Le droit de grève et son exercice • Flexibilité et sécurité de l'emploi • La négociation dans l'entreprise	On aborde les questions posées par l'exercice de la citoyenneté dans l'entreprise. Les relations qui lient l'employeur au salarié ou à l'apprenti sont définies par un contrat de travail qui précise les droits et les obligations de chacune des parties. On réfléchit sur les transformations des relations de travail dans le contexte de l'ouverture européenne et de la mondialisation.

Bulletin officiel spécial n° 2 du 19 février 2009,
Ministère de l'Éducation nationale.

Sommaire Éducation civique Terminale

L'épreuve du baccalauréat professionnel

Programme Histoire-géographie-éducation civique

Évaluation sous forme ponctuelle - durée 2 h
L'examen de baccalauréat professionnel évalue la maîtrise des savoirs et des capacités en histoire- géographie et éducation civique définis dans les programmes de la classe de terminale professionnelle.
L'épreuve, d'une durée de deux heures, comporte trois parties, notées respectivement 9, 4 et 7 points.

- **La première partie** porte sur les sujets d'étude, soit d'histoire soit de géographie. Elle propose deux sujets au choix. Chaque sujet est composé d'une ou plusieurs questions et peut comporter un support documentaire.
- **La deuxième partie** porte sur le programme d'éducation civique. Elle est composée d'une question et peut comporter un support documentaire.
- **La troisième partie** porte sur la discipline qui n'est pas l'objet de la première partie. Elle consiste en une analyse de document(s) portant sur les situations d'un des sujets d'étude.

Bulletin officiel n°20 du 20 mai 2010.

Préparation au BAC Histoire

Préparation au BAC Géographie

Sujets complets du baccalauréat

Le monde au XXe siècle et au début du XXIe siècle

Les sites à consulter

1. Les États-Unis et le monde (1917-1989)
→*Pour découvrir une crise majeure de la guerre froide :*
http://www.cubacrisis.net

2. L'idée d'Europe au XXe siècle
→*Pour avoir des informations sur l'Union européenne :*
http://europa.eu/index_fr.htm

3. La décolonisation et la construction de nouveaux États : Inde, Algérie
→*Pour situer les événements de la décolonisation :*
http://www.atlas-historique.net

4. Le monde depuis le tournant des années 1990
→*Pour consulter des dossiers sur les différents pays du monde :*
http://www.diplomatie.gouv.fr

Histoire

Sujets d'étude

1 Les États-Unis et le monde (1917-1989)

Les États-Unis s'imposent aux premiers rangs des grandes puissances économiques mondiales. « République impériale », ils étendent leurs responsabilités et leurs interventions à l'ensemble du monde.

1 Plage d'Omaha Beach, le 8 juin 1944. Deux jours après le débarquement des troupes alliées sur les côtes de Normandie, l'armée américaine déploie tout son arsenal (véhicules blindés, hommes, barges de débarquement, matériel en tout genre) pour faire face aux combats qui mèneront à la victoire le 8 mai 1945.

Repères chronologiques

- **1917** Les États-Unis s'engagent dans la Première Guerre mondiale.
- **1941** Engagement américain dans la Seconde Guerre mondiale.
- **1947** Début de la guerre froide et plan Marshall.
- **1987** Traité de Washington sur le désarmement avec l'Union soviétique.
- **1989** Fin de la guerre froide. Les États-Unis seule superpuissance.

Comment les États-Unis sont-ils devenus la première puissance mondiale ?

2 **Les premiers pas sur la Lune, juillet 1969.**
L'envoi réussi de trois hommes sur la Lune le 21 juillet 1969 est le résultat du programme Apollo, défi lancé par le président Kennedy. Le 21 juillet 1969, des millions de télespectateurs dans le monde suivent en direct les premiers pas de Neil Armstrong sur la Lune.

Entrée dans le thème

1. Relevez ce qui montre, dans le document 1, la puissance de l'armée américaine.
2. En quoi ces premiers pas sur la Lune sont-ils un événement mondial ?
3. Pourquoi le débarquement de juin 1944 et la conquête de la Lune en 1969 illustrent-ils la puissance des États-Unis ?

Carte

Les États-Unis dans la guerre froide (1947-1989)

1 **Les États-Unis et le monde (1947-1989)**

Découverte de la carte

1. Citez trois pays alliés des États-Unis appartenant à des continents différents. Avec la légende, dites à quels systèmes d'alliance ils appartiennent.
2. Pourquoi de nombreuses bases américaines sont-elles situées en Asie du Sud-Est ?
3. En quoi peut-on dire qu'après 1945 les États-Unis sont une puissance mondiale ?

Cours 1 Les fondements de la puissance américaine (1917-1989)

▶ Sur quels piliers repose la puissance américaine ?

La nation américaine s'est forgée autour de la réussite économique et du « melting-pot », creuset où se rassemblent les Américains de toutes origines. De 1917 à 1989, malgré les tensions, les crises et les mouvements contestataires, la puissance américaine reste solide.

1 Les amendements à la Constitution de 1787

Amendement 15 (1870)
Le droit de vote des citoyens des États-Unis ne sera refusé ou restreint ni par les États-Unis, ni par aucun État, pour cause de race, de couleur de peau ou de condition antérieure de servitude.

Amendement 19 (1920)
Le droit de vote des citoyens des États-Unis ne pourra être refusé ou restreint ni par les États-Unis ni par l'un quelconque des États pour raison de sexe.

Amendement 22 (1951)
Nul ne pourra être élu aux fonctions de Président plus de deux fois.

Amendement 24 (1964)
Le droit des citoyens des États-Unis de voter à toute élection [...] ne sera pas refusé ou restreint par les États-Unis ou par aucun État pour cause de non-paiement de la taxe électorale ou de tout autre impôt.

Amendement 26 (1971)
Le droit de vote des citoyens des États-Unis âgés de dix-huit ans ou plus ne pourra être dénié ou restreint ni par les États-Unis ni par l'un quelconque des États pour des motifs liés à l'âge.

Texte de la Constitution américaine.

2 Discours de John Fitzgerald Kennedy, président des États-Unis (1961)

« Nous ne saurions oublier aujourd'hui que nous sommes les héritiers de la première révolution. [...] Maintenant, la trompette nous appelle encore une fois [...] pour porter le fardeau d'un long combat crépusculaire, année après année, "joyeux dans l'espérance, patients dans les tribulations", un combat contre les ennemis communs de l'homme : la tyrannie, la pauvreté, la maladie et la guerre elle-même. [...]

Ainsi, mes chers compatriotes américains, ne demandez pas ce que votre pays peut faire pour vous ; demandez-vous ce que vous pouvez faire pour votre pays. Mes chers concitoyens du monde, ne demandez pas ce que l'Amérique peut faire pour vous, mais ce qu'ensemble nous pourrons faire pour la liberté de l'homme [...]. »

John F. Kennedy, discours d'investiture, 20 janvier 1961.

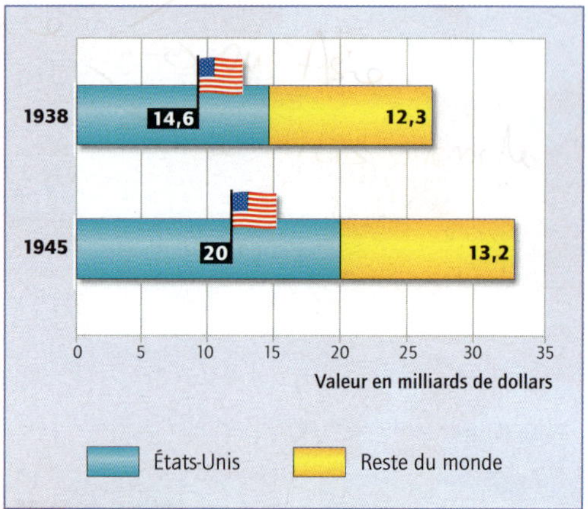

3 L'évolution du stock d'or américain.

Questions

Une démocratie ancienne

1. Quelles sont les grandes étapes de l'évolution du droit de vote aux États-Unis (doc. 1) ?

2. Que demande Kennedy aux Américains (doc. 2) ?

Un modèle économique dominant

3. Quel aspect de la domination américaine après 1945 montre le graphique ? Justifiez votre réponse (doc. 3).

4. En quoi le film *Star Wars* est-il le symbole de la puissance culturelle américaine (doc. 4) ?

Les limites du modèle américain

5. Quel combat mène Martin Luther King ? Son action aboutit-elle (doc. 5) ?

Question BAC

Utiliser ses connaissances pour analyser un document. En utilisant vos connaissances, expliquez le contexte de la photographie, document 5.

4 **Affiche du film *Star Wars* en 1977.**

Film de science-fiction qui voit s'opposer à l'échelle de l'univers une République et un Empire, forces du bien contre forces du mal.

5 **Martin Luther King à Washington.**

Militant non violent pour les droits civiques des Noirs, il prononce à Washington, le 28 août 1963, un discours célèbre : « I have a dream... »

Une démocratie ancienne

Une démocratie qui s'adapte. De multiples amendements ont adapté la Constitution de 1787, accordant le droit de vote aux femmes par exemple, ou interdisant, en 1964, toute discrimination dans le vote selon la couleur de la peau. Deux partis politiques, Républicain et Démocrate, ainsi que de multiples groupes de pression animent la vie politique. Après 1945, leur modèle politique inspire d'autres pays comme le Japon ou l'Allemagne.

Une « République impériale ». Les États-Unis sortent renforcés de la Seconde Guerre mondiale. À partir de 1945, ils façonnent un nouvel ordre économique et politique fondé sur leurs valeurs. Les premiers pas d'un Américain sur la Lune illustrent aux yeux du monde la puissance des États-Unis. Ce temps des certitudes se poursuit jusqu'aux années 1960.

Un modèle économique dominant

Le capitalisme libéral. L'avance financière et technologique des États-Unis est, après 1945, sans précédent. Elle s'appuie sur de grandes firmes multinationales, une monnaie et des capitaux. À l'échelle du monde, c'est un mode de vie qui s'exporte, l'*American Way of life*, fondé sur la consommation de biens matériels et la liberté individuelle dont la voiture est le symbole.

La puissance culturelle. Les films produits à Hollywood traduisent l'engagement américain dans la Seconde Guerre mondiale et la guerre froide. La diffusion à l'échelle planétaire d'une culture de masse – qu'illustrent le jean, le Coca-Cola, les musiques de jazz ou de rock et les *comics* (bandes dessinées) – est le signe de cette puissance.

Les limites du modèle américain

La participation aux élections. Les multiples élections nationales et locales font de la vie politique américaine une campagne électorale permanente. En conséquence, la participation aux élections, y compris les présidentielles, s'affaiblit à partir des années 1950.

Les inégalités et les contestations. Le Mouvement des droits civiques emmené par Martin Luther King milite, dans les années 1960, pour la fin de la situation des inégalités entre Noirs et Blancs. L'État fédéral est amené à légiférer pour imposer l'égalité civile et politique. Par la suite, une politique d'*Affirmative Action* (Action positive) destinée à favoriser la promotion sociale des minorités se développe dans les années 1970 et 1980.

Vocabulaire

« République impériale » : expression qui désigne le rôle mondial des États-Unis par leurs réseaux d'alliances, leurs bases militaires et la diffusion de leurs produits.

Mouvement des droits civiques : mouvement qui revendique le respect de l'égalité entre Américains blancs et Américains noirs dans tous les domaines. Martin Luther King en est le leader.

Cours 2 La construction d'une puissance mondiale (1917-1989)

▶ Comment les États-Unis se construisent-ils un rôle mondial ?

L'entrée des États-Unis, en 1917, dans la Première Guerre mondiale montre leur volonté d'intervenir dans les affaires du monde. Ils définissent, dès cette date, leur mission : défendre la liberté et la démocratie. Ce qui les conduit à exercer de multiples responsabilités.

1 Le rôle des États-Unis selon Theodore Roosevelt

Theodore Roosevelt est président des États-Unis de 1901 à 1908 ; Il s'intéresse aux relations entre les États-Unis et le reste du monde.

Si nous devons être vraiment un grand peuple, nous devons nous efforcer de bonne foi de jouer un grand rôle dans le monde. [...] Nous ne pouvons rester confusément à l'intérieur de nos frontières et avouer que nous ne sommes qu'un assemblage de revendeurs à leur aise qui n'ont cure de ce qui arrive au-dehors. Une telle politique manquerait même son propre but ; car, puisque les nations arrivent à avoir des intérêts de plus en plus larges et sont amenées de plus en plus étroitement en contact, si nous voulons tenir notre rang dans la lutte pour la suprématie navale et commerciale, nous devons construire notre puissance en dehors de nos propres frontières.

Theodore Roosevelt, *La Vie intense*, Flammarion, 1904.

2 Caricature de mars 1939.

Dessin paru dans la presse américaine : « Neutralité, Aide matérielle, Arrêter Hitler, Sauvegarder ses propres intérêts, Deux bateaux pour un, Embargo sur les armes, Rester en dehors des crises. »

3 La responsabilité des États-Unis selon Harry Truman

Truman est président des États-Unis de 1945 à 1952. Il élabore une doctrine qui vise à contenir l'influence de l'Union soviétique sur le monde.

« À ce point de l'histoire du monde, presque toutes les nations doivent choisir entre deux modes de vie. Leur choix, trop souvent, n'est pas un libre choix. L'un de ces modes de vie est fondé sur la volonté de la majorité et se caractérise par des institutions libres, un gouvernement représentatif, des élections libres, des garanties protégeant les libertés individuelles, la liberté de parole et de religion et l'absence de toute oppression politique. L'autre mode de vie est basé sur la volonté d'une minorité imposée par la force à la majorité. Ce mode de vie repose sur la terreur et l'oppression, une presse et une radio censurées, des élections truquées et la suppression de la liberté. Je suis convaincu que les États-Unis doivent mener une politique d'aide aux peuples libres qui résistent aux manœuvres de certaines minorités armées ou à la pression extérieure. Je suis convaincu que notre aide doit être principalement une aide économique et financière, essentielle pour assurer la stabilité économique et un processus politique en bon ordre [...].

Le germe des régimes totalitaires est nourri par la misère et le besoin. Il s'étend et se développe dans la mauvaise terre de la pauvreté et de la guerre civile. Il atteint son plein développement lorsque tout espoir de vie meilleure est mort dans un peuple. Nous devons garder cet espoir vivant. »

Discours du président Harry Truman devant le Congrès américain, le 12 mars 1947.

4 Le face-à-face États-Unis/Union soviétique.

Cette caricature illustre la confrontation entre John Kennedy et Nikita Khrouchtchev lors des crises de Berlin en 1961 et de Cuba en 1962.

5 Soldats américains au Viêtnam en 1960.

6 La campagne pour l'élection de Ronald Reagan en 1980.

Traduction du latin : « Si tu veux la paix prépare la guerre. »

Questions

L'engagement dans les guerres mondiales

1. Quel rôle Theodore Roosevelt donne-t-il, dès 1904, aux États-Unis (doc. 1) ?

2. À partir de 1939, à quel choix les États-Unis sont-ils confrontés (doc. 2) ?

Un rôle mondial

3. Dans quels pays les États-Unis s'engagent-ils? Pour quelles raisons (carte pages 12-13 et doc. 5) ?

Un face-à-face avec l'Union soviétique

4. À partir de 1945, quelles sont les caractéristiques des deux systèmes qui s'opposent (doc. 3) ?

5. Comment s'exprime cette confrontation (doc. 4 et 5) ?

6. Que demandent les électeurs américains à Ronald Reagan (doc. 6) ?

Question BAC

Situer un document dans son contexte. Expliquez dans quel contexte s'inscrit le discours de Truman, document 3. Quel est son objectif ?

L'engagement dans les guerres mondiales

Wilson et l'engagement dans la guerre en 1917. Pour Woodrow Wilson, qui devient président en 1912, les États-Unis ne peuvent se désintéresser des affaires du monde. L'intervention américaine dans la guerre européenne, le 2 avril 1917, en est la conséquence. Ses idées influencent les participants à la conférence de la paix en 1919.

Roosevelt et l'entrée dans la guerre en 1941. À Pearl Harbor, l'attaque surprise des Japonais contre la base américaine d'Hawaï, le 7 décembre 1941, fait basculer les États-Unis dans la guerre. Ils la mènent sur deux fronts : en Asie contre le Japon, en Afrique et en Europe contre l'Allemagne et ses alliés.

Un rôle mondial

Une aide économique à l'Europe. Les États-Unis s'investissent, *via* le plan Marshall, dans la reconstruction de l'Europe durablement affaiblie par le second conflit mondial. Ils participent à un nouvel ordre mondial par les créations de l'Organisation des Nations unies et du Fonds monétaire international.

Un système d'alliances. Les États-Unis s'appuient sur de solides alliés en Europe de l'Ouest ou en Asie en multipliant les traités qui couvrent tous les continents. L'aide aux pays du tiers-monde qui décident de se tourner vers les États Unis plutôt que vers l'Union soviétique s'amplifie. Un vaste camp occidental dominé par les États-Unis se met en place.

Un face-à-face avec l'Union soviétique

La guerre froide. Après 1945, les États-Unis et l'Union Soviétique s'opposent. Mais ils n'entrent pas dans un conflit direct. Cette situation appelée « guerre froide » est ponctuée par des crises majeures, à Berlin ou à Cuba par exemple. C'est un face-à-face, une confrontation idéologique et une course aux armements. À partir de 1950, les États-Unis prennent en charge la lutte contre le communisme partout dans le monde. En intervenant militairement au Viêtnam, ils veulent contrer l'influence communiste en Asie du Sud-Est. Mais en avril 1975, ils ne peuvent empêcher la domination du Viêtnam du Nord communiste sur le Viêtnam du Sud.

La fin de la guerre froide. En 1983, Ronald Reagan, président des États-Unis, lance un projet de défense antimissile. L'Union soviétique accepte alors un accord de désarmement sur les missiles nucléaires en 1987. Cette détente se répercute en Europe : le rideau de fer s'effondre avec la chute du mur de Berlin le 9 novembre 1989.

Vocabulaire

Société des Nations : projet créé en 1919 pour favoriser la paix.

Isolationnisme : mouvement politique et d'opinion qui prône un non-engagement des États-Unis sur la scène internationale.

Guerre froide : conflit indirect qui oppose les États-Unis et l'Union soviétique.

Situation 1 Les 14 points de Wilson

Quel rôle les États-Unis veulent-ils jouer dans le monde après 1918 ?

La situation Les États-Unis s'engagent le 2 avril 1917 dans la Première Guerre mondiale aux côtés de la France et de la Grande-Bretagne. Pour Woodrow Wilson, président des États-Unis, c'est une croisade pour la liberté et la démocratie. Celui-ci adresse au Sénat américain un texte en 14 points qui définit un nouvel ordre mondial.

1 Le texte des 14 points (1918)

Le président des États-Unis Woodrow Wilson adresse au Sénat un message le 8 janvier 1918. Les négociations de paix s'engagent en 1919 sur la base du texte de Wilson.

« C'est donc le programme de la paix du monde qui constitue notre programme. Et ce programme, le seul possible selon nous, est le suivant :

1°- Des conventions[1] de paix, préparées au grand jour ; après quoi il n'y aura plus d'ententes particulières et secrètes d'aucune sorte entre les nations [...].

2°- Liberté absolue de la navigation sur mer, en dehors des eaux territoriales [...].

3°- Suppression, autant que possible, de toutes les barrières économiques[2] et établissement de conditions commerciales égales pour toutes les nations [...].

4°- Échange de garanties suffisantes que les armements de chaque pays seront réduits au minimum compatible avec la sécurité intérieure.

5°- Arrangement librement débattu de toutes les revendications coloniales [...].

8°- Le territoire français tout entier devra être libéré et les régions envahies devront être restaurées [...].

9°- Une rectification des frontières italiennes devra être opérée, conformément aux données clairement perceptibles du principe des nationalités[3] [...].

13°- Un état polonais indépendant devra être créé, qui comprendra les territoires habités par des populations indiscutablement polonaises [...].

14°- Il faut qu'une association générale des nations soit constituée [...]. »

Woodrow Wilson, message au Sénat, 8 janvier 1918.

1. Conventions : textes officiels.
2. Barrières économiques : droit de douane.
3. Principe des nationalités : théorie selon laquelle chaque nation doit avoir un État.

2 Woodrow Wilson, président des États-Unis.

Il est élu en 1912 président des États-Unis et réélu en 1916. Il se rallie à la guerre qui se joue en Europe. Il est convaincu que son pays a une mission dans le monde. Il reçoit en 1920 le prix Nobel de la paix.

3 La création de la Société des Nations (1919)

La Société des Nations vise la coopération internationale et la paix grâce à la négociation entre ses membres. Son siège est à Genève. Elle suscite un grand espoir après un conflit très meurtrier.

Art. 11. Il est expressément déclaré que toute guerre ou menace de guerre intéresse la Société des Nations toute entière et que celle-ci doit prendre des mesures propres à sauvegarder efficacement la paix des nations [...].

Art. 16. Si un membre de la Société des Nations recourt à la guerre il est *ipso facto* considéré comme ayant commis un acte de guerre contre tous les autres membres de la Société. Ceux-ci s'engagent à rompre immédiatement avec lui toute relation commerciale ou financière [...].

Extrait du Pacte de la Société des Nations incorporé au Traité de Versailles, 1919.

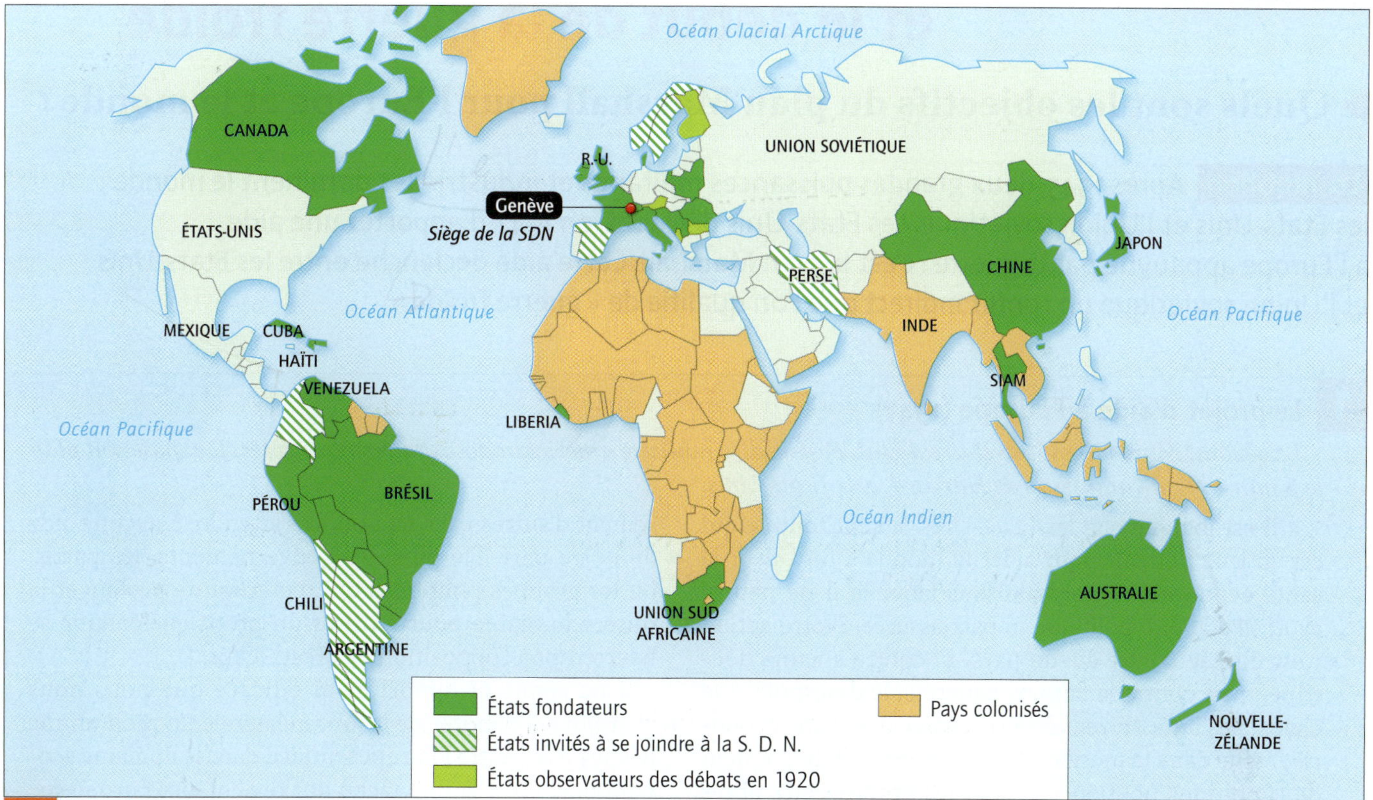

4 **Les États membres de la Société des Nations en 1920.**

OVERWEIGHTED.

President Wilson. "HERE'S YOUR OLIVE BRANCH. NOW GET BUSY."
Dove of Peace. "OF COURSE I WANT TO PLEASE EVERYBODY; BUT ISN'T THIS A BIT THICK?"

5 **Wilson et sa politique vus par un magazine.**

Le magazine satirique anglais *Punch* publie, en mars 1919, cette caricature du président Wilson.

◀ Les chefs d'État, lors de la signature [d]u Traité de Versailles, le 28 juin 1919.

6 Le désaveu du Congrès américain (1919)

Le Congrès américain refuse la politique de Wilson. Il s'oppose à toute participation à la SDN. Il vote le texte suivant.

1. Les États-Unis seront seuls à juger s'ils ont rempli toutes leurs obligations internationales [...].

2. Les États-Unis ne s'engagent pas à préserver l'intégrité territoriale ou l'indépendance de quelque nation que ce soit [...] ou à employer les forces militaires ou navales des États-Unis à moins que dans un cas particulier le Congrès ne le stipule.

3. Aucun plan pour la limitation des armements proposé par le conseil de la Société des Nations ne sera retenu comme liant les États-Unis [...].

Texte voté par le Congrès américain, 20 novembre 1919.

Étude de la situation

1. Quel est l'objectif de Wilson ? De quoi est-il convaincu (doc. 1 et 2) ?
2. Que promet-il aux peuples français, polonais et italien (doc. 1) ?
3. Que prévoie l'article 14 pour maintenir la paix (doc. 1) ?
4. Relevez ce qui illustre l'application des idées de Wilson (doc. 3).
5. Au travers du dessin satirique, quelle critique est adressée à Wilson (doc. 5) ?
6. Quelles sont les limites de la politique défendue par Wilson (doc. 4 et 6) ?

Question BAC

Situer un document dans son contexte. En vous appuyant sur la caricature (document 5), expliquez quel était le projet du président Wilson et quelles difficultés ont freiné sa réalisation.

Situation 2

Le plan Marshall et le début de la guerre froide

▶ Quels sont les objectifs du plan Marshall pour l'Europe et le monde ?

La situation Après 1945, deux grandes puissances militaires et industrielles dominent le monde : les États-Unis et l'Union soviétique. Les États-Unis décident, en 1947, d'apporter une aide à l'Europe appauvrie par la guerre : c'est le plan Marshall. Cette aide déclenche entre les États-Unis et l'Union soviétique un conflit indirect que l'on qualifie de « guerre froide ».

1 Le projet d'aide à l'Europe (1947)

Le général Marshall est secrétaire d'État, c'est-à-dire ministre américain des Affaires étrangères. Il expose son plan le 5 juin 1947 à l'université de Harvard, aux États-Unis.

« Il est logique que les États-Unis fassent tout ce qui est en leur pouvoir pour aider le monde à retrouver la santé économique normale sans laquelle il ne peut y avoir ni stabilité politique ni paix assurée. Notre action n'est dirigée contre aucun pays, ni contre aucune doctrine, mais contre la faim, la pauvreté, le désespoir et le chaos. Ses buts doivent être la renaissance d'une économie saine dans le monde pour permettre l'établissement de conditions politiques et sociales propices aux libres institutions. Une telle assistance ne doit pas être fournie par bribes[1], au fur et à mesure qu'éclatent les crises : les secours que notre gouvernement peut être appelé à fournir dans l'avenir ne doivent pas être de simples palliatifs[2], mais amener une véritable guérison. Tout gouvernement qui sera disposé à nous aider dans cette tâche de relèvement trouvera les dirigeants des États-Unis pleinement disposés à collaborer avec lui. Tout gouvernement qui manœuvrera pour paralyser le redressement d'autres pays ne pourra s'attendre à aucune aide de notre part. De plus, les gouvernements, les partis, ou les groupes politiques qui tenteront de prolonger la misère humaine pour en tirer un profit quelconque se heurteront à l'opposition des États-Unis. [...]

Il ne serait ni opportun ni efficace que nous nous chargions d'élaborer de façon unilatérale un programme destiné à remettre l'Europe sur pied dans le domaine économique. C'est là une tâche qui revient aux Européens. À mon avis, c'est l'Europe qui doit prendre l'initiative, le rôle des États-Unis consistant à fournir leur aide amicale dans la rédaction du programme et, par la suite, un soutien pratique aux plans élaborés, dans la mesure de leurs possibilités. »

Général Marshall, discours de Harvard, 5 juin 1947.

1. Par bribes : par petites quantités.
2. Palliatifs : remèdes.

2 L'opposition soviétique au plan Marshall (1949).

Cette affiche soviétique est diffusée en 1949. Sur l'arme : Pacte de l'Atlantique Nord. Le texte russe est une citation de Joseph Staline : « Les peuples du monde ne veulent pas d'une nouvelle guerre. »

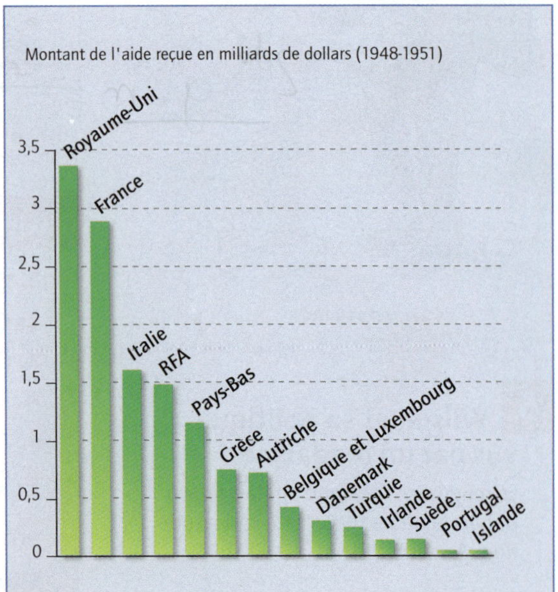

3 Les pays bénéficiaires de l'aide du plan Marshall.

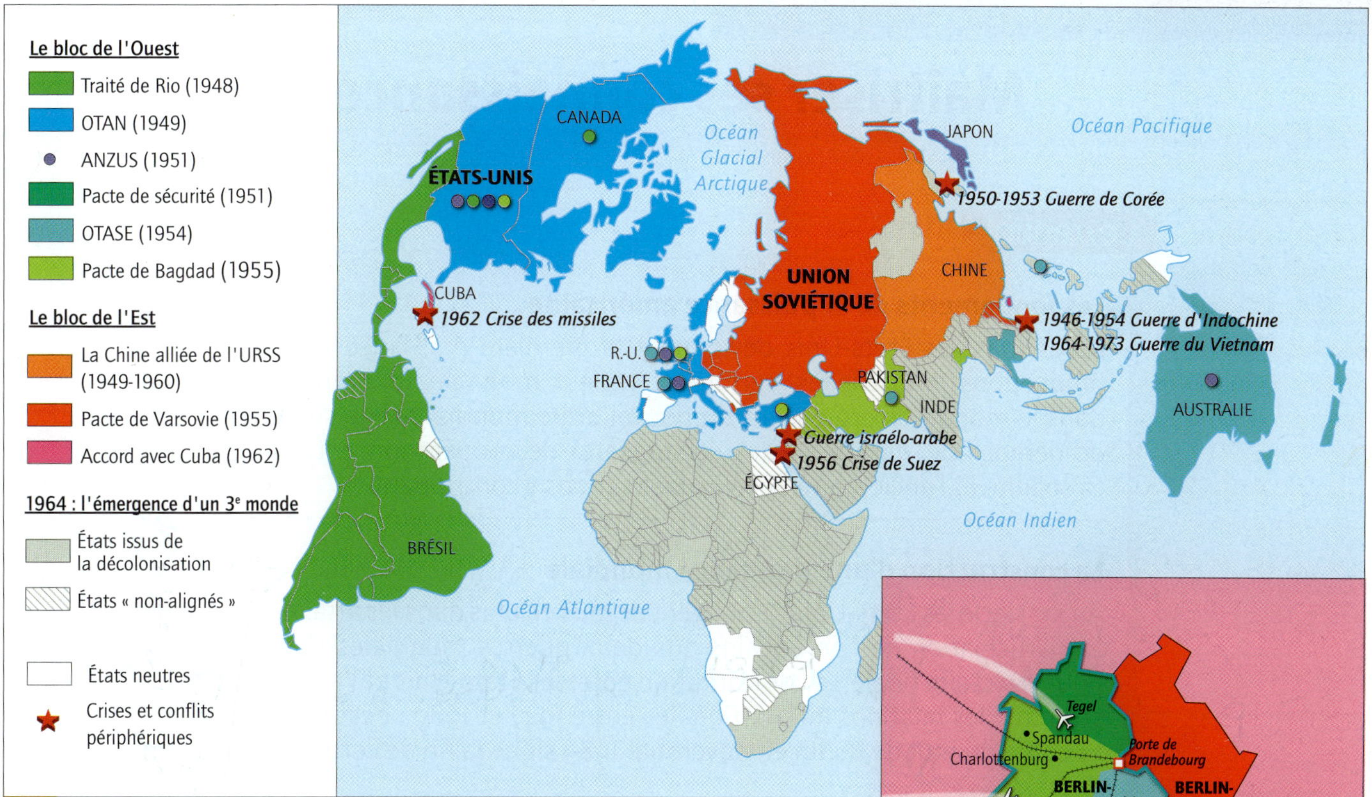

4 **Le monde de la guerre froide (1945-1989).**

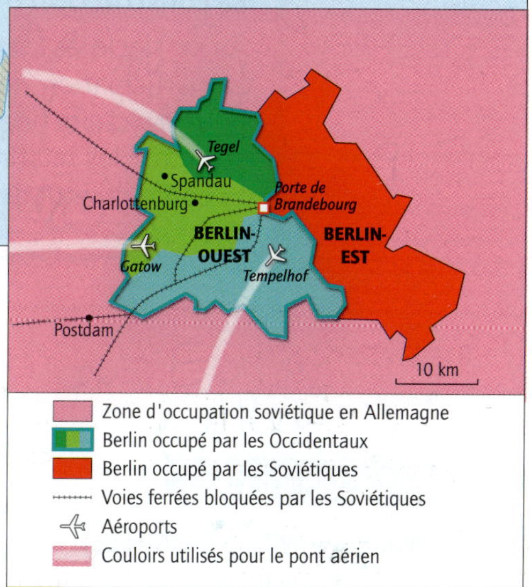

5 **Les zones d'occupation à Berlin (1945-1989).**

6 **Le blocus de Berlin (1948).**

Les Soviétiques bloquent en 1948 le ravitaillement de Berlin-Ouest. Les Américains mettent en place un pont aérien qui ravitaille la ville pendant 318 jours.

Étude de la situation

1. Quelle responsabilité les États-Unis doivent-ils assumer selon Marshall ? Que propose-t-il aux pays européens (doc. 1) ?

2. Expliquez les deux phrases qui commencent par « tout gouvernement... » (lignes 14 et 17, doc. 1).

3. Quels sont les pays qui bénéficient le plus de l'aide du plan ? Dans quelle partie de l'Europe sont-ils situés (doc. 3) ?

4. Quelle critique font les Soviétiques à l'aide américaine (doc. 2) ?

5. Quelles sont les caractéristiques du monde de la guerre froide (doc. 4, 5 et 6) ?

Question BAC

Expliquer les enjeux d'une situation. En vous appuyant sur le document 1, montrez les objectifs et les caractéristiques du plan Marshall.

Maîtriser ses connaissances

L'essentiel

Les fondements de la puissance américaine

Après 1945, les États-Unis deviennent la première puissance mondiale. Leurs productions industrielles, culturelles et leur monnaie sont présents partout dans le monde. Ils organisent un nouvel ordre mondial fondé sur les principes de démocratie, de liberté des échanges et de coopération entre les nations. La solidité et l'ancienneté de leurs institutions y contribuent.

La construction d'une puissance mondiale

Au XXe siècle les États-Unis s'engagent de plus en plus dans les affaires du monde. La participation des Américains aux deux guerres mondiales s'avère décisive pour la victoire finale. La confrontation entre les États-Unis et l'Union soviétique structure les relations internationales entre 1947 et 1989 : c'est la guerre froide. La chute du mur de Berlin en novembre 1989 signe la fin de cette confrontation.

Les acteurs clés

Woodrow Wilson (1856-1924) :
Il accède à la présidence des États-Unis en 1912. Il fait entrer les États-Unis dans la Première Guerre mondiale et expose ses idées pour l'après-guerre dans le texte des 14 points.

Franklin Delano Roosevelt (1882-1945) :
Il est élu en 1932 président des États-Unis. Après l'attaque de Pearl Harbor il engage les États-Unis dans une guerre sur deux fronts. Il prépare la naissance d'une nouvelle organisation internationale : l'ONU.

John Fitzgerald Kennedy (1917-1963) :
Il est élu président des États-Unis en 1960. Il fait face à deux graves crises de la guerre froide, celles de Berlin et de Cuba. Il est assassiné le 22 novembre 1963 à Dallas.

Les notions clés

République impériale : désigne le rôle mondial des États-Unis par leurs réseaux d'alliances, leurs bases militaires, la diffusion de leurs produits.

Guerre froide : conflit indirect qui oppose les États-Unis et l'Union soviétique entre 1947 et 1989.

Mouvement des droits civiques : mouvement qui revendique le respect de l'égalité entre américains blancs et noirs dans tous les domaines.

Les repères chronologiques

1917 : entrée dans la Première Guerre mondiale
1941 : attaque de Pearl Harbor et entrée des États-Unis dans la Seconde Guerre mondiale
1947 : plan Marshall
1962 : crise de la guerre froide : Cuba
1969 : premier homme sur la Lune
1989 : chute du mur de Berlin

Appliquer ses connaissances

Analyser et commenter un document

Affiche de propagande du mouvement français Paix et Liberté, en 1951.

Aux États-Unis et en Europe de l'Ouest, la guerre froide a une dimension idéologique. Il s'agit d'utiliser tous les moyens (film, affiche, caricature, bande dessinée, romans) pour dénoncer l'Union soviétique, son dirigeant Staline et, de manière plus générale, l'ensemble des pays communistes en Europe et en Asie.

1 Analyser le document

1. Quelle est la nature du document (discours, texte, photo, etc.) ? Qui l'a publié et dans quel contexte ?

2. Décrivez le document : personnages, objets, sigles, symboles, couleurs. Relevez ce qui se trouve au premier plan et en arrière-plan.

3. Quel est le message transmis par cette image ?

2 Présenter à l'oral

1. Situer le document.
Précisez la nature de ce document, puis son origine et le contexte de sa publication.

2. Décrire le document.
Présentez une description organisée du document en distinguant les différents plans.

3. Interpréter le document.
Expliquez en quoi le document illustre la guerre froide.

Situer un document dans son contexte

Une ou deux questions peuvent porter sur les événements et le contexte historique dans lesquels le document s'inscrit. Pour répondre, il faut s'appuyer sur ses connaissances pour expliquer soigneusement une période historique.

1 Comprendre la question posée

- **Le sujet d'étude.** La question aborde un thème au programme. C'est donc sur ses connaissances qu'il faut s'appuyer pour situer le document.
- **Le travail demandé.** Dans la formulation de la question certains mots, comme par exemple « contexte, période, enjeux, ou situation », doivent attirer votre attention. En effet, ils indiquent qu'il faut expliquer et situer les événements du document.

Exemples de questions
- Dans quel contexte général s'inscrit le document ?
- À quelle période précise le document a-t-il été réalisé ?
- Quel argument développe l'auteur du document ? Dans quel contexte fait-il son analyse ?

2 Identifier le document et la date de sa production

- **La nature du document.** Le document peut être un texte (discours, lettre, texte de loi, traité international, etc.), une image (photographie, affiche, peinture, dessin de presse, caricature, etc.), des statistiques sous forme de graphique ou de tableau numérique.
- **La date du document.** La date peut être indiquée dans la source du document, ou figurer à l'intérieur même du document lorsqu'il s'agit d'un texte.

3 Mobiliser ses connaissances

- **La période historique.** Une fois la date repérée, retrouvez à quelle période historique appartient le document. Pour cela, reconstituez sa fabrication : l'auteur, l'objectif poursuivi à travers le document.
- **Les connaissances personnelles.** Notez au brouillon les caractéristiques de la période : un contexte de guerre, de croissance ou de crise économique, de relations internationales tendues ou pas. Un événement marquant peut susciter la création d'un texte ou d'une image.

4 Rédiger la réponse à la question

- **Le paragraphe d'introduction.** Présentez brièvement le document, sa date et son auteur éventuel. Décrivez-le rapidement.
- **Le paragraphe d'explications.** Revenez à la ligne pour analyser les conditions de l'élaboration du document et la période dans laquelle il s'inscrit. Vous devez toujours vous appuyer sur des indices précis. Évoquez les informations issues du document sur sa date, sur les conditions de son élaboration, et dites à quelle période historique il renvoie.
- **Le bilan.** En une ou deux phrases, récapitulez l'essentiel de la réponse.

Exemple

La question du BAC

Dans quel contexte historique s'inscrit ce document ?

« Souvenez-vous du 7 Décembre ».
Affiche publiée en 1942 aux États-Unis par l'office d'information des armées. Traduction du texte « [...] Nous étions éminemment résolus à ce que ces morts ne soient pas morts en vain. Souvenez-vous du 7 décembre ! »

La réponse du candidat

L'affiche est américaine et a été publiée en 1942. Elle représente un drapeau américain déchiré sur un fond de fumée noire. Une phrase l'accompagne où il est question de morts et de la date du 7 Décembre.

L'introduction met en évidence le thème. La présentation du document met en évidence le type de document et sa date et en propose une brève description.

Cette affiche de 1942 se situe dans le contexte de la Seconde Guerre mondiale. En effet celle-ci a démarré en septembre 1939 en Europe et se termine le 8 mai 1945. La date du 7 Décembre présente sur l'affiche fait référence au 7 décembre 1941, date de l'attaque de la base américaine de Pearl Harbor par les avions japonais. Cet événement déclenche l'entrée des États-Unis dans la Seconde Guerre mondiale qui vont se battre contre le Japon et ses alliés, l'Allemagne et l'Italie.

Le contexte général de la période est d'abord présenté, avant de développer clairement les événements.

Ainsi l'affiche vise à mobiliser les Américains autour d'un événement marquant, le 7 décembre 1941, date de leur entrée dans le second conflit mondial, et à soutenir leur effort de guerre.

Le bilan récapitule l'essentiel.

Exercices

Exercice 1

❶ **Analysez la question posée. Que doit faire le candidat ?**
❷ **Analysez le document. Quelles remarques faut-il retenir pour rédiger une réponse à la question ?**
❸ **Quelles remarques faut-il ajouter ?**

Question du BAC → *Quel contexte permet d'expliquer cette photographie prise à Paris, en 1944 ?*

Soldats américains défilant sur les Champs-Élysées en août 1944.

Remarques au brouillon

- La photo montre des soldats.
- Elle est datée du mois d'août 1944.
- Seconde Guerre mondiale, plutôt vers la fin de la guerre.
- Des soldats américains sur les Champs-Élysées à Paris.
- À cette date, la Seconde Guerre mondiale est entrée dans une phase finale.
- Les forces alliées (anglais, américains, canadiens et français libres) débarquent le 6 juin 1944.
- Si des soldats américains défilent à Paris, c'est que la ville a été libérée de l'occupation nazie.
- Paris est libéré le 25 août de cette même année.

Exercice 2

❶ **Analysez la question posée et identifiez le thème du document ainsi que sa date.**
❷ **En vous appuyant sur vos connaissances, expliquez ce qu'est l'ONU et donnez la date de sa création.**
❸ **Identifiez les différents éléments présents sur l'affiche. Quels sont les objectifs de l'ONU ?**
❹ **En quelques phrases, reliez la date de création de l'ONU au contexte historique et indiquez les objectifs qu'elle poursuit.**

Question du BAC → *À quel moment est née l'ONU ? Dans quel but cette organisation a-t-elle été créée ?*

Affiche réalisée par Eveleigh pour les Nations unies en 1947.

Exercice 3

❶ **Analysez la question du bac et utilisez la chronologie pour mettre le document dans son contexte.**
❷ **Identifiez la période des relations internationales.**
❸ **Relevez tous les éléments des documents qui permettent de répondre à la question du bac.**

Question du BAC → *Cuba est une crise de guerre froide : trouvez dans la chronologie et le contexte historique les éléments qui justifient cette affirmation.*

Doc. 1

Robert, frère de John Fitzgerald Kennedy, est procureur général (ministre de la Justice) de 1961 à 1964.

« Le mardi 16 octobre, peu après 9 heures, le président Kennedy me téléphona pour me demander de me rendre d'urgence à la Maison Blanche. Il se contenta de me dire que l'affaire était très grave.

Quelques instants plus tard, dans son bureau, il m'apprit qu'un avion U-2 venait d'effectuer une mission photographique et que les services secrets étaient convaincus que la Russie était en train d'installer des missiles et des armes atomiques à Cuba.

C'était le début de la crise de Cuba, cet affrontement des deux géants atomiques, États-Unis et URSS, qui devait mettre le monde au bord de l'abîme : la destruction nucléaire et la fin de l'humanité. Depuis cette minute dans le bureau du président Kennedy jusqu'au dimanche matin 28 octobre, ma vie fut cela – comme pour les Américains, pour les Russes et pour le monde entier. »

Robert Kennedy, *Treize jours, la crise des missiles de Cuba*, Grasset, 1964.

Doc. 2

Le 23 octobre 1962 - Kennedy annonce que les Soviétiques installent à Cuba des fusées pouvant atteindre le territoire américain. Il donne l'ordre à dix-neuf navires de la IIe flotte d'établir un blocus. Les gouvernements américain, soviétique et cubain saisissent le Conseil de sécurité de l'ONU.

Le 24 - Le secrétaire général de l'ONU propose une suspension volontaire de tous les envois d'armes à Cuba et du blocus américain pour deux ou trois semaines.

Le 25 - Douze bateaux soviétiques changent de cap.

Le 27 - Khrouchtchev propose d'échanger le démontage des missiles soviétiques installés à Cuba contre celui des fusées américaines installées en Turquie.

Le 28 - Khrouchtchev donne l'ordre que l'armement soit ramené en URSS. Kennedy a auparavant donné l'assurance que les États-Unis n'envahiraient pas Cuba.

Exercice 4

❶ **Indiquez et expliquez l'origine du dessin.**

❷ **Pour vous aider, mobilisez vos connaissances autour des questions suivantes :**
– Qu'est-ce que le plan Marshall ? À quelle date est-il présenté ?
– Quelle est la situation (économique, sociale, politique) de l'Europe ? des États-Unis ?
– Quel est le point de vue présenté par la caricature ?
Relevez dans le document les éléments qui le justifient.

❸ **Rédigez la réponse à la question du bac .**

Question du BAC → *Dans quel contexte cette caricature est-elle publiée ?*

Caricature soviétique contre le plan Marshall parue en 1950 dans le journal *Krokodil*. Au centre, un policier américain avec à sa gauche le pape de l'Église catholique chassant l'ange de la paix du « paradis Marshall ».

Exercice 5

❶ **Analysez la question et le document.**

❷ **Rédigez une réponse complète à la question du bac.**

Question du BAC → *En vous appuyant sur le document, expliquez les causes et les conséquences de l'engagement américain au Viêtnam.*

Note à l'attention du président des États-Unis, Lyndon Johnson.

Il est essentiel que le Sud-Viêtnam soit indépendant et non communiste [...]. Si nous n'atteignons pas cet objectif, la presque totalité des pays du Sud-Est asiatique passera sous contrôle communiste (Viêtnam, Laos, Cambodge) et cherchera des accommodements avec les communistes en excluant toute influence américaine [...]. Tout ceci se serait probablement passé si depuis 1954 et surtout depuis 1961 nous n'étions pas intervenus massivement au Viêtnam [...]. Nous nous efforçons d'aider le Sud-Viêtnam à vaincre le Vietcong soutenu par le Viêtnam du Nord (communiste) en utilisant tous les moyens dont nous disposons [...].

McNamara, secrétaire à la Défense le 16 mars 1964.
Bodard, Les dossiers secrets du Pentagone, Presse de la Cité, Paris, 1971.

Partie 1 de l'examen

(Vous répondez à toutes les questions)

LE BARÈME DU BAC

Partie 1 : 9 points
Elle porte sur un sujet d'étude, soit d'histoire, soit de géographie.

Partie 2 : 4 points
Elle porte sur l'éducation civique.

Partie 3 : 7 points
Elle porte sur une des situations d'un sujet d'étude en histoire ou en géographie.

Questions sans support documentaire

1 À quelles dates les États-Unis s'engagent-ils dans la Première et dans la Seconde Guerre mondiale ?

2 Comment appelle-t-on la confrontation entre les États-Unis et l'Union soviétique après 1945 ?

Questions avec support documentaire

3 Quel type d'armement domine pour les États-Unis en 1960 puis en 1970 ? Quelle évolution constatez-vous ?

4 Comparez les armements détenus par les États-Unis et l'URSS en 1970, puis en 1985. Quels constats faites-vous ?

5 Rappelez l'évolution globale des arsenaux nucléaires pour les deux pays. Expliquez ensuite les points communs et les différences en 1970 et en 1985.

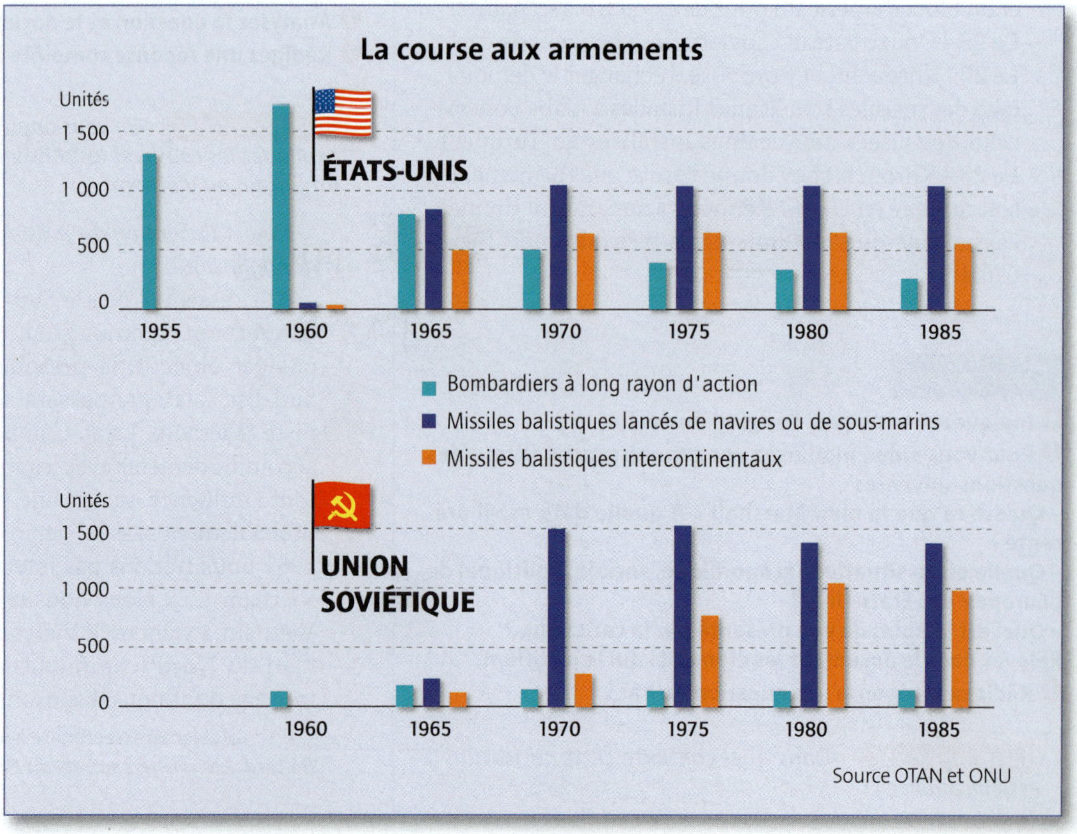

Partie 3 de l'examen

(Vous ne traitez qu'une des deux situations suivantes)

Situation 1 : Les 14 points de Wilson

1 Clemenceau juge Wilson et la SDN

Suivre M. le Président Wilson, porteur d'une idéologie qui ne prétendait à rien de moins qu'un droit international plus efficace que le droit commun ? M. Wilson ne connaissait pas l'Europe... C'était un doctrinaire au meilleur sens du mot. Un homme d'intentions excellentes, mais d'émotions cristallisées.

Clemenceau, *Grandeurs et misères d'une victoire*, Plon, 1930.

2 Un sénateur américain s'oppose à la création de la SDN

Ce que je désire par-dessus tout, ce que j'ai le plus à cœur est de voir nos soldats dans nos foyers. La création de la Société des Nations ne les y amènera pas... La constitution de la Société des Nations qui nous est soumise implique un problème qui dépasse de beaucoup tous les autres. On nous demande d'abandonner pour la première fois la politique étrangère de Washington... Il ne faut pas que nous perdions par une tentative irréfléchie pour atteindre la paix éternelle promise par la Société des Nations tout ce que nous avons gagné par la guerre et par nos sacrifices.

Henry Cabot Lodge, sénateur républicain au Sénat, le 28 février 1919.

Questions

1. Quels reproches adresse Clémenceau au président Wilson?

2. Quelles critiques formule le sénateur sur la Société des Nations?

3. En vous appuyant sur vos connaissances, vous présenterez le projet de Wilson de Société des Nations puis vous expliquerez le refus du Sénat américain en vous appuyant sur le document 2.

Situation 2 : Le plan Marshall et la guerre froide

Soldat américain devant le mur de Berlin en 1962.
Sur le panneau : « Vous quittez le secteur américain. »

Questions

1. La rue est coupée en deux : de quoi s'agit-il ? Que s'est-il passé ?

2. Comment expliquer la présence de soldats américains à Berlin ?

3. Expliquez en vous appuyant sur vos connaissances et sur les informations de ce document, en quoi Berlin est un symbole de la guerre froide.

Sujet d'étude

2 L'idée d'Europe au XXe siècle

Unir l'Europe a été pendant plusieurs siècles un rêve. Cet objectif s'affirme suffisamment au XXe siècle pour entrer dans les faits. Progressivement, des pays européens surmontent leurs oppositions, se rapprochent et tissent pacifiquement un destin commun.

1 La foule acclame le départ des troupes au front en 1914.

Qu'il s'agisse de construire l'empire de Rome ou celui de Napoléon, des peuples sont partis au combat et des pays ont été ravagés. Dans la première moitié du XXe siècle, deux générations successives ont dû s'affronter puis reconstruire.

Repères chronologiques

- ♦ **1929** Projet d'Aristide Briand d'une Europe fédérale.
- ♦ **1952** Communauté européenne du charbon et de l'acier.
- ♦ **1957** Communauté économique européenne.
- ♦ **1993** Union européenne.

Pourquoi et comment rapprocher les Européens ?

2 **La République tchèque entre dans l'Union européenne en 2004.**

Aujourd'hui, de multiples initiatives rassemblent de jeunes Européens. Les gouvernements sont liés par des politiques communes qui rendent difficilement envisageable un nouveau conflit au sein d'un espace européen, enfin unifié pacifiquement.

Entrée dans le thème

1. Quelle vision la photo de gauche donne-t-elle des relations au sein de l'Europe ?
2. Observez la photo de droite, que représente-t-elle ? En quoi s'oppose-t-elle à l'autre photo ?
3. À votre avis, quels intérêts peuvent trouver les pays européens à s'unir ?

Cartes

L'Europe politique

1 **L'Europe dans les années 1930.**

Découverte des cartes

1. Dans les années 1930, quelles semblent être les principales puissances ?
2. Comparez les deux cartes et repérez les principaux changements de frontières.
3. Pour quelles raisons la place de l'Union européenne paraît-elle déterminante aujourd'hui en Europe ?

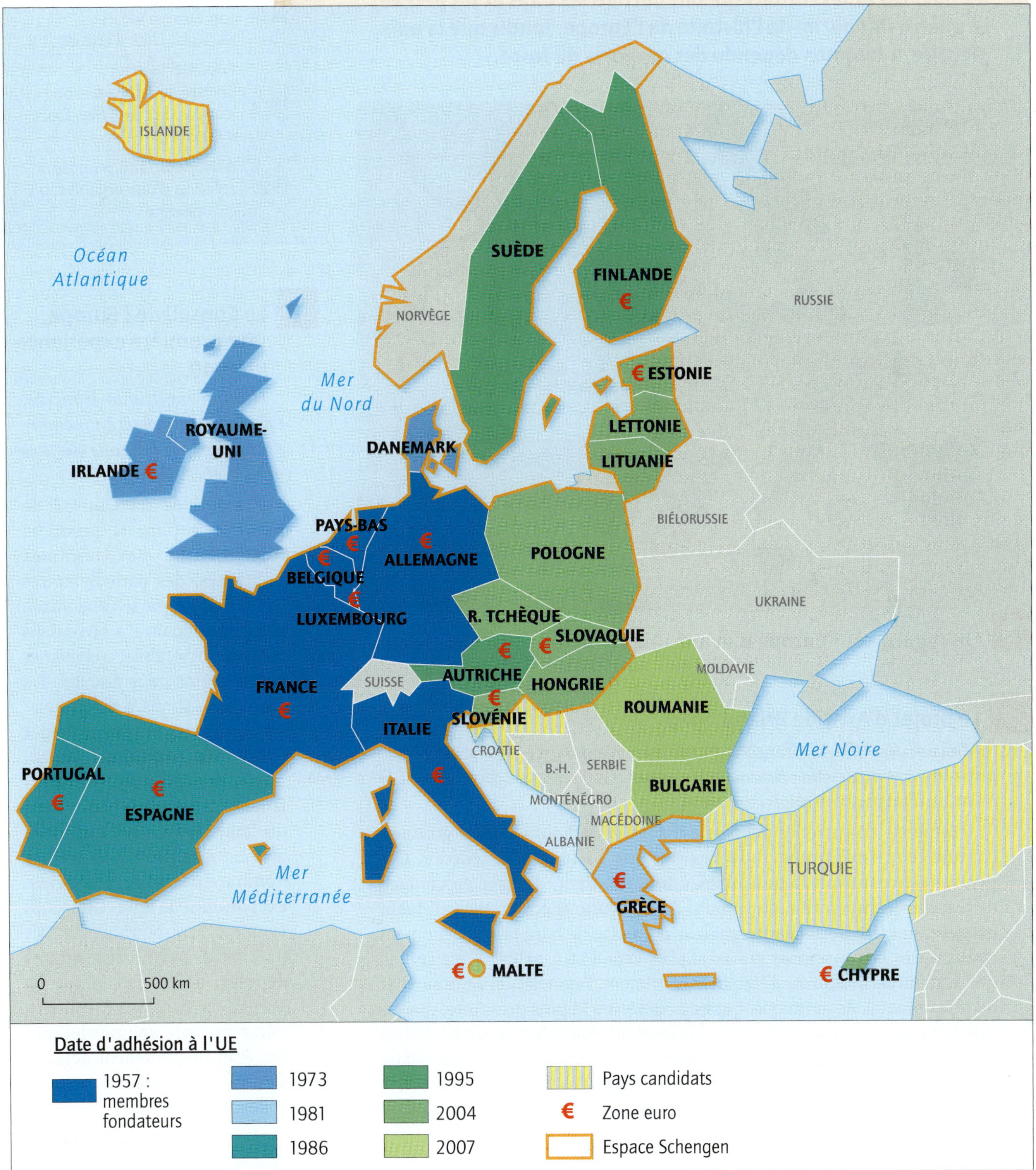

2 **L'Union européenne aujourd'hui.**

Cours 1

L'Europe, un territoire de conflits

▶ Comment installer une paix durable en Europe ?

L'histoire et la géographie de l'Europe sont marquées par les rivalités et les conflits qui ont déchiré les pays et les peuples. La guerre fait partie de l'histoire de l'Europe, tandis que la paix, précaire, a toujours dépendu des rapports de force.

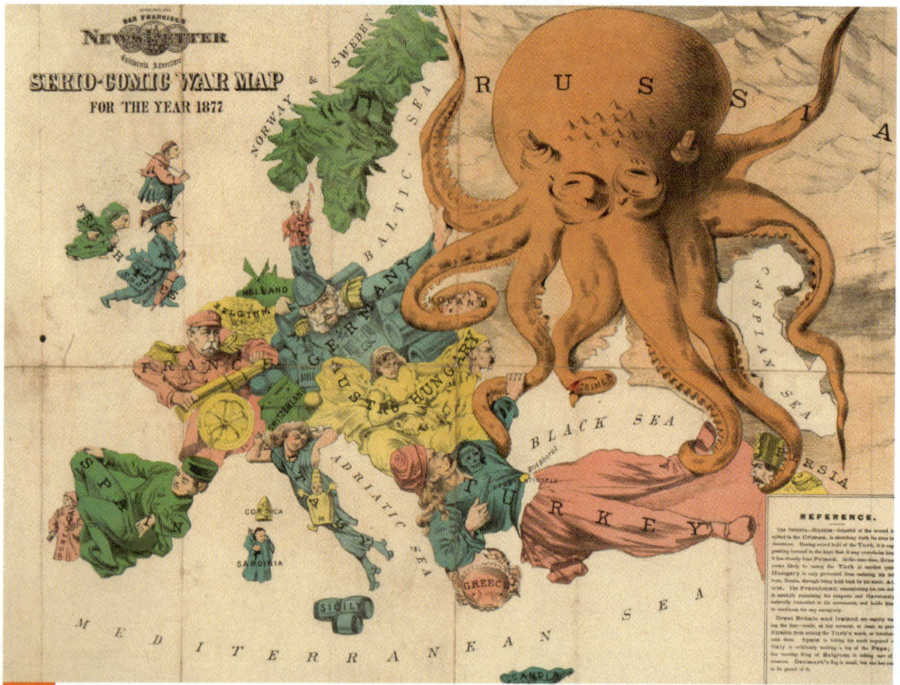

1 Un regard sur l'Europe d'avant 1914.

2 Les courants pro-européens français avant 1945

1855	Victor Hugo décrit son Europe idéale : les États-Unis d'Europe
1925	Édouard Herriot déclare son désir de voir « apparaître les États-Unis d'Europe »
1929	Aristide Briand propose la création d'une organisation européenne

3 Le projet d'Aristide Briand, 1929

Ministre des Affaires étrangères français et président d'honneur de l'Union paneuropéenne, Aristide Briand est le premier à proposer officiellement la création d'une organisation commune.

« Je pense qu'entre les peuples qui sont géographiquement groupés, comme ceux de l'Europe, il doit exister une sorte de lien fédéral[1]. Ces peuples doivent avoir la possibilité, à tout moment, d'entrer en contact, de discuter leurs intérêts, de prendre des résolutions communes, d'établir entre eux un lien de solidarité qui leur permette de faire face, au moment voulu, à des circonstances graves si elles venaient à naître. C'est ce lien que je voudrais m'efforcer d'établir. Évidemment, l'association agira surtout dans le domaine économique, qui est la question la plus pressante, mais je suis sûr aussi qu'au point de vue politique, au point de vue social, le lien fédéral, sans toucher à la souveraineté[2] des nations, qui pourraient faire partie d'une telle association, peut être bienfaisant. »

Aristide Briand, discours devant la SDN, à Genève, le 5 septembre 1929.

1. Lien fédéral : relation entre États membres d'une fédération, comme au sein des États-Unis d'Amérique.
2. Souveraineté : l'ensemble des pouvoirs d'un État.

4 Le Conseil de l'Europe, une première expérience en 1949

Homme politique français, Édouard Bonnefous est membre du Conseil de l'Europe dès son origine en 1949.

L'assemblée du Conseil de l'Europe a pour la première fois habitué des hommes politiques, des parlementaires qui n'avaient pu se rencontrer, donc se connaître, à vivre dans le même local, à aller aux mêmes commissions pour discuter des mêmes questions, à se retrouver en soirée, en fait à participer à une vie commune, ce qui n'avait jamais existé. Je n'avais jamais travaillé à l'époque avec un Italien, avec un Irlandais ou avec un Anglais. […] Quand un homme d'une importance aussi exceptionnelle que Churchill venait à Strasbourg, occupait un banc parmi les autres députés, demandait la parole, prenait la parole, s'exprimait, c'était presque une révolution ! On était brusquement devenu, sinon le camarade, au moins le collègue de Churchill.

Édouard Bonnefous, *La Construction de l'Europe par un de ses initiateurs*, PUF, 2002.

5 **À l'Est, l'Europe du bloc soviétique.**

Affiche soviétique de 1953. « L'immortel nom de Staline est la bannière de l'humanité dans son combat pour la paix, la démocratie et le socialisme. »

6 **À l'Ouest, l'espoir d'un espace européen unifié.**

Affiche italienne de 1952. « À l'unité de l'Europe, les jeunes disent "oui". »

Questions

L'Europe d'avant 1914

1. Quelle vision de l'Europe offre la carte (doc. 1) ?

2. À quel modèle d'union se réfèrent les premiers partisans d'une unification de l'Europe (doc. 2) ?

L'Europe de 1914 à 1945

3. Résumez l'idée d'Aristide Briand (doc. 3).

4. Expliquez la formule : « de faire face, au moment voulu, à des circonstances graves » (ligne 5, doc. 3).

L'Europe après 1945

5. En quoi le Conseil de l'Europe bouleverse-t-il la pratique des hommes politiques européens (doc. 4) ?

6. Quels points communs et quelles différences expriment ces deux visions de l'Europe (doc. 5 et 6) ?

Question BAC

Rédiger une analyse. Comparez les documents 1, 5 et 6. Quelles visions différentes de l'Europe offrent ces trois images ?

L'Europe d'avant 1914

Un immense champ de bataille. Durant son histoire, l'Europe est surtout un lieu d'affrontement entre les peuples. Certaines rivalités ont duré des siècles, comme entre la France et l'Angleterre, puis l'Allemagne.

Une civilisation commune. Dès le XVIIe siècle, des penseurs proposent des formes pacifiques de rapprochement. En effet, l'Europe présente une certaine homogénéité culturelle, politique et économique. De plus, malgré les rivalités, la liberté de circulation reste très importante.

L'Europe de 1914 à 1945

Les guerres civiles européennes. Les guerres mondiales ravagent et ruinent l'Europe deux fois en trente ans. La première provoque l'éclatement des empires vaincus, morcelant encore plus le continent. La seconde, permet au Reich nazi d'asservir l'Europe. Au même moment s'affirment, ailleurs, les États-Unis d'Amérique.

Les premières tentatives de rapprochement. Dès 1919, des Européens créent la Société des Nations (SDN) pour empêcher les guerres. Différents projets, dont celui de fédération défendu par Aristide Briand, échouent devant les rivalités nationales, la crise économique et la montée du nazisme.

L'Europe après 1945

L'Europe coupée en deux par la guerre froide. Deux conceptions se font face, à l'Est et à l'Ouest, séparées par une frontière infranchissable : le rideau de fer. D'un côté, les pays qui acceptent l'aide américaine se rapprochent et se structurent. De l'autre, les pays se regroupent dans le bloc communiste qu'organise l'Union soviétique.

La Communauté européenne du charbon et de l'acier. Le désastre de la Seconde Guerre mondiale conduit des responsables à chercher les moyens de rapprocher durablement les pays. C'est ainsi que naissent plusieurs organisations internationales, comme le Conseil de l'Europe. Parallèlement, six pays décident de mettre en commun des matériaux indispensables pour faire la guerre : le charbon et l'acier. Cette initiative, portée par Robert Schuman, conduit la France, l'Allemagne, la Belgique, le Luxembourg, les Pays-Bas et l'Italie à fonder, en 1952, la Communauté européenne du charbon et de l'acier (CECA). Ce rapprochement économique est le point de départ d'une construction européenne qui assure, encore aujourd'hui, la paix entre ses membres.

Vocabulaire

Paneuropéen : proeuropéen. Nom d'un mouvement fondé en 1923 pour favoriser le libre-échange en Europe et proposer la création d'une fédération entre ces États.

Fédéralisme : système dans lequel les pays qui s'associent renoncent à une large part de leurs pouvoirs, c'est-à-dire à leur souveraineté, au profit d'un État central appelé « État fédéral ».

Cours 2 La construction de l'Union européenne

▶ Comment se construit, enfin, un espace unifié pacifiquement en Europe ?

Aujourd'hui, l'Union européenne s'est progressivement identifiée au continent. Construction volontaire, sans modèle dans l'histoire, elle rassemble actuellement un pays européen sur deux.

1 La Communauté économique européenne en 1957.

Buvard distribué dans les établissements scolaires au moment de la création de la Communauté européenne.

3 Les principales organisations économiques en 1972.

2 Le traité de Rome, 1957

Article 2. La Communauté a pour mission, par l'établissement d'un Marché commun et par le rapprochement progressif des politiques économiques des États membres, de promouvoir un développement harmonieux des activités économiques dans l'ensemble de la Communauté, une expansion continue et équilibrée, une stabilité accrue, un relèvement accéléré du niveau de vie et des relations plus étroites entre les États qu'elle réunit.

Extrait du traité instituant la Communauté économique européenne, signé à Rome le 25 mars 1957.

« Sirène sans succès »
Dessin de Horst Haitzinger, 30 novembre 1994.

4 La Norvège et l'Europe.

Lors de deux référendums, en 1972 et en 1994, les Norvégiens refusent d'entrer dans la Communauté européenne.

5 L'évolution de l'Union européenne

Les premières élections des députés au Parlement européen par tous les citoyens ont lieu en 1979. La française Simone Veil est élue présidente.

Quand je suis arrivée au Parlement européen, j'imaginais encore une évolution vers un système de type fédéral. Aujourd'hui, à la fois parce que nous sommes plus nombreux et parce que les mentalités ont changé, je ne peux que constater un attachement croissant des citoyens à leur cadre national et aux facteurs historiques[1] qui ont formé des identités singulières. [...] Nous vivons un paradoxe : l'Européen d'aujourd'hui voyage beaucoup, l'euro est devenu une réalité dont la plupart se félicitent, Internet est entré dans les mœurs et la dimension de la mondialisation domine la pensée contemporaine. Cependant, les citoyens semblent beaucoup plus attachés à leur identité nationale qu'il y a vingt ans, au point que partout se développent des tentations communautaristes. [...] Pour toutes ces raisons, si je pensais il y a vingt ans que nous parviendrions à dépasser rapidement le cadre de la nation, j'en suis aujourd'hui moins convaincue, de sorte que l'idée que je me forge désormais de l'Union européenne s'apparente davantage à un agrégat[2] de poupées russes qu'à un édifice monolithique[3].

Simone Veil, *Une vie*, Stock, 2007.

1. Facteurs historiques : événements historiques.
2. Agrégat : empilement.
3. Monolithique : d'un seul bloc.

Questions

1957. La création de la Communauté économique européenne

1. Quels sont les pays impliqués dès l'origine dans la construction européenne (doc. 1) ?

2. Quels sont les objectifs de la Communauté économique européenne (doc. 1 et 2) ?

1957-1993. La marche vers l'Union européenne

3. Quelle est la place de la CEE en Europe, quinze ans après sa création (doc. 3) ?

4. Comment interpréter ce dessin de presse ? Quel point de vue exprime-t-il (doc. 4) ?

L'avenir de l'Union européenne

5. Entre 1979 et 2007, quelle analyse différente sur l'évolution de l'Europe fait l'auteur (doc. 5) ?

6. À partir de la carte de la page 33, expliquez l'expression : « un agrégat de poupées russes » (doc. 5).

Question BAC

Mobiliser ses connaissances. À partir du dessin de presse, document 4, expliquez la difficulté de la construction de l'Union européenne.

1957. La création de la Communauté économique européenne

Les débuts de la Communauté. La CECA est une construction supranationale sans précédent puisque des États indépendants mettent leurs ressources en commun. L'unification européenne entre dans les faits, pas à pas, avec nécessairement l'adhésion des citoyens : un projet d'armée européenne échoue en 1954.

La consolidation de la Communauté. Dès 1944, la Belgique, les Pays-Bas et le Luxembourg créent une union économique : le Benelux. Certains dirigeants européens s'en inspirent pour proposer un Marché commun. Le 25 mars 1957, les six pays de la CECA signent, à Rome, le traité fondateur de la Communauté économique européenne (CEE).

1957-1993. La marche vers l'Union européenne

Le développement d'un Marché commun. La CEE réalise une zone où circulent librement les biens, les marchandises, les capitaux et les hommes. Elle élabore des politiques et des législations communes. Certains pays européens créent, pour la concurrencer, sans supranationalité, l'Association européenne de libre-échange (AELE).

La naissance de l'Union européenne. Élargie et approfondie, la CEE devient, en 1993, une union, l'Union européenne (UE). Par ses réalisations économiques, culturelles ou institutionnelles, elle s'affirme graduellement comme l'organisation politique la plus importante en Europe, surtout après l'effondrement du bloc soviétique.

L'avenir de l'Union européenne

L'évolution du nombre de pays. L'Union compte, depuis 2007, 27 membres. Tout pays européen démocratique, qui respecte les droits de l'homme et a une économie stable, peut être candidat. Pourtant, certains États comme la Norvège ou la Suisse préfèrent rester à l'écart, même s'ils signent des accords ponctuels avec l'Union.

L'évolution du projet d'origine. Les États de l'Union délèguent une partie de leurs pouvoirs aux institutions communautaires. Pour la première fois, des pays gouvernent en commun. L'objectif d'une fédération, rêvée par les fondateurs de l'Europe et amorcée par six pays, semble difficilement concevable aujourd'hui, mais l'Europe de demain sera ce qu'en feront ses citoyens.

Vocabulaire

Supranationalité : qui dépasse la souveraineté nationale. Une institution supranationale est un organisme auquel les États membres abandonnent une part précise de leurs pouvoirs de décision, sans aller jusqu'au fédéralisme.

Construction européenne : nom donné au processus de rapprochement progressif des États européens amorcé après la Seconde Guerre mondiale.

Situation 1 **Le plan Schuman**

Comment le projet porté par un homme a-t-il bouleversé les relations entre les États européens ?

La situation Pour éviter de voir renaître les rivalités entre la France et l'Allemagne, Robert Schuman, ministre français des Affaires étrangères, lance, en 1950, une proposition qui réinvente les relations internationales en Europe.

« La fierté de l'inventeur : espérons que la chose se développera mieux que les épingles de sûreté. »

1 Robert Schuman, le « père de l'Europe ».
Dessin du caricaturiste allemand Pielert après la déclaration du 9 mai 1950.

2 Le projet présenté par Robert Schuman, ministre français, le 9 mai 1950

« L'Europe n'a pas été faite, nous avons eu la guerre. L'Europe ne se fera pas d'un coup, ni dans une construction d'ensemble : elle se fera par des réalisations concrètes créant d'abord une solidarité de fait. Le rassemblement des nations européennes exige que l'opposition séculaire[1] de la France et de l'Allemagne soit éliminée. L'action entreprise doit toucher au premier chef la France et l'Allemagne.

Dans ce but, le gouvernement français propose immédiatement l'action sur un point limité mais décisif. [...] La mise en commun des productions de charbon et d'acier assurera immédiatement l'établissement de bases communes de développement économique, première étape de la Fédération européenne, et changera le destin de ces régions longtemps vouées à la fabrication des armes de guerre dont elles ont été les plus constantes victimes.

La solidarité de production qui sera ainsi nouée manifestera que toute guerre entre la France et l'Allemagne devient non seulement impensable, mais matériellement impossible. [...] Par la mise en commun de productions de base et l'institution d'une Haute Autorité nouvelle, dont les décisions lieront la France, l'Allemagne et les pays qui y adhéreront, cette proposition réalisera les premières assises concrètes d'une Fédération européenne indispensable à la préservation de la paix. »

Déclaration de Robert Schuman, ministre français des Affaires étrangères, le 9 mai 1950, Paris.

1. Séculaire : qui dure des siècles.

Robert Schuman et Jean Monnet. Robert Schuman (1886-1963) grandit au Luxembourg et fait ses études en Allemagne. Installé comme avocat allemand à Metz, il devient député français après la victoire de 1918. Ministre des Affaires étrangères de 1948 à 1952, le titre de « père de l'Europe » lui a été décerné en 1960 par le Parlement européen, dont il a été le premier président.

3 La réaction du dirigeant allemand Konrad Adenauer, le 17 mai 1950

« Il est évident que le but suprême demeure l'unité européenne et, si l'on peut se permettre une aussi lointaine anticipation, l'abolition des barrières douanières entre les États d'une future fédération continentale. Mais en attendant, les événements de ces dernières années ont prouvé qu'il valait mieux aller du particulier au général que l'inverse. Les rapports franco-allemands sont le problème crucial de l'Europe. Si le plan Schuman parvient à le résoudre ou au moins à le surmonter, rien ne s'opposera plus à l'extension de la formule à de plus vastes ensembles. [...] Un tête-à-tête franco-allemand, provisoire et sous conditions, est sans doute le moyen le plus sage de s'attaquer aux vraies difficultés. »

Konrad Adenauer, chancelier d'Allemagne, interviewé par le journal *Le Monde*, le 17 mai 1950.

4 La Communauté européenne du charbon et de l'acier, premier organisme supranational

1949	Création de la République fédérale allemande
9 mai 1950	Déclaration de Robert Schuman, à partir d'un projet élaboré par Jean Monnet
20 juin 1950	Ouverture des négociations entre la France, l'Allemagne, l'Italie et le Benelux
18 avril 1951	Signature du traité à Paris
25 juillet 1952	Entrée en vigueur de la CECA, Jean Monnet en est le président
10 août 1952	La Haute Autorité : ses membres représentent les différents pays mais sont totalement indépendants
1953	Ouverture du marché commun du charbon et de l'acier
23 juillet 2002	Date d'expiration du Traité (50 ans après), remplacé par les traités de l'Union européenne

5 Le premier train de la Communauté européenne du charbon et de l'acier, le 10 février 1953.

En 1952, les pays membres de la CECA échangent entre eux la moitié d'une production totale de 62 millions tonnes de charbon, extraite par 665 000 mineurs.

6 Le 9 mai dans l'Europe aujourd'hui.

Étude de la situation

1. Quelles conditions faut-il réunir, selon Robert Schuman, pour construire l'Europe (doc. 2) ?
2. Résumez en quelques phrases l'essentiel de la proposition du 9 mai 1950 (doc. 2).
3. Expliquez ce dessin de presse en vous appuyant sur le contexte historique (doc. 1).
4. Quels points d'accord pouvez-vous relever entre la position d'Adenauer et celle de Schuman (doc. 2 et 3) ?
5. Quelles sont les conséquences concrètes de la déclaration du 9 mai 1950 (doc. 4 et 5) ?

Question BAC

Confronter des documents. À partir des documents 2 et 6, résumez les enjeux du plan Schuman et tirez un bilan de son application.

Situation 2 Kohl, Mitterrand et l'Europe

▶ Comment les adversaires d'hier deviennent-ils des partenaires ?

La situation Amorcée après le dernier conflit qui a ravagé l'Europe, la réconciliation franco-allemande s'approfondit progressivement. La qualité des relations entre les dirigeants joue un rôle majeur. Ce sont, en effet, ces relations qui permettent à la construction européenne de franchir des étapes décisives.

François Mitterrand, président de la République de 1981 à 1995, et Helmut Kohl, chancelier d'Allemagne fédérale de 1982 à 1998, lors d'une cérémonie commémorant la Première Guerre mondiale. Leur geste est un symbole de la réconciliation franco-allemande.

2 François Mitterrand et Helmut Kohl à Verdun, le 22 septembre 1984.

1 Une vision des États-Unis d'Europe au XIXe siècle.

L'avenir des relations franco-allemandes, imaginé par un dessinateur en 1872. « Le pot de terre et le pot de fer », dessin de Mignon publié dans *L'Éclipse*, le 21 janvier 1872. La France et l'Allemagne (la Prusse sur l'image) s'affrontent dans des guerres successives. C'est cette rivalité qu'illustre le dessinateur.

3 Un témoignage sur la relation entre les deux dirigeants

Joachim Bitterlich, conseiller d'Helmut Kohl durant les négociations qui préparent la création de l'Union européenne.

L'Allemagne et la France ont largement encouragé les étapes de la construction européenne en prenant des initiatives parfois spectaculaires malgré la présence d'intérêts et de personnalités souvent opposés, et en étant souvent à l'origine de compromis indispensables. [...] Ce qui a permis l'élaboration et l'adoption de ces compromis, c'est la relation de confiance qui s'était instaurée entre nous au long de ces années et qui a finalement donné à chacun des partenaires l'assurance que l'autre ne lui en demanderait pas trop. Ces négociations ont permis de créer des liens d'amitié entre fonctionnaires ou entre hommes politiques, qui ne se sont pas démentis au fil des années.

Qui aurait pu penser par exemple que deux personnalités aussi différentes que François Mitterrand et Helmut Kohl, ce « couple » improbable au premier abord, seraient à l'origine du futur essor européen, que toujours ils réussiraient à remettre l'Europe sur les rails et qu'ils formeraient le tandem que nous connaissons en devenant même amis, à leur manière ? J'ai souvent qualifié cette relation de « *complicité européenne* » [...]. Pendant les Conseils européens, il suffisait souvent d'une phrase, d'un mot de l'un pour que l'autre rebondisse et déroule le fil d'une pensée commune en développant l'idée politique qui avait été lancée.

Joachim Bitterlich, *France-Allemagne, Mission impossible ?* Albin Michel, 2005.

4 La construction européenne pendant les mandats de Helmut Kohl et François Mitterrand

Date	Relations franco-allemandes dans la construction européenne
mai 1981	Élection de François Mitterrand
octobre 1982	Élection de Helmut Kohl
janvier 1986	Élargissement de la CEE : Europe des Douze
octobre 1986	Mesures favorisant les échanges culturels
mars 1988	Conseil financier et économique franco-allemand
novembre 1988	Création d'une chaîne télévisée franco-allemande (première émission en 1992)
octobre 1989	Création de la brigade franco-allemande (Eurocorps en 1993)
novembre 1989	Chute du mur de Berlin
avril 1990	Proposition Mitterrand-Kohl de création d'une Union politique européenne
octobre 1990	Réunification de l'Allemagne
décembre 1991	Accords de Maastricht sur l'Union politique économique et monétaire (préparés à Paris et à Bonn)
novembre 1993	Traité de Maastricht : l'Union européenne remplace la CEE
janvier 1995	Élargissement de l'UE : Europe des Quinze

Dessin de Rolf Henn.

5 L'Europe de Maastricht.

La construction européenne dépasse l'objectif économique pour se donner une dimension politique. La Communauté économique européenne (EWG, en allemand) devient l'Union européenne (EWR, en allemand) qui prend notamment en compte la justice, la politique étrangère et la sécurité commune.

6 La brigade de l'Eurocorps allemande sur les Champs-Élysées, le 14 juillet 1994.

Premier embryon d'une armée européenne, la brigade franco-allemande est créée en 1990. Elle sert de point de départ à l'Eurocorps qui intervient en opération pour la première fois en 1998 (Bosnie-Herzégovine).

Étude de la situation

1. Quelle vision des relations franco-allemandes le dessinateur donne-t-il en cas de création des « États-Unis d'Europe » ? Comment pouvez-vous l'expliquer (doc. 1) ?

2. Pourquoi cet événement a-t-il une importante portée symbolique (doc. 2) ?

3. Pourquoi l'auteur parle-t-il de « complicité européenne » (ligne 21, doc. 3) ?

4. Relevez deux réalisations déterminantes pour la construction européenne menées à bien durant les mandats de François Mitterrand et Helmut Kohl. Justifiez votre choix (doc. 4).

5. Comment ce dessinateur allemand présente-t-il la construction européenne en 1993 ? Pourquoi (doc. 4 et 5) ?

6. Expliquez en quoi l'action combinée de François Mitterrand et Helmut Kohl a été déterminante pour la construction européenne (doc. 3, 4, 5 et 6).

Question BAC

Confronter des documents. À partir des documents 1, 4 et 6, expliquez l'évolution des relations franco-allemandes entre 1872 et 1994.

Maîtriser ses connaissances

L'essentiel

L'Europe, un territoire de conflits

Les ravages des deux guerres mondiales relancent l'idée, déjà ancienne, d'une unification pacifique du continent. Après l'échec des premiers projets dans les années 1930, plusieurs institutions, comme le Conseil de l'Europe, amorcent la construction européenne après 1945. En 1952, la mise en commun, par six pays européens, du charbon et de l'acier, matériaux indispensables pour la guerre, fonde la CECA.

La construction de l'Union européenne

En 1957, les six pays de la CECA créent la Communauté Économique Européenne (CEE). Celle-ci a pour objectif de réaliser une zone de libre circulation et d'élaborer des politiques et des législations communes. Progressivement, la CEE séduit un nombre croissant de pays et s'affirme comme la principale organisation en Europe. Élargie et approfondie, elle devient, en 1993, l'Union européenne (UE) dont les États membres délèguent une partie de leurs pouvoirs aux institutions communautaires. Pour la première fois, des pays gouvernent en commun.

Les acteurs clés

Aristide Briand (1870-1940) : homme politique socialiste, membre de nombreux gouvernements. Il est le premier à proposer officiellement, en 1929, la création d'une fédération européenne.

Robert Schuman (1886-1963) : fréquemment ministre, il est, suite au plan qui porte son nom, à l'origine de la CECA, première institution européenne supranationale.

Helmut Kohl (né en 1930) : chancelier de la république fédérale d'Allemagne à partir de 1982, puis de l'Allemagne réunifiée après 1990, il renforce le couple franco-allemand et joue un rôle déterminant dans la création de l'Union européenne.

François Mitterrand (1916-1996) : président socialiste de la République de 1981 à 1995, il contribue largement au rapprochement franco-allemand et à la construction européenne.

Les notions clés

Fédéralisme : système dans lequel les pays qui s'associent renoncent à une large part de leurs pouvoirs, c'est-à-dire à leur souveraineté, au profit d'un État central appelé « État fédéral ».

Supranationalité : qui dépasse la souveraineté nationale. Une institution supranationale est un organisme auquel les États abandonnent une part de leurs pouvoirs de décision, sans aller jusqu'au fédéralisme.

Construction européenne : nom donné au rapprochement progressif des États européens amorcé après la Seconde Guerre mondiale.

Les repères chronologiques

1855 : Victor Hugo évoque les États-Unis d'Europe.

1929 : Aristide Briand propose de créer une organisation européenne.

1952 : fondation de la CECA (Communauté européenne du charbon et de l'acier).

1957 : naissance de la CEE (Communauté économique Européenne) constituée par 6 pays.

1993 : création de l'Union européenne (27 pays aujourd'hui).

Appliquer ses connaissances

Analyser et commenter un document

Le Parlement européen.
750 députés issus des 27 pays membres représentent le demi-milliard d'habitants de l'Union européenne.
Au premier plan, une sculpture de Ludmila Tcherina s'appelle l'*Europe à cœur* et symbolise l'Europe unie.

1 Analyser le document

1. Quelle est la fonction du bâtiment ? Pour quelles raisons est-il installé à Strasbourg ?

2. Comment peut-on expliquer cet alignement de drapeaux à la place du seul drapeau européen ?

3. En quoi, d'après vos connaissances, cette image symbolise-t-elle l'union de l'Europe ?

2 Présenter à l'oral

1. Décrire le document.
Évoquez la scène représentée et décrivez ce que l'on voit.

2. Interpréter le document.
Expliquez en quoi la photographie illustre le thème du sujet d'étude : l'idée d'Europe.

Expliquer un document

Le sujet comporte un ou plusieurs documents à analyser. Pour réussir, il faut être capable non seulement de repérer et d'exploiter des informations, mais aussi de les intégrer à la réponse. En effet, celle-ci doit être argumentée à l'aide d'éléments précis.

1 Étudier la question posée

- **La formulation de la question.** Repérez le type d'informations à chercher dans le document et ses sources.
- **Le travail à effectuer.** Vérifiez si la question est simple ou si elle se décompose en plusieurs étapes : si c'est le cas, il faudra n'en oublier aucune.

Exemples de questions
• Comment, d'après ce document, évoluent les relations en Europe après 1947 ? Quelles en sont les conséquences ?
• À partir du tableau statistique, expliquez l'évolution du commerce du charbon en Europe.

2 Analyser le document

- **La nature du document.** Ce peut être un texte, une image, une carte ou un schéma, des statistiques sous forme de graphique ou de tableau numérique. Étudiez ses références : sa date de production, ses auteurs et ses destinataires, ses objectifs. Reconstituez autant que possible le contexte dans lequel il a été fabriqué.
- **Les informations du document.** Recherchez les éléments qui permettent de répondre à la question. Limitez-vous à ce dont vous avez besoin. Il peut suffire de les relever, mais les informations doivent généralement être synthétisées, comparées et reformulées.

3 Rassembler ses connaissances

- **Les explications à fournir.** Certaines questions demandent au candidat de montrer ses connaissances. Celles-ci sont indispensables pour l'explication. De manière générale, les connaissances permettent d'interpréter et de contextualiser.
- **Les relevés à effectuer.** La réponse s'appuie nécessairement sur des informations précises issues du document. Si la question suggère un plan, vous apportez des informations tirées du document pour justifier votre propos. Si vous citez des passages d'un texte, vous devez les mettre entre guillemets.

4 Rédiger la réponse à la question

- **La phrase d'introduction.** Dans la première phrase, reformulez la question et présentez brièvement le document.
- **Les explications.** Dans les phrases suivantes, répondez à la question en vous appuyant sur des éléments précis tirés du document.
- **Le bilan.** La dernière phrase tire un bilan rapide en quelques mots.

Votre réponse doit être autonome et se suffire à elle-même : le correcteur n'a pas besoin de se reporter au document pour la comprendre.

Exemple

La question du BAC

Décrivez la scène représentée. En quoi cette action a-t-elle une signification symbolique dans l'histoire de la construction européenne ?

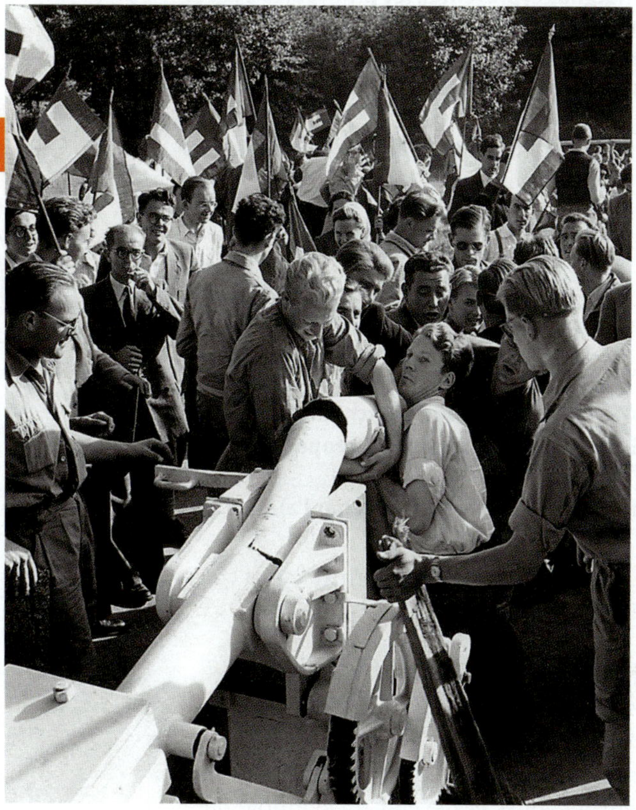

Manifestation de jeunes Européens à la frontière franco-allemande.

Le 7 août 1950, 300 étudiants venus de huit pays européens brisent symboliquement la barrière qui sépare la France de l'Allemagne au poste frontière de Wissembourg (Alsace).

La réponse du candidat

Cette photo représente une manifestation de jeunes Européens, le 7 août 1950, au poste frontière franco-allemand de Wissembourg. → La présentation du document.

Souriants, les manifestants brisent la barrière qui empêche le passage d'un pays à l'autre. À l'arrière-plan, les nombreux drapeaux ne représentent pas des emblèmes de pays mais un E, symbole des partisans d'une Europe unie avant l'adoption officielle du drapeau étoilé. → La description d'éléments du document.

Cette action a une portée symbolique. En effet, alors qu'elle rassemble, nous dit la légende de la photo, des jeunes venus de huit pays européens, il est impossible de les distinguer car tous agissent ensemble, sous un même drapeau. De plus, faciliter la libre circulation au sein d'un espace unifié est l'une des préoccupations des partisans d'un rapprochement européen. → L'explication du document en s'appuyant sur ses connaissances.

Cette ouverture, qu'illustre le document, aboutit à l'espace Schengen. On peut dorénavant aller du nord au sud de l'Europe sans être arrêté par un poste de douane. → Le bilan final.

Exercices

Exercice 1

Analysez les différentes questions suivantes. Sur quel type de document portent-elles ? Quel travail doit faire le candidat ?

- Quel rôle le dessinateur attribue-t-il aux différents acteurs ?

- Que nous apprend cette carte sur l'évolution politique de l'Europe ?

- À partir de ce témoignage, présentez les principales étapes de la construction européenne.

- Quels événements l'auteur évoque-t-il dans ce passage de ses mémoires ? Quelles conséquences ces événements ont-ils eues ?

- En quoi l'affiche illustre-t-elle l'évolution de l'Europe depuis cinquante ans ?

Exercice 2

1 D'après la question du bac, que doit chercher le candidat ?

2 Identifiez précisément : qui s'exprime ? à propos de quoi ? à quel moment ?

3 Relevez les différents arguments avancés par l'auteur.

Question du BAC → *À l'aide de ce document, expliquez le choix de Strasbourg comme capitale de l'Europe.*

Strasbourg accueille, dès 1949, le Conseil de l'Europe. Ernest Bevin, ministre britannique des Affaires étrangères, explique ce choix.

Nous cherchions un centre qui puisse convenir aux nations européennes et devenir un symbole de l'unité de l'Europe. Le choix de Strasbourg m'a paru évident. Cette grande cité avait été témoin de la stupidité du genre humain qui essayait de régler les affaires par la guerre, la cruauté et la destruction. À travers les âges, sa population a fait de son possible pour préserver sa liberté et a combattu pour cela d'une façon magnifique. L'Europe a gagné le droit de résoudre ses problèmes par des méthodes plus humaines et plus sensées. [...] Nous avons pensé que Strasbourg était vraiment le lieu qui convenait pour développer ce grand effort dans une atmosphère de bonne volonté et non de domination.

Ernest Bevin, cité dans l'*Histoire de Strasbourg des origines à nos jours*, DNA, 1982.

Exercice 3

Illustrez l'explication à l'aide d'éléments précis issus du document et de vos connaissances.

Ce dessin présente les dirigeants français et allemand en opposant l'ancienne rivalité franco-allemande à la réconciliation des deux pays après 1945.

Le couple franco-allemand

Dessin de Chaunu, 1993.

Exercice 4

1 D'après la question du bac, que doit comporter la réponse ?

2 Commencez par rechercher dans le chapitre les objectifs de la CECA. Vous vous intéresserez également aux domaines pris en compte (vie politique, économique, sociale, culturelle...).

Recopiez et complétez le tableau suivant :

Objectifs de la CECA	Objectifs du Conseil de l'Europe

3 Rédigez votre réponse. Vous la conclurez par une comparaison à l'Union européenne.

Question du BAC → *Quels sont les objectifs du Conseil de l'Europe ? Quelles sont, selon vous, les principales différences entre le Conseil de l'Europe et la Communauté européenne du charbon et de l'acier ?*

Le Conseil de l'Europe rassemble aujourd'hui 47 pays.

a. Le but du Conseil de l'Europe est de réaliser une union plus étroite entre ses membres afin de promouvoir les idéaux et les principes qui favorisent leur progrès économique et social.

b. Ce but sera poursuivi au moyen des organes du Conseil, par l'examen des questions d'intérêt commun, par la conclusion d'accords et par l'adoption d'une action commune dans les domaines économique, social, culturel, scientifique, juridique et administratif, ainsi que par la sauvegarde et le développement des droits de l'homme et des libertés fondamentales.

c. La participation des membres aux travaux du Conseil de l'Europe ne doit pas altérer leur contribution à l'œuvre des Nations unies et des autres organisations ou unions internationales auxquelles ils sont partie.

d. Les questions relatives à la défense nationale ne sont pas de la compétence du Conseil de l'Europe.

Article 1 du traité instituant le Conseil de l'Europe
Londres, le 5 mai 1949.

Exercice 5

❶ Présentez l'affiche : qui l'a réalisée ? quand ?
❷ Décrivez l'affiche : quels sont les pays représentés ?
❸ Rassemblez vos connaissances sur les relations internationales et la situation en Europe en 1960.
❹ Rédigez votre réponse en respectant les étapes 1 à 3.

Question du BAC → *Quel argument en faveur de l'Union avancent les concepteurs de ce document ?*

Affiche du « Comité d'action pour les États-Unis d'Europe » (1960).

Exercice 6

❶ D'après la question du bac, que doit rechercher le candidat ?
❷ Sur quels éléments du texte et de l'affiche le candidat peut-il appuyer sa réponse ?
❸ Rédigez la réponse.

Question du BAC → *En vous aidant du texte, expliquez en quoi cette affiche illustre la devise et le projet européens.*

La devise de l'Union européenne : « Unie dans la diversité »

Adoptée en 2000, la devise européenne est en germe dans cet extrait de l'auteur allemand Klaus Mann (1906-1949). Fuyant le nazisme, il rentre en Allemagne en 1945 sous l'uniforme américain.

Réduire l'Europe à *un* même dénominateur, – qu'il soit allemand, russe ou américain – « unifier » l'Europe, c'est la tuer. Tel est le double postulat que l'Europe doit reconnaître pour ne pas périr : il faut conserver et approfondir la conscience de *l'unité* européenne (l'Europe est un tout indivisible) ; mais en même temps, il faut garder vivante la *diversité* européenne des styles et des traditions. L'Europe, cet accord difficile et précieux, qui unit les dissonances sans jamais les résoudre.

Klaus Mann, *Le Tournant, histoire d'une vie*, publication posthume en 1952.

Partie 1 de l'examen

(Vous répondez à toutes les questions)

Questions sans support documentaire

1 Citez trois événements du XXe siècle déterminants pour la construction européenne. Vous justifierez votre choix.

2 L'Union européenne est-elle un État fédéral ? Pourquoi ?

LE BARÈME DU BAC

Partie 1 : 9 points
Elle porte sur un sujet d'étude, soit d'histoire, soit de géographie.

Partie 2 : 4 points
Elle porte sur l'éducation civique.

Partie 3 : 7 points
Elle porte sur une des situations d'un sujet d'étude en histoire ou en géographie.

Questions avec support documentaire

3 Dans quel contexte historique le document 1 est-il paru ? Quels sont ses objectifs ?

4 En vous aidant d'éléments précis, présentez les arguments mis en avant par les concepteurs du document 1.

5 En quoi le document 2 témoigne-t-il de l'évolution de l'Europe depuis un demi-siècle ?

Document 1 Affiche de 1953 contre le projet de Communauté européenne de défense (CED).

Véritable armée européenne prévue par des accords internationaux signés à Bonn et Paris. Ce projet a été abandonné après 1954.

Document 2 Couverture de *PARISBERLIN*.

Magazine bilingue franco-allemand, numéro de mars 2009.

Partie 3 de l'examen

(Vous ne traitez qu'une des deux situations suivantes)

Situation 1 : Le plan Schuman

1 La Communauté européenne du charbon et de l'acier (CECA)

Parlementaire français, Édouard Bonnefous a été président de la Commission des Affaires étrangères de 1948 à 1952.

La CECA fut tout entière tournée vers un libre et égal accès au marché de ses utilisateurs. Son action fut donc orientée vers une abolition des barrières douanières, des accords de répartition des marchés et des aides de l'État. Ce premier pas vers le marché commun fut essentiel. Par ailleurs, au niveau interne, la Haute Autorité interdit les pratiques de concurrence déloyale.

L'échec du projet global de construction européenne a contribué à la formation d'une conception nouvelle, dont Robert Schuman et Jean Monnet furent les promoteurs : la communauté supranationale et fonctionnelle. Cette conception est à l'origine de la création de la Communauté européenne du charbon et de l'acier. Aujourd'hui, je pense que seul un traité spécialisé pouvait réussir là où tous les autres projets avaient échoué. Un marché commun des produits a été réalisé. La CECA a permis de construire une communauté sans s'appuyer sur des élus de l'Europe tout entière.

Édouard Bonnefous, *La Construction de l'Europe par un de ses initiateurs*, PUF, 2002.

Questions

1. Présentez en une phrase la Communauté européenne du charbon et de l'acier.

2. Pourquoi, selon l'auteur, le passage par la CECA était-il une étape indispensable de la construction européenne ?

3. Les barrières douanières ont-elles été supprimées aujourd'hui en Europe ? Justifiez votre réponse.

Situation 2 : Kohl - Mitterrand et l'Europe

2 La réconciliation franco-allemande

Andrée Kempf, directrice de la Fondation Entente Franco-Allemande, analyse le rapprochement de ces deux pays lors du premier Forum Chine-Europe organisé en Chine en 2005.

Tous ceux qui s'étaient efforcés après la guerre de réconcilier Français et Allemands ont vu leurs efforts récompensés. Les liens entre la culture française et allemande et entre les deux peuples, les excellentes relations économiques ont contribué au succès. Jamais Français et Allemands n'avaient tissé dans leur histoire un réseau aussi étroit de contacts personnels. Mais la volonté manifestée sur le plan politique a été le facteur décisif du succès du couple modèle franco-allemand. L'originalité de la coopération entre la France et l'Allemagne ne réside pas dans l'absence illusoire de points de vue différents mais dans la capacité à les discuter et à les surmonter et de prendre conscience du privilège d'être à la jonction de deux cultures.

Andrée Kempf, intervention publiée dans *L'Europe, c'est pas du chinois ! La construction européenne racontée aux Chinois*, Charles Léopold Mayer, 2007.

Questions

1. Pourquoi fallait-il réconcilier la France et l'Allemagne ?

2. Pourquoi l'auteur parle-t-il de « couple modèle franco-allemand » ?

3. Présentez un exemple de réalisation menée à bien grâce à la collaboration de dirigeants Français et Allemands.

Sujet d'étude

3 La décolonisation et la construction de nouveaux États : Inde, Algérie

Au lendemain de la Seconde Guerre mondiale, les puissances coloniales européennes sont confrontées aux revendications d'indépendance des peuples colonisés. En une trentaine d'années naissent de nombreux nouveaux États.

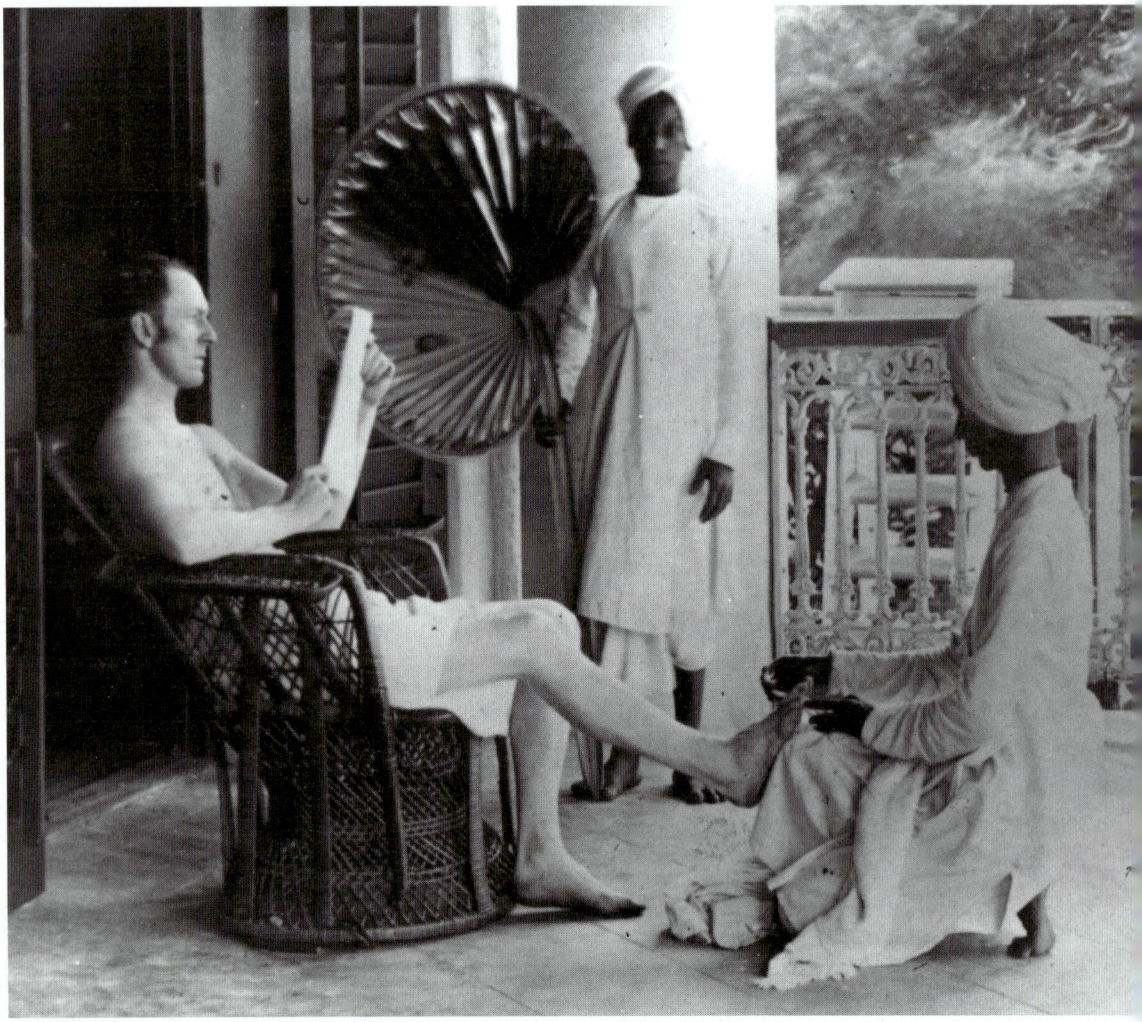

1 Un colon britannique aux Indes en 1900.

La présence anglaise en Inde remonte au milieu du XVIIIe siècle, mais l'administration directe du territoire par la couronne britannique date de 1858. Les colons sont peu nombreux. Ils vivent entre eux et limitent les contacts avec les populations indiennes aux domestiques et aux membres les plus importants des élites locales.

Repères chronologiques

- **1930** Marche du sel organisée par Gandhi.
- **1947** L'Inde, colonie britannique depuis 1858, accède à l'indépendance.
- **1954** Début de la guerre d'Algérie.
- **1962** L'Algérie, colonie française depuis 1830, devient indépendante.

Comment les jeunes nations qui accèdent à l'indépendance répondent-elles aux défis qui leur sont posés ?

2 **Manifestation de joie autour de l'indépendance algérienne, le 2 juillet 1962.**
La proclamation de l'indépendance s'accompagne de scènes de liesse à travers tout le pays. Des foules enthousiastes envahissent l'espace public où elles déploient des drapeaux algériens.

Entrée dans le thème

1. Que révèle la photographie prise aux Indes sur les rapports colons-colonisés au début du XXe siècle ?
2. Sur la photographie prise en Algérie, quels éléments montrent le caractère exceptionnel de la journée ?
3. Quelle évolution révèlent ces deux photographies ?

Carte

La décolonisation depuis 1945

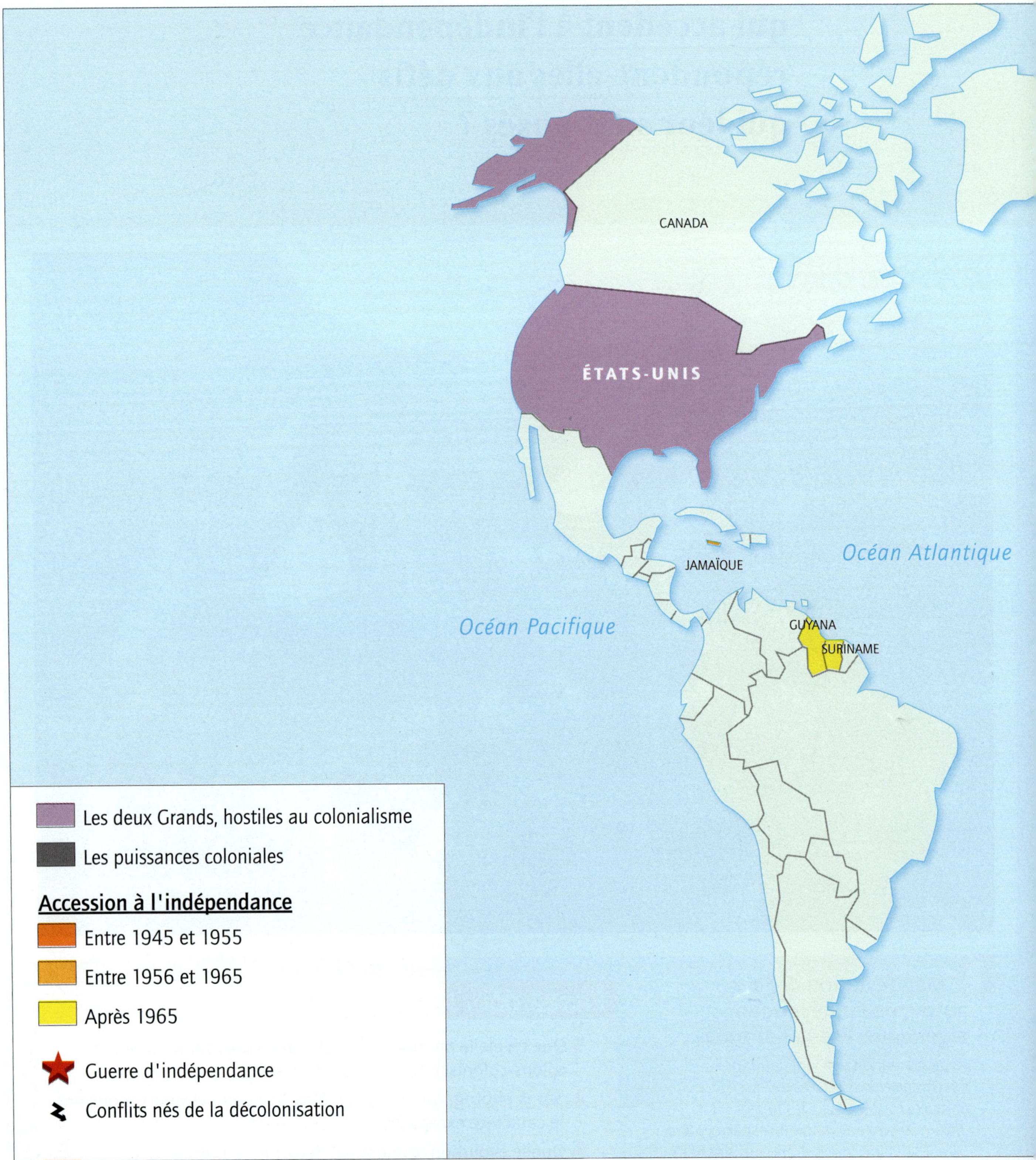

L'accession à l'indépendance des colonies européennes, après 1945.

Découverte de la carte

1. Sur quels continents se situent la majeure partie des colonies en 1945 ?

2. À quelles périodes l'Inde et l'Algérie deviennent-elles indépendantes ?

3. La décolonisation se produit en trois vagues. Lesquelles ?

Cours 1

La décolonisation de l'Inde et de l'Algérie

▶ Comment l'Inde et l'Algérie accèdent-elles à l'indépendance ?

Après la Seconde Guerre mondiale, le processus de décolonisation s'impose comme une évidence. Mais, en fonction des situations, il prend différentes formes.

1 La Charte des Nations unies, publiée en 1945

Article 73. Les Membres des Nations unies qui ont ou assument la responsabilité d'administrer des territoires dont les populations ne s'administrent pas encore complètement reconnaissent le principe de la primauté[1] des intérêts des habitants de ces territoires. Ils acceptent comme une mission sacrée l'obligation de favoriser leur prospérité, dans le cadre du système de paix et de sécurité internationales établi par la présente Charte et, à cette fin :

a) d'assurer, en respectant la culture des populations en question, leur progrès politique, économique et social, ainsi que le développement de leur instruction, de les traiter avec équité[2] et de le protéger contre les abus ;

b) de développer leur capacité de s'administrer elles-mêmes, de tenir compte des aspirations politiques des populations et de les aider dans le développement progressif de leurs libres institutions politiques.

Extrait de la Charte des Nations unies, 26 juin 1945.

1. Primauté : prééminence, première place.
2. Équité : justice et impartialité.

2 La conférence sur la partition des Indes, New Delhi, 3 juin 1947.

De gauche à droite, à la table : Nehru, vice-président du gouvernement provisoire, Lord Mountbatten, vice-roi des Indes, et Jinnah, président de la Ligue musulmane.

3 Lettre d'un haut fonctionnaire français en poste à Alger

Monsieur le Ministre,

Le 20 août 1956, vous m'avez fait l'honneur d'agréer ma nomination au poste de secrétaire général de la préfecture d'Alger, chargé plus spécialement de la police. [...] Depuis trois mois, je me suis efforcé, dans la limite de mes fonctions et par-delà l'action policière nouvelle menée par l'armée[1], de conserver – chaque fois que cela a été possible – ce que je crois être encore et malgré tout indispensable et seul efficace à long terme : le respect de la personne humaine. J'ai aujourd'hui la conviction d'avoir échoué et j'ai acquis la certitude depuis trois mois que nous sommes engagés – non pas dans l'illégalité, ce qui dans ce combat est sans importance – mais dans l'anonymat et l'irresponsabilité, qui ne peuvent conduire qu'aux crimes de guerre. Je ne me permettrais jamais une telle affirmation si, au cours des visites récentes aux centres d'hébergement[2] de Paul-Cazelles et de Beni-Messous, je n'avais reconnu sur certains assignés les traces profondes des sévices ou des tortures qu'il y a quatorze ans je subissais personnellement dans les caves de la Gestapo de Nancy. Or, ces deux centres d'hébergement, installés à la demande et par l'autorité militaire d'Alger, sont essentiellement « pourvus » par elle. [...] Rien de tout cela, bien sûr, ne condamne l'armée française, non plus que la lutte impitoyable qui doit être menée par elle dans ce pays, et qui devait l'être à Alger plus spécialement contre la rébellion, l'assassinat, le terrorisme et leurs complices de tous ordres. Mais tout cela condamne la confusion des pouvoirs et l'arbitraire qui en découle.

Paul Teitgen, 24 mars 1957, lettre adressée à Robert Lacoste, ministre résidant en Algérie, publiée dans *Le Monde*, le 1er octobre 1960.

1. Le 7 janvier 1957, le gouvernement français a confié les pouvoirs de police sur le Grand Alger (800 000 hab.) au général Massu et à ses parachutistes.
2. Centre d'hébergement : camp de prisonniers.

4 **Alger, 5 juillet 1962.**
Rassemblement devant le monument qui célèbre le centenaire de la prise d'Alger (5 juillet 1830) et de la conquête de l'Algérie par les Français.

Questions

Une décolonisation devenue inévitable

1. Quels sont les engagements d'un pays de l'ONU vis-à-vis des territoires qu'il a colonisés (doc. 1) ?

L'indépendance de l'Inde

2. À l'aide du cours, expliquez la tension perceptible sur la photographie (doc. 2).

L'indépendance de l'Algérie

3. Quelle fonction Paul Teitgen occupe-t-il en 1957 ? Pourquoi présente-t-il sa démission (doc. 3) ?

4. En décrivant la photographie, expliquez pourquoi ce rassemblement a lieu à cet endroit précis (doc. 4).

Question BAC

Utiliser ses connaissances. Quels points communs et quelles différences caractérisent les décolonisations de l'Inde et de l'Algérie ?

Une décolonisation devenue inévitable

L'affaiblissement des puissances coloniales. Sorties affaiblies de la Seconde Guerre mondiale, les puissances coloniales européennes comme la France, la Grande-Bretagne vivent une contradiction. D'une part, elles affirment le droit des peuples colonisés à se gouverner eux-mêmes et d'autre part, elles les maintiennent dans un statut colonial. Dans le même temps, l'Union soviétique et les États-Unis sont favorables à la décolonisation et l'Organisation des Nations unies condamne l'oppression des peuples.

La naissance de mouvements indépendantistes. Dans les colonies, des mouvements nationalistes se développent, dirigés par des chefs parfois formés dans les meilleures écoles des puissances coloniales. Ainsi, en Inde, les dirigeants Gandhi et Nehru sont diplômés des *high schools* anglaises.

L'indépendance de l'Inde

Le pragmatisme des Britanniques. Alternant répression et réforme, la Grande-Bretagne a maintenu sa présence en Inde. En 1945, elle voit dans une indépendance négociée le meilleur moyen de préserver ses intérêts économiques dans le pays. Lord Mountbatten est chargé de conduire les entretiens préparatoires.

La loi d'indépendance. Le 15 août 1947, l'Inde devient indépendante, au terme de longues discussions. Toutefois, celles-ci n'ont pas réussi à maintenir son unité, en raison d'affrontements entre hindous et musulmans. La colonie britannique donne naissance à deux États indépendants : l'Union indienne et le Pakistan.

L'indépendance de l'Algérie

La réalité algérienne. En 1954 vivent en Algérie, depuis plusieurs générations, près d'un million de Français qui refusent tout partage du pouvoir et 8,4 millions d'Arabes et de Berbères. La citoyenneté française a bien été étendue, en 1947, à l'ensemble des Algériens, mais cette égalité de principe est bafouée. En effet, chacune des deux communautés élit 60 délégués à l'Assemblée algérienne.

La guerre d'Algérie. Le 1er novembre 1954, le Front de libération nationale (FLN) déclenche une insurrection armée. La guerre s'étend, à partir de 1956, à l'ensemble du territoire algérien et conduit à l'envoi de soldats français. Les tortures et les attentats provoquent en France une crise morale et politique. Les accords d'Évian qui mettent fin aux combats le 19 mars 1962, sont massivement approuvés en France comme en Algérie. Le pays accède à l'indépendance le 3 juillet.

Vocabulaire

Décolonisation : processus qui conduit à l'indépendance des territoires dominés et colonisés par des puissances européennes.

Indépendance : fait, pour une colonie, de devenir un État souverain en rompant tous les liens de subordination avec sa puissance dominante.

Cours 2 Les défis de l'Inde et de l'Algérie, nouveaux États

▶ Quels choix les jeunes États devenus indépendants font-ils pour assurer leur avenir ?

Dès leur indépendance, les anciennes colonies doivent décider de leur régime politique, de leur système économique et de leur rôle international.

1 Repères chronologiques pour l'histoire de l'Algérie

1963	**Septembre**	Mise en place d'un régime politique à parti unique.
1968	**Mai**	Nationalisation des productions industrielles et alimentaires.
	Octobre	Participation algérienne à l'embargo sur les produits pétroliers. Forte hausse des prix et des recettes.
1985	**Avril**	Chute des cours du pétrole. Réduction des dépenses sociales. Manifestations à Alger.
1986	**Novembre**	Manifestations à Sétif et Constantine.
1988	**Octobre**	Émeutes à Alger (600 morts). Promesses de réformes politiques et économiques.
1989	**Février**	Nouvelle Constitution, abandon du socialisme et introduction du multipartisme. Création du Front islamique du salut (FIS).
1990	**Juin**	Succès du FIS aux élections municipales : 54 % des voix.
	Décembre	Abandon de la langue française dans l'administration.
1991	**Décembre**	Victoire du FIS au premier tour des élections législatives : 47,5 % des suffrages.
1992	**Février**	Annulation du second tour des élections. Proclamation d'un état d'urgence et dissolution du FIS, qui entre dans la clandestinité.
	Juin	Assassinat du président algérien.
2005	**Septembre**	97 % de « oui » au référendum sur la réconciliation nationale. 13 années de guerre civile ont fait 150 000 morts.

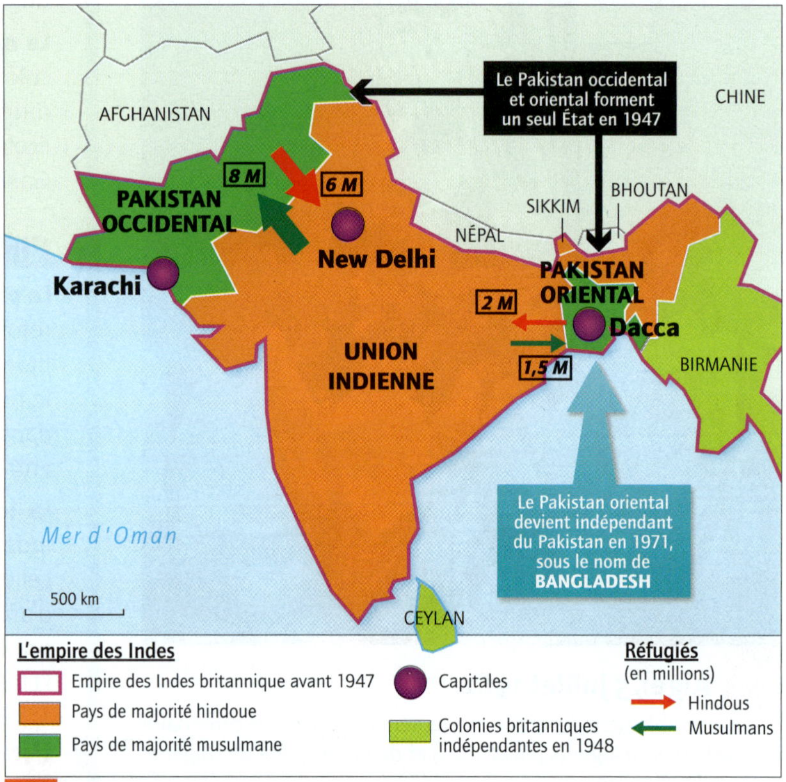

2 La partition de l'Inde en 1947.

3 Discours de Nehru à la conférence de Bandoung en 1955

« *Asia and Africa awake*[1] ! Il n'y a plus d'Asie soumise, elle est vivante, dynamique. [...] Nous sommes résolus à n'être d'aucune façon dominés par aucun pays, par aucun continent. Nous sommes des grands pays du monde et voulons vivre libres sans recevoir d'ordre de personne. Nous attachons de l'importance à l'amitié des grandes puissances, mais à l'avenir, nous ne coopérerons avec elles que sur un pied d'égalité. C'est pourquoi nous élevons notre voix contre l'hégémonie[2] et le colonialisme dont beaucoup d'entre nous ont souffert pendant longtemps. [...] Malheureusement, même aujourd'hui, le drame de l'Afrique est plus grand que celui d'aucun autre continent, tant au point de vue racial que politique. Il appartient à l'Asie d'aider l'Afrique. »

Nehru, discours de clôture de la conférence de Bandoung, extrait, 24 avril 1955.

1. *Asia and Africa awake* : Asie et Afrique, réveillez-vous.
2. Hégémonie : domination.

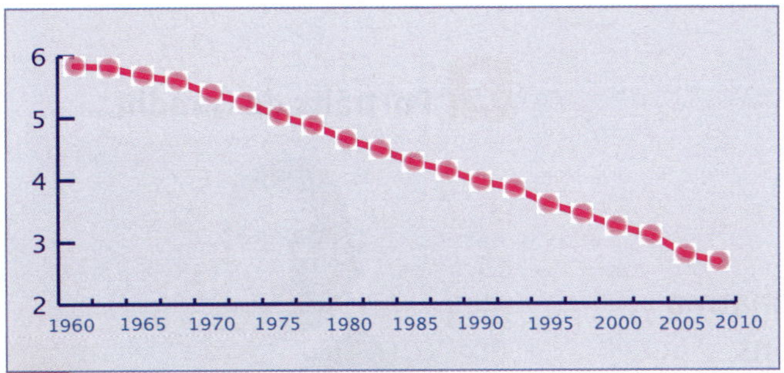

4 Le nombre moyen d'enfants par femme en Inde.

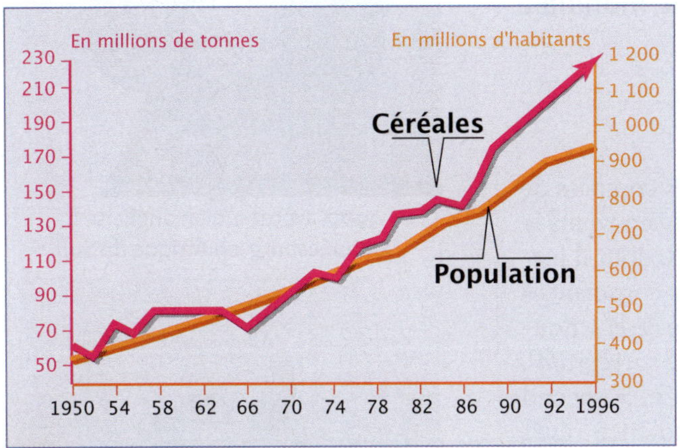

5 La production de céréales en Inde.

Questions

Les premières heures de l'indépendance

1. Quels systèmes politique et économique l'Algérie met-elle en place après l'indépendance (doc. 1) ?

2. Combien de personnes déplacées dénombre-t-on dans chaque communauté (doc. 2) ?

Le non-alignement, l'illusion d'un moment

3. En vous reportant à la carte des pages 52 et 53, expliquez l'extrait de discours de Nehru à Bandoung, en 1955 (doc. 3).

L'Inde et l'Algérie, deux voies différentes

4. Quelle information apporte chaque graphique (doc. 4 et 5) ? Quels défis l'Inde a-t-elle relevés ?

5. Présentez les principaux aspects de la crise qui agite l'Algérie à partir du milieu des années 1980 : causes, formes, bilan (doc. 2).

Question BAC

Produire un raisonnement. Montrez d'abord comment les nouveaux pays indépendants ont, dans un premier temps, tenté de créer une organisation commune. Puis, à l'aide des exemples indien et algérien, expliquez de quelle façon leur unité d'un moment a ensuite volé en éclats.

Les premières heures de l'indépendance

L'Inde et le Pakistan au bord de la guerre civile. Des violences accompagnent la séparation de l'Inde en deux États et le déplacement de 14 millions de personnes. Les affrontements entre hindous et musulmans font 200 000 morts en 1947-1948. Gandhi est assassiné par l'un de ses partisans, un fanatique hindou qui lui reproche sa tolérance.

L'Algérie en proie aux violences et à l'exode. L'indépendance s'accompagne de violences meurtrières des partisans extrémistes de l'Algérie française et de représailles du Front de libération nationale algérien. La situation des Français d'Algérie, les pieds-noirs, devient tragique. Près d'un million d'entre eux fuient vers la France. 60 000 harkis, les soldats musulmans de l'armée française, les suivent dans cet exode.

Le non-alignement, l'illusion d'un moment

L'émergence du tiers-monde. L'Inde et les nouveaux États indépendants condamnent le colonialisme à Bandoung, en 1955. Puis, dans un monde dominé par l'affrontement Est-Ouest, ils refusent de choisir entre les modèles soviétique et américain. À Belgrade en 1961, puis à Alger en 1973, ils affirment leur non alignement et constituent alors un tiers-monde homogène.

L'éclatement du tiers-monde. Mais le non-alignement se révèle vite une illusion. En effet, l'indépendance politique ne peut se concevoir sans indépendance économique. La crise pétrolière des années 1970, dont l'Algérie est coorganisatrice, voit l'éclatement du tiers-monde.

L'Inde et l'Algérie, deux voies différentes

L'Inde, une démocratie libérale. Avec son pluralisme politique mis en place dès 1950, l'Inde devient la plus grande démocratie du monde. L'action de l'État permet de maîtriser la croissance démographique et de couvrir les besoins alimentaires. Les réformes libérales des années 1990 facilitent l'émergence d'une classe moyenne à fort pouvoir d'achat. Détentrice de l'arme atomique, l'Inde revendique un plus grand rôle sur la scène internationale.

L'Algérie, un régime autoritaire. L'Algérie « démocratique et populaire » adopte un régime autoritaire appuyé sur l'armée et sur un parti unique : le FLN. Malgré d'importantes ressources pétrolières contrôlées par l'État, les besoins de la population ne sont pas couverts. À la fin des années 1980, la crise favorise le développement d'un mouvement islamiste qui ne peut parvenir légalement au pouvoir et s'exprime par la violence, ce qui provoque une guerre civile dans les années 1990.

Vocabulaire

Tiers-monde : l'expression date de 1952. Elle désigne l'ensemble des pays en développement. Elle fait référence au tiers état d'avant 1789 en France. Elle les situe à l'écart des deux blocs de la guerre froide.

Non-alignement : mouvement qui regroupe des États refusant la bipolarisation du monde en deux blocs américano-soviétiques.

Situation 1 Gandhi et la non-violence

Pourquoi la non-violence de Gandhi est-elle devenue un mythe ?

La situation Gandhi (1869-1948) a été surnommé « Mahatma », c'est-à-dire « Grande Âme ». Il a toujours mené des actions conformes à sa pensée. Tout au long de sa vie, il a mis en pratique ses théories sur la non-violence. Par la résistance passive face aux Britanniques et par la désobéissance civile, il a conduit l'Inde à l'indépendance. Son combat lui a conféré une renommée mondiale qui persiste au-delà de la mort.

1 L'action de Gandhi vue par un historien

La figure charismatique[1] de Gandhi est au cœur de tous les combats de l'Inde pour son indépendance. L'originalité de sa démarche réside dans le rejet des jeux politiques qu'il abandonne au Parti du Congrès, dont il inspire néanmoins des décisions, et dans un rôle d'élévation des consciences et de mobilisation des masses. La voie qu'il emprunte est celle de la « non-violence » contenue dans les termes sanscrits d'*ahimsa*[2] et de *satyagrafa*[3], le premier ayant une valeur plutôt philosophique et religieuse, le second d'ordre pratique. Au service de l'indépendance, la non-violence revêt diverse formes : boycott des produits britanniques, des écoles et de la justice coloniales, refus de l'impôt, marches de protestations, grèves de la faim, etc.

Gandhi est ainsi à l'origine de trois mouvements en 1920-1922, 1928-1930 et 1942-1943. Les autorités procèdent chaque fois à son arrestation.

Bernard Droz, *La Décolonisation*, documentation photographique n° 8062, mars-avril 2008.

1. Figure charismatique : personnalité dotée d'un rayonnement et d'un prestige exceptionnels. 2. Vieux concept hindou, littéralement « non-violence ». 3. Résistance pouvant prendre plusieurs formes, du jeûne individuel à des campagnes politiques de masse.

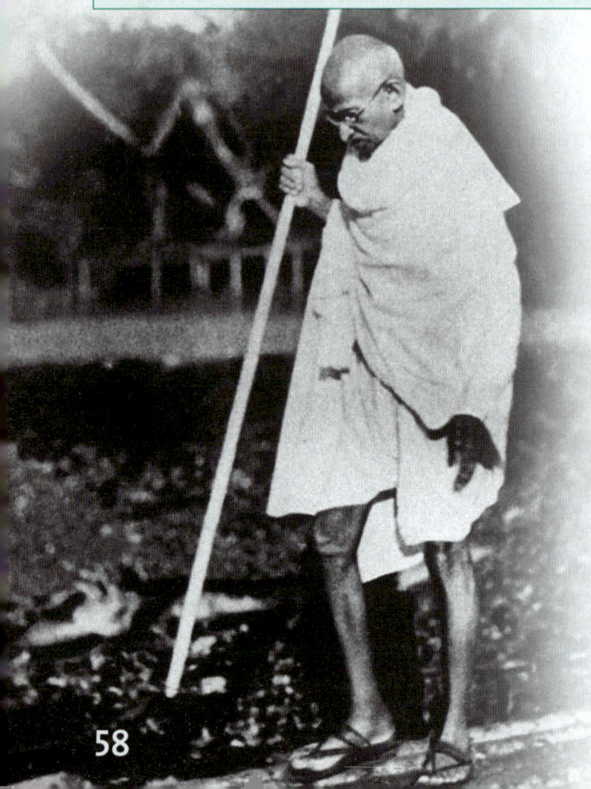

Le Mahatma Gandhi pendant la marche du sel, mars avril 1930.
Au terme d'un parcours de 400 kilomètres, Gandhi ramasse quelques grains de sel naturel au bord de la mer d'Oman. Il conteste ainsi le monopole britannique de la vente de sel.

2 Portraits de Gandhi.

1900, avocat indien anglicisé à Johannesburg, en Afrique du Sud.

1915, avocat militant indien à Bombay.

1930, Mahatma Gandhi.

3 L'action de Gandhi vue par Winston Churchill en 1931

Il est aussi alarmant et nauséabond de voir Monsieur Gandhi, un avocat séditieux[1] du Middle Temple[2], maintenant dans cette attitude de fakir selon un modèle bien connu en Orient, monter, à moitié nu, les marches du palais du vice-roi pour aller parler d'égal à égal avec le représentant du roi-empereur[3] alors qu'il s'emploie à organiser et à conduire une campagne provocatrice de désobéissance civile.

Winston Churchill, 1931.
Cité par Gilbert Martin, *Winston Churchill, le prophète de la vérité 1922-1939*, *C et T Publications*, 1976.

1. Rebelle, émeutier.
2. Grande école de juristes de Londres.
3. Le roi d'Angleterre est empereur des Indes.

4 Gandhi pendant son jeûne à Calcutta, en septembre 1947.

Après avoir utilisé ce moyen contre la présence britannique, Gandhi jeûne pour faire cesser les violences qui surviennent entre hindous et musulmans lors de la séparation de l'Inde en deux États indépendants.

5 Les actions engagées contre le colonialisme

Que chaque village se procure du sel de contrebande, que nos sœurs forment des piquets devant les magasins d'alcool, les fumeries d'opium et les magasins de textile étrangers. Les jeunes et les vieux doivent manier le talki[1], filer et tisser abondamment tous les jours. Les textiles étrangers doivent être brûlés.

Gandhi, 1930.

1. Rouet traditionnel : pour Gandhi la disparition de l'artisanat du filage et du tissage est cause du déclin de la vie villageoise.

6 Affiche du film *Gandhi* de Richard Attenborough, 1982.

Étude de la situation

1. Que préconise Gandhi pour mettre en difficulté les intérêts britanniques (doc. 1) ?
2. Quelles autres actions engage-t-il dans son combat ? Quel est leur point commun (doc. 4 et 5) ?
3. Winston Churchill critique violemment Gandhi. Que dénonce-t-il (doc. 2 et 3) ?
4. Quelles informations de l'affiche montrent que le personnage de Gandhi est devenu un mythe mondial (doc. 6) ?
5. Montrez que les actes et la pensée de Gandhi s'inscrivent dans une volonté de retour à des traditions indiennes (doc. 1, 2 et 5).

Question BAC

Exploiter des documents. À partir des documents 1 et 4, expliquez de quelle façon Gandhi a contribué à l'indépendance de l'Inde.

Situation 2 La Toussaint 1954

▶ 1er novembre 1954, comment commence la guerre d'Algérie ?

La situation Entre une et trois heures du matin, le 1er novembre 1954, soixante-dix attentats sont commis en une trentaine de points du territoire algérien. Avec des moyens dérisoires et quelques centaines d'hommes, les militants nationalistes et indépendantistes du Front de libération nationale viennent de déclarer la guerre à la France.

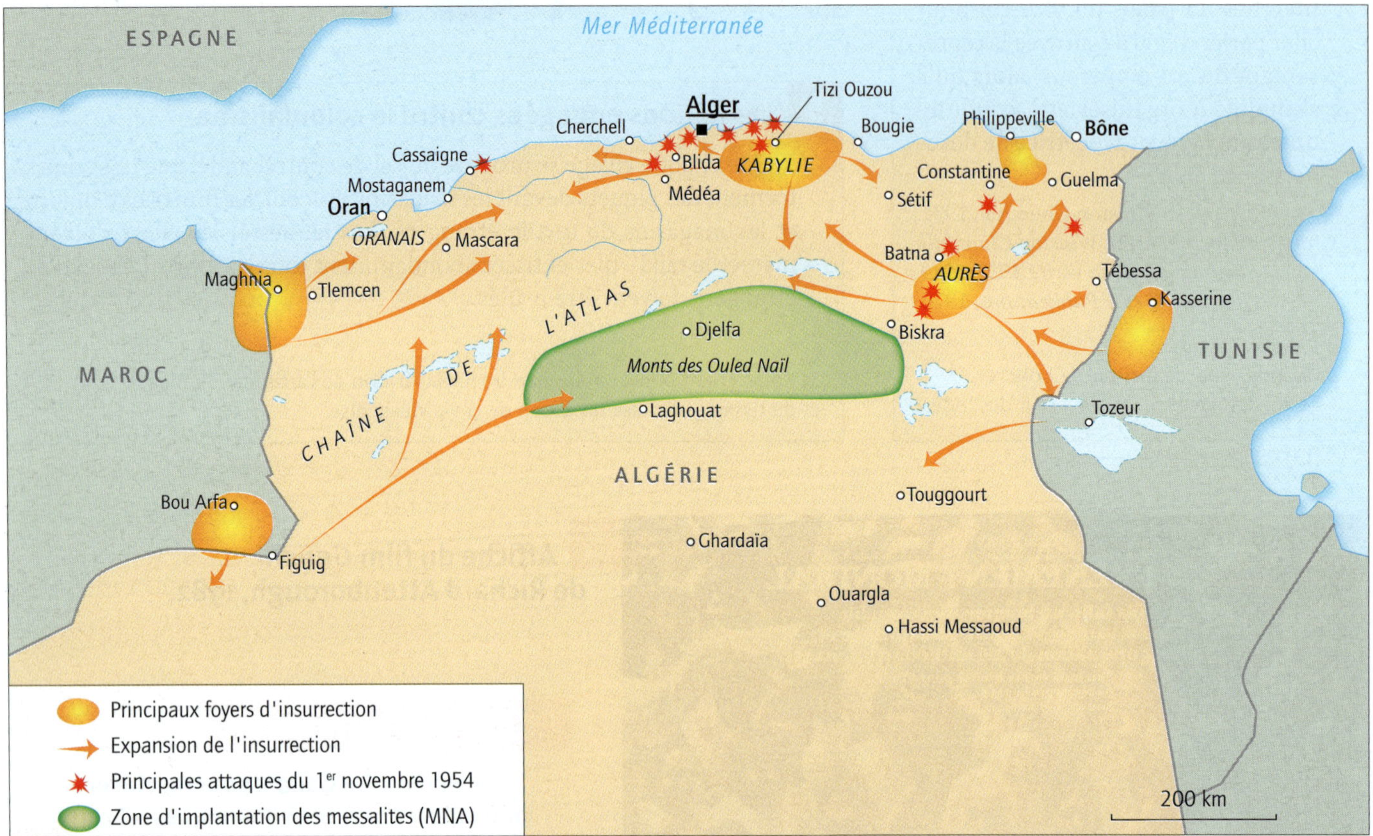

1 **Les attentats de la Toussaint et l'expansion de l'insurrection algérienne (1954- 1956).**

Les organisateurs du 1er novembre 1954.

2 **La proclamation du FLN, le 1er novembre 1954**

But : l'indépendance nationale par :

1. La restauration de l'État algérien souverain démocratique et social dans le cadre des principes islamiques ;

2. Le respect de toutes les libertés fondamentales sans distinction de race ni de confession.

Objectifs intérieurs :

1. Assainissement politique par la remise du mouvement national révolutionnaire dans sa véritable voie et par l'anéantissement de tous les vestiges de corruption et de réformisme causes de notre régression actuelle ;

2. Rassemblement et organisation de toutes les énergies saines du peuple algérien pour la liquidation du système colonial.

Objectifs extérieurs :

1. Internationalisation du problème algérien ;

2. Réalisation de l'unité nord-africaine dans son cadre naturel arabo-musulman ;

3. Dans le cadre de la Charte des Nations unies, affirmation de notre sympathie à l'égard de toutes les nations qui appuieraient notre action libératrice.

Texte du Front de libération nationale algérien (FLN), le 1er novembre 1954.

pages: Reporteur photographique sur les attentats dans l'Algérois

La Dépêche Quotidienne

La Presse Algérienne

A la même heure (1 h. 15), dans la nuit de dimanche à lundi

les terroristes ont opéré en divers points du territoire algérien

8 morts, graves incendies à la Coopérative de Boufarik, à la Cellunaf de Baba-Ali, aux dépôts de liège d'Azazga et de Camp-du-Maréchal

A ALGER, les dépôts de pétrole Mory et Radio-Algérie également visés

Nombreux sabotages notamment en KABYLIE et dans le Constantinois où les lignes télégraphiques et téléphoniques ont été coupées

Les victimes

Trois compagnies de C.R.S. et trois bataillons de parachutistes envoyés par avion de la Métropole

3 La Une de *La Dépêche quotidienne d'Alger*, le mardi 2 novembre 1954.

4 PAGES DE SPORTS

Echo Sport...

UNE PAGE ILLUSTREE

L'ÉCHO D'ALGER

M. MITTERRAND dans une déclaration radiodiffusée :

L'ALGÉRIE C'EST LA FRANCE ET LA FRANCE NE RECONNAITRA PAS CHEZ ELLE D'AUTRE AUTORITÉ QUE LA SIENNE

Chaque jour verra l'autorité de l'Etat s'affirmer d'avantage et le statut de l'Algérie entrera de plus en plus dans les faits

Investissements et grands travaux, formation professionnelle, fonction publique, décentralisation administrative seront l'objet de prochaines mesures

LES TROUPES ÉTANT SOLIDEMENT INSTALLÉES

La véritable opération de nettoyage de l'Aurès va commencer dans quelques jours

Un appareil U.S. est abattu par des "Mig"

Quatre morts - Huit rescapés

LES AGITATIONS N'AURAIENT PLUS GUÈRE DE RAISON D'ÊTRE

a déclaré S. Em. le cardinal Tisserant dans son homélie hier à la cathédrale d'Alger

DU VRAI... DU FAUX

LUEURS SUR LES SOUCOUPES

VII – OPÉRATION SKYHOOK ?

4 La Une de *L'Écho d'Alger*, le 7 novembre 1954.

5 Les deux communautés en 1954

	Algériens	Européens
Population	8 400 000 habitants, soit 89,5 %	984 000 habitants, soit 10,5 %
Cadres supérieurs	7 %	93 %
Techniciens	17 %	83 %
Fonction-naires	14 %	86 %
Ouvriers spécialisés	68 %	32 %
Manœuvres	95 %	5 %
Population vivant en ville	19 %	95 %
Scolarisation des élèves en primaire	18 %	98 %
Nombre de députés à l'Assemblée algérienne	60	60

Étude de la situation

1. Par quels mots le journal désigne-t-il les événements survenus en Algérie le 1er novembre 1954 (doc. 3) ? Et leurs auteurs ?

2. Qu'est-ce qui montre que les événements du 1er novembre 1954 ont été organisés (doc. 1 et 3) ?

3. Quel but vise le FLN (doc. 2) ?

4. Comment réagit le gouvernement français face aux événements du 1er novembre 1954 (doc. 3 et 4) ?

5. Quelles réalités le tableau met-il en évidence sur les deux communautés vivant en Algérie en 1954 (doc. 5) ?

6. Quelle expression le FLN emploie-t-il pour évoquer ces réalités (doc. 2) ?

7. Montrez que, pour le gouvernement français et l'opinion publique française, les attentats de novembre 1954 ne sont pas perçus comme le début d'une guerre (doc. 3 et 4).

Question BAC

Utiliser ses connaissances. Présentez les points de vue de la France et du FLN sur l'avenir de l'Algérie en 1954. Vous paraissent-ils conciliables ? Dites pourquoi en vous appuyant sur ce que vous savez de la société algérienne à cette date.

Maîtriser ses connaissances

L'essentiel

La décolonisation de l'Inde et de l'Algérie

Après la Seconde Guerre mondiale, les puissances européennes sont confrontées aux revendications d'indépendance de leurs colonies. Ces dernières reçoivent l'appui des États-Unis et de l'Union soviétique ainsi que le soutien de l'ONU.

L'Inde, colonie britannique, devient indépendante en 1947, mais se sépare en deux États, l'Union indienne et le Pakistan. L'Algérie devient indépendante en 1962, après huit années de guerre.

Inde, Algérie : les défis des nouveaux États

Les indépendances s'accompagnent de violences. En Inde, les affrontements religieux font 200 000 morts. En Algérie, un million de pieds noirs, français d'origine, fuient vers la métropole, suivis de 60 000 harkis.

Les nouveaux États indépendants constituent d'abord un tiers-monde homogène. Mais, rapidement, les difficultés économiques et politiques rendent illusoire leur non-alignement.

La démocratie indienne revendique une place sur la scène internationale. Le régime autoritaire algérien est confronté, dans les années 1990, à un puissant mouvement islamiste et à une guerre civile.

Les acteurs clés

Gandhi (1869-1848) : avocat de formation, il a contribué à l'indépendance de son pays, l'Inde. La non-violence de ses combats l'a rendu mondialement célèbre.

Les leaders indépendantistes : souvent formés dans les écoles des démocraties européennes, ils dénoncent la contradiction entre les généreux principes qu'elles défendent et la dure réalité de la colonisation.

Les repères chronologiques

1830 : conquête de l'Algérie par la France.

1858 : passage de l'Inde sous la souveraineté britannique.

1930 : marche du sel organisée par Gandhi.

1947 : indépendance et partition de l'Inde.

1954 : Toussaint rouge.

1962 : accords d'Évian et indépendance de l'Algérie.

Les notions clés

Décolonisation : processus qui conduit à l'indépendance des territoires dominés et colonisés par des puissances européennes.

Indépendance : fait, pour une colonie, de rompre tous les liens de subordination avec sa puissance dominante et de devenir un État souverain.

Tiers-monde : l'expression date de 1952. Elle désigne l'ensemble des pays en développement en référence avec le tiers état d'avant 1789 en France et par opposition aux deux blocs de la guerre froide.

Appliquer ses connaissances

Analyser et commenter un document

Gandhi à la Conférence de la Table ronde, à Londres, en 1931.
À droite de Gandhi, MacDonald, le Premier ministre britannique, et à sa gauche, des représentants des communautés indiennes musulmanes et sikhs. La conférence devait préparer un projet de Constitution pour l'Inde coloniale. Elle s'achève sur un échec : les divergences entre les communautés religieuses indiennes ont interdit tout accord.

1 Analyser le document

1. Où et quand la photographie a-t-elle été prise ?

2. Décrivez la scène. Quels contrastes présente-t-elle ?

3. Pourquoi l'échec de la conférence est-il annonciateur de l'avenir de l'Inde ?

2 Présenter à l'oral

1. Situer le document.
Indiquez l'origine de la photographie et de la scène représentée : lieu et date.

2. Décrire le document.
Que montre-t-il ? Quels sont les personnages en présence ? Que font-ils ?

3. Replacer le document dans son contexte.
Quelle place occupe cet événement dans l'histoire de la décolonisation de l'empire colonial britannique ? Que préfigure l'échec de la Table ronde de 1931 ?

Porter un regard critique sur un document

Une question peut porter sur une analyse de document et demander une mise à distance critique. Elle comprend trois temps, chacun d'eux faisant l'objet d'un paragraphe dans la réponse rédigée.

1 Observer la question

- **La formulation.** Un certain nombre de mots doivent vous rendre attentifs : présentation, partisan, critique, point de vue... S'ils figurent dans la question, cela signifie que vous devez montrer en quoi le document exprime un point de vue.
- **Le document.** La question peut porter sur un texte, une affiche, une publicité, un dessin de presse.

Exemples de questions
- Quelle présentation ce document fait-il de la fin de la guerre d'Algérie ?
- Pourquoi peut-on dire que ce document présente les faits d'une manière partisane ?

2 Analyser les informations et leur présentation

- **La date.** Le document est-il contemporain des faits qu'il rapporte ?
- **L'auteur.** Recherchez quel est son rôle dans les faits évoqués. Est-il acteur ou simple témoin de l'événement ? Vérifiez s'il s'exprime en son nom propre ou comme représentant d'un groupe social.
- **Les informations.** Interrogez-vous : que nous apprend le document ? Quels acteurs, quels faits évoque-t-il ?
- **Les indices d'opinion.** Le document peut exprimer un point de vue. L'appartenance à un camp ou à un courant d'opinion est-elle explicite : citation du nom d'un parti, d'une organisation ? Est-elle implicite : emploi d'un vocabulaire systématiquement valorisant ou dévalorisant ?

3 Mener une critique du document

- **La vérité historique.** Interrogez-vous : certains faits sont-ils privilégiés ? D'autres sont-ils négligés, totalement oubliés ou volontairement déformés ?
- **Le point de vue.** À quel camp ou courant d'opinion l'auteur appartient-il ?
- **La portée du document.** Quelles connaissances sur l'histoire ou la mentalité d'une époque apporte le document ?

4 Rédiger la réponse à la question

- **Le premier paragraphe.** Il explique l'origine du document.
- **Le deuxième paragraphe.** Il explique les informations apportées par le document.
- **Le troisième paragraphe.** Il fait une analyse critique du document.

Exemple rédigé

La question du BAC

Comment ce texte présente-t-il la fin de la guerre d'Algérie ? Pourquoi ?

Appel au peuple algérien par le président du Gouvernement provisoire de la Résistance algérienne, le 19 mars 1962.

Pendant sept ans et demi d'une guerre cruelle le peuple algérien a tenu tête à l'une des plus fortes puissances coloniales du siècle. Plus d'un million de soldats français ont été mobilisés à cet effet avec tout leur armement moderne : aviation, artillerie, blindés, marine. [...]

Face à cette puissance, qu'avait à opposer le Peuple algérien ?

D'abord sa foi en la justesse de sa cause, la confiance en lui-même et en ses destinées et la volonté inébranlable de briser les chaînes du colonialisme ; ensuite, et surtout, son unanimité dans la lutte. Les Algériens – hommes et femmes, jeunes et vieux, d'Alger à Tamanrasset et de Tebessa à Mamia – se sont dressés dans leur totalité dans la guerre de libération. [...]

El Moudjahid[1], édition spéciale du 19 mars 1962.

1. Le journal *El Moudjahid*, « Le combattant de la foi », est l'organe officiel du FLN. Il paraît régulièrement en Algérie à partir de juin 1956.

La réponse du candidat

Cet appel au peuple algérien est lancé par le président du gouvernement provisoire de la Résistance algérienne, le 19 mars 1962, le jour des accords d'Évian qui mettent fin aux combats de la guerre d'Algérie. Il est publié dans *El Moudjahid*, journal du Front de libération nationale qui a mené la lutte contre la France.

Le premier paragraphe met en évidence l'origine du document.

L'appel salue la victoire de tout le « peuple algérien » et son « unanimité dans la lutte ». Il souligne la puissance de l'adversaire : « un million de soldats... avec tout leur armement moderne ». Le vocabulaire exprime une opinion : la « guerre de libération » a été « cruelle » avec des insurgés qui « avaient foi en la justesse de leur cause » et qui ont brisé « les chaînes du colonialisme ».

Le deuxième paragraphe présente les informations du document.

Cette proclamation présente le point de vue du groupe qui a mené la lutte contre la France. C'est un communiqué de victoire du FLN qui n'évoque pas certains aspects, comme les revers subis et les conflits entre mouvements indépendantistes algériens.

Le troisième paragraphe propose une analyse critique du document.

Exercices

Exercice 1

Dans chacune des questions suivantes, repérez le thème de la question et l'objet de l'analyse critique.

– Cette Une de journal donne sa version du contenu des accords d'Évian. Laquelle et pourquoi ?

– Les documents permettent-ils de mettre en évidence les contrastes existant entre une Inde de la richesse et des nouvelles technologies et une Inde de la pauvreté et des laissés-pour-compte ?

– Quelle vision cette image donne-t-elle de la décolonisation ? Pourquoi ?

Exercice 2

La réponse qui porte un regard critique sur un document doit respecter un plan précis en trois paragraphes. Replacez dans chaque paragraphe les explications qui conviennent.

– L'auteur du document, son rôle dans les faits évoqués.
– Les exemples d'expressions qui soulignent un point de vue.
– Les faits ou les événements oubliés dans le document.
– Le courant d'opinion auquel l'auteur appartient.
– La date de publication du document.
– Le vocabulaire valorisant ou dévalorisant.

Exercice 3

❶ Analysez la question posée. Que doit faire le candidat ?
❷ Que devra mettre en évidence le premier paragraphe ?
❸ Quelles informations du discours montrent qu'il s'agit d'un point de vue partisan ?

Question du BAC → Comment Jinnah envisage-t-il l'avenir des Indes après la décolonisation ? Pourquoi ?

L'avenir de la colonie des Indes, selon Jinnah, chef de la Ligue musulmane.

J'ai expliqué en détail les différences fondamentales entre Hindous et Musulmans. Il n'y a jamais eu, pendant tous ces siècles, d'unité sociale ou politique entre ces deux principales nations. L'unité indienne dont on parle aujourd'hui ne relève que de l'administration britannique qui n'a maintenu la paix, la loi et l'ordre que par le recours ultime à la police et à l'armée.

La revendication du « Congrès[1] » est fondée sur une nationalité qui n'existe pas sauf dans l'esprit de doux rêveurs. Notre solution se fonde sur la partition de territoire de ce sous-continent en deux États souverains : l'Hindoustan et le Pakistan[2].

Jinnah, Convention de la Ligue musulmane, 7 avril 1946.

1. Le parti du Congrès dirigé par Gandhi, puis par Nehru, est favorable à une Inde hindoue-musulmane unie.
2. Pakistan signifie «État des purs ».

Exercice 4

❶ Analysez la question posée. Que doit faire le candidat ?
❷ Quand et par qui cette affiche est-elle publiée ? Quel message veulent faire passer la photographie et le texte ?
❸ La réponse du candidat est incomplète. Expliquez pourquoi, puis complétez-la.

Question du BAC → Quelle image cette affiche veut-elle donner de l'action de l'armée française en Algérie ?

Une affiche de l'armée française en Algérie.

Affiche éditée par la Fondation Maréchal de Lattre, 1957.

Réponse incomplète

Cette affiche est publiée en 1957, l'année même où l'armée livre la bataille d'Alger.

Le drapeau bleu-blanc-rouge sert de support au slogan et le terme « fraternité » renvoie à la devise républicaine. En fait, l'affiche veut montrer une image positive de l'action des militaires.

Exercice 5

❶ Quel est l'objectif de la question du bac ? À quoi faut-il être attentif ?
❷ Quelles informations l'affiche offre-t-elle ?
En quoi ces informations sont-elles différentes de la photo ?
❸ Faites une analyse critique de l'image :
– attitude du président Nasser ;
– attitude du président Ben Bella ;
– personnage allongé à leurs pieds.

Question du BAC → *Quelle vision cette affiche donne-t-elle de la décolonisation ? Pourquoi ?*

Doc. 1

En 1963, le président égyptien Nasser se rend en visite officielle en Algérie. Il est reçu par le président Ben Bella. Pendant la guerre, Nasser a apporté une importante aide au Front de libération nationale algérien.

Doc. 2 Le voyage de Nasser en Algérie, en 1963.

Exercice 6

❶ Contextualisez ce dessin de presse à l'aide de la légende et de la carte page 52.
❷ À partir d'exemples pris dans la caricature, recherchez quel message veut transmettre le dessinateur.
❸ Rédigez une réponse complète à la question du bac en trois paragraphes :
a. L'origine du document ;
b. Ses informations et leur présentation ;
c. L'analyse critique.

Question du BAC → *Cette caricature présente un point de vue sur la décolonisation. Lequel et pourquoi ?*

Une vision de la décolonisation en Afrique.

En janvier 1960, le caricaturiste allemand Fritz Behrendt publie dans la presse ce dessin avec le titre « Nouvelles gens ».

Partie 1 de l'examen

(Vous répondez à toutes les questions)

> **LE BARÈME DU BAC**
>
> **Partie 1 : 9 points**
> Elle porte sur un sujet d'étude, soit d'histoire, soit de géographie.
>
> **Partie 2 : 4 points**
> Elle porte sur l'éducation civique.
>
> **Partie 3 : 7 points**
> Elle porte sur une des situations d'un sujet d'étude en histoire ou en géographie.

Questions sans support documentaire

1 Pourquoi, après 1945, le contexte international est-il favorable à l'émancipation des peuples colonisés ?

2 Présentez les similitudes et les différences entre l'Algérie et l'Inde lors de leur accession à l'indépendance puis dans les voies qu'elles ont ensuite choisies.

Question avec support documentaire

3 a) Identifiez le document : nature, date, auteur.
b) Relevez dans le texte les informations soulignant les contrastes de l'Inde.
c) En quoi nous renseigne-t-il sur la construction de l'Inde depuis son indépendance ?

Analyse d'expert pour le 60e anniversaire de l'indépendance de l'Inde

Jean-Luc Racine[1] : L'Inde a franchi le cap du milliard d'habitants en 2000 et devrait devenir le pays le plus peuplé de la planète entre 2030 et 2040. Mais le rythme de cette croissance ralentit notablement en raison des programmes de limitation des naissances développés pendant des décennies, et des nouvelles mentalités transformant la vision de la famille. […] L'Inde connaît actuellement une croissance moyenne annuelle de 8 à 9 % et vise une croissance à deux chiffres. Le succès emblématique de son savoir-faire informatique, gros pourvoyeur de devises, montre qu'elle peut être compétitive au niveau mondial. Les biotechnologies devraient suivre. […]

Journaliste : D'un autre côté, le gouvernement a du mal à concilier hausse du niveau de vie et dynamisme économique…

Jean-Luc Racine : Oui, le pouvoir peine à avancer rapidement sur ce chantier essentiel. La part de la population vivant sous le seuil de pauvreté oscille, selon les experts, entre 22 % et 28 %. Le premier chiffre, officiel, témoignerait d'une tendance incontestable à la baisse, comparé aux données de 1993 (37 %). […]

Journaliste : Quels sont les axes forts de la diplomatie indienne ?

Jean-Luc Racine : En quête d'un nouveau statut, l'Inde conduit une diplomatie tous azimuts dans un monde qu'elle veut multipolaire. Elle tisse ses liens avec les pays émergents tels le Brésil et l'Afrique du Sud, opère un rapprochement inédit avec Washington, conserve de bonnes relations avec Moscou et travaille à normaliser ses relations avec la Chine, qui la prend désormais au sérieux. L'Inde a su faire accepter de facto son statut de nation nucléaire. Elle plaide à l'ONU pour un Conseil de sécurité élargi.

D'après Philippe Testard-Vaillant, *L'Inde monte en puissance*, journal du CNRS n° 215, décembre 2007.

1. Jean-Luc Racine est membre du Centre d'étude de l'Inde et de l'Asie du Sud, et du CNRS.

Partie 3 de l'examen

(Vous ne traitez qu'une des deux situations suivantes)

Situation 1 : Gandhi et la non-violence

Déclaration de Gandhi, lors de son procès[1], le 23 mars 1922

Mon activité publique commença en 1893 en Afrique du Sud, à un moment critique. Les premiers rapports que j'eus avec les autorités britanniques de ce pays ne furent point agréables. Je découvris que je n'avais comme homme et comme Indien aucun droit, ou plus exactement je découvris que je n'avais aucun droit, parce que j'étais indien. […]

Je suis convaincu d'avoir rendu service à l'Inde et à l'Angleterre, en leur montrant comment la non-coopération pouvait les faire sortir de l'existence contre nature menée par toutes les deux. À mon humble avis, la non-coopération avec le mal est un devoir tout autant que la coopération avec le bien. Seulement, autrefois, la non-coopération consistait délibérément à user de violence envers celui qui faisait le mal. J'ai voulu montrer à mes compatriotes que la non-coopération violente ne faisait qu'augmenter le mal et que le mal ne se maintenait que par la violence, qu'il fallait, si nous ne voulions pas encourager le mal, nous abstenir de toute violence. La non-violence demande qu'on se soumette volontairement à la peine encourue pour ne pas avoir coopéré avec le mal. Je suis donc prêt à me soumettre d'un cœur joyeux au châtiment le plus sévère[2] qui puisse m'être infligé pour ce qui est selon la loi un crime délibéré et qui me paraît à moi le premier devoir du citoyen.

Hervé Broquet, Catherine Lanneau et Simon Petermannt, *Les 100 discours qui ont marqué le XXe siècle*, André Versaille, 2008.

1. En février 1922, Gandhi lance une grève du paiement des taxes. Une manifestation se termine par la mort de policiers, Gandhi est tenu pour responsable et arrêté.
2. Gandhi est condamné à 6 ans de prison.

Questions

1. Dans quelles circonstances Gandhi fait-il sa déclaration ?

2. Qu'est-ce qui est à l'origine de sa révolte ?

3. Quel moyen d'action préconise-t-il ? Pourquoi ?

Situation 2 : La Toussaint 1954

MERCREDI 3 NOVEMBRE 1954

La Liberté

QUOTIDIEN RÉPUBLICAIN D'INFORMATION — LE JOURNAL DU MASSIF CENTRAL

15 FRANCS

Le Cinéma — La Liberté des champs

LES ATTENTATS de la Toussaint EN ALGÉRIE faisaient partie d'un plan répondant à un mot d'ordre venu de l'étranger

Malgré la pluie, le froid, la neige... Les électeurs U.S. ont voté nombreux

Le reclassement des fonctionnaires — L'accord n'a pu se faire hier au conseil de cabinet entre MM. Edgar Faure et Jean Masson

Le corps du frère du Shah de Perse est retrouvé dans des montagnes au nord-est de Téhéran

AVEC... La Châtelaine du Liban de Pierre Benoit — Le Valet de cœur de Barbara Cartland — En bandes dessinées — Il était une fois Les vieilles légendes — à partir du 6 novembre dans La Liberté

L'essai a été concluant !

Les deux mamans des bébés

La Une de *La Liberté*, le 3 mars 1954.

Questions

1. Que nous apprend cette Une sur les événements d'Algérie ?

2. D'après cette Une, quelle est la perception des Français de métropole sur les attentats de novembre 1954 ? Justifiez votre réponse.

Sujet d'étude

4 Le monde depuis le tournant des années 1990

Pendant cinquante ans, le monde est organisé en deux blocs, autour de l'Union soviétique et des États-Unis. Cet ordre s'effondre en 1989. Les États-Unis deviennent alors l'unique superpuissance. Toutefois, ils ne peuvent assurer seuls la sécurité dans un monde aux conflits multiples et aux réalités difficiles à maîtriser.

1 La chute du mur de Berlin, en novembre 1989.
Allemands de l'Est et Allemands de l'Ouest se rassemblent pour fêter l'ouverture du mur de Berlin, qui coupait la ville en deux depuis plusieurs décennies.

Repères chronologiques

♦ **1989**
Les pays de l'Europe de l'Est abandonnent le modèle communiste soviétique.

♦ **1991**
L'Union soviétique disparaît. C'est la fin de la division du monde en deux camps.

♦ **2001**
Les États-Unis, touchés par une série d'attentats, décident de mener une « guerre contre le terrorisme ».

Quels bouleversements connaît le monde depuis les années 1990 ?

2 **L'offensive militaire en Afghanistan en octobre 2001.**
L'Afghanistan des Talibans, accusé de soutenir l'organisation terroriste *Al-Qaïda*, est attaqué en octobre 2001 par les États-Unis et leurs alliés. Plus de quarante pays apportent leur soutien à cette opération, baptisée « Liberté immuable ».

Entrée dans le thème

1. Comment les Allemands montrent-ils qu'une page de leur histoire vient de se tourner ?
2. En quoi la guerre en Afghanistan représente-t-elle un engagement important pour les États-Unis et leurs alliés ?
3. De telles images ont fait le tour du monde. Quels autres événements internationaux ont connu une forte médiatisation ?

Carte

Les points chauds du monde actuel

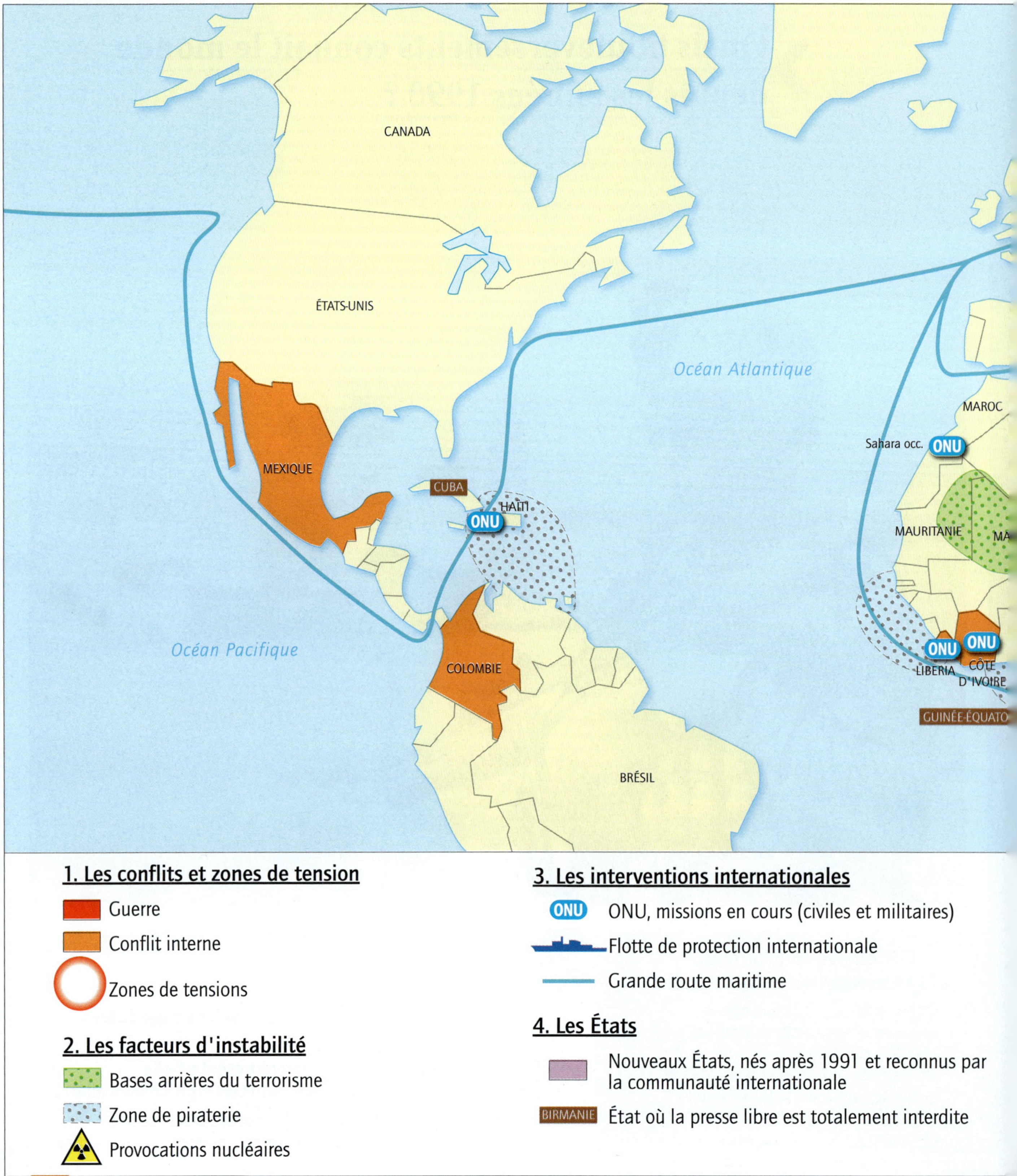

La carte d'un monde instable.

Découverte de la carte

1. Dans quelle zone se situent les pays ayant acquis leur indépendance depuis 1991 ?

2. Quelle région du monde apparaît comme aujourd'hui la plus instable ?

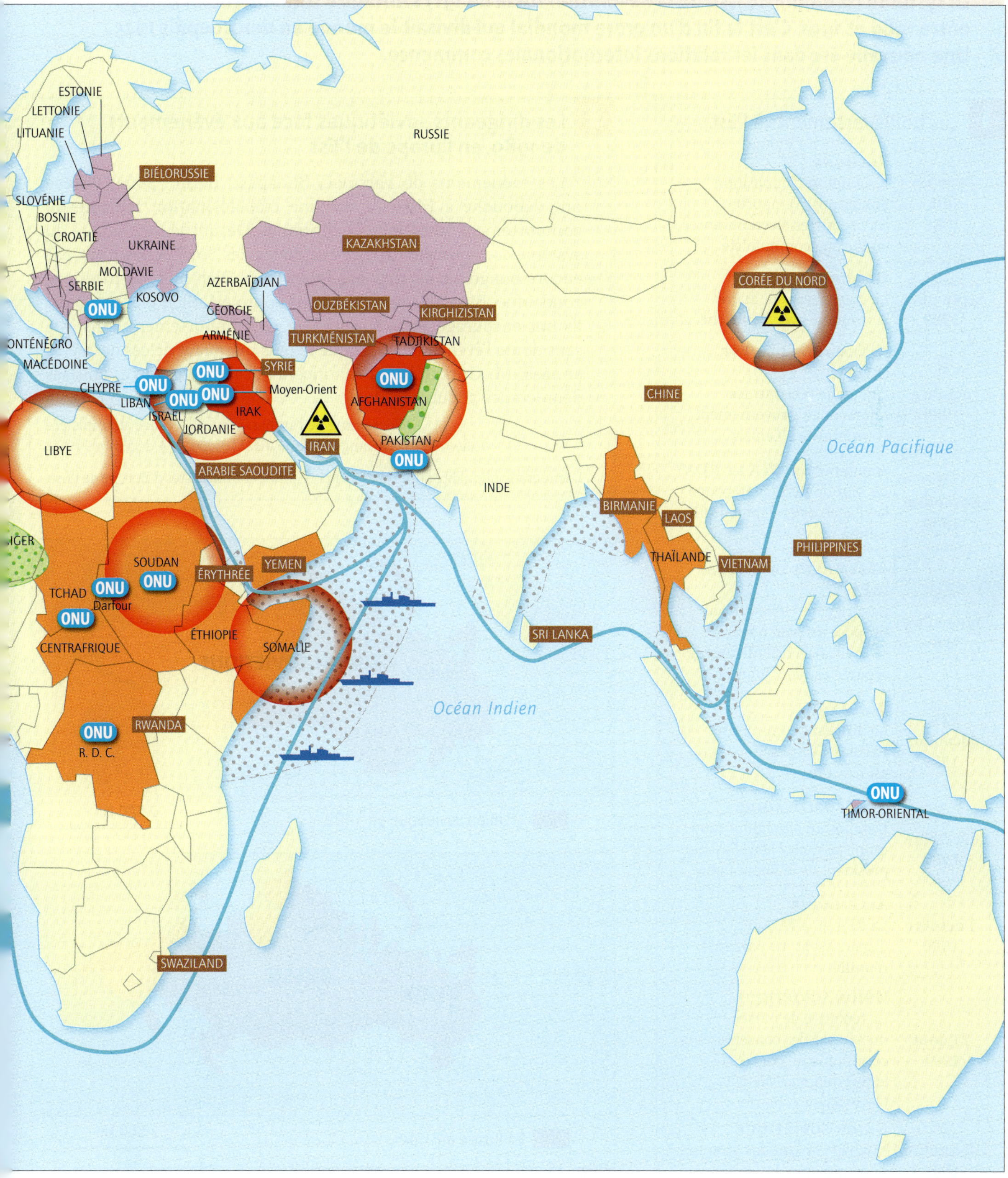

Cours 1 La fin d'un monde bipolaire

▶ Pourquoi l'année 1989 marque-t-elle un tournant dans l'histoire du monde ?

Le système communiste issu de la Révolution russe de 1917 s'effondre totalement en Europe entre 1989 et 1991. C'est la fin d'un ordre mondial qui divisait le monde en deux depuis 1945. Une nouvelle ère dans les relations internationales commence.

1 Les bouleversements à l'Est

4 et 18 juin 1989	**POLOGNE** Le syndicat d'opposition Solidarnosc remporte les premières élections libres en Europe communiste.
10 septembre 1989	**HONGRIE** Le gouvernement ouvre la frontière avec l'Autriche.
9 octobre 1989	**ALLEMAGNE DE L'EST (RDA)** Une foule réclame des réformes au gouvernement communiste à Leipzig.
9 novembre 1989	**ALLEMAGNE (RFA ET RDA)** Le mur de Berlin, qui coupe la ville en deux depuis 1961, tombe.
28 novembre 1989	**ALLEMAGNE DE L'OUEST (RFA)** Le dirigeant Helmut Kohl propose un plan pour la réunification de l'Allemagne séparée en deux États.
25 décembre 1989	**ROUMANIE** Le dirigeant communiste Nicolae Ceausescu est exécuté.
29 décembre 1989	**TCHÉCOSLOVAQUIE** L' opposant au régime communiste Vaclav Havel est élu président de la République.
3 octobre 1990	**ALLEMAGNE** La RFA et la RDA disparaissent. Le pays est réunifié.
21 août 1991	**UNION SOVIÉTIQUE** La tentative de putsch menée par des conservateurs communistes, contre le réformateur Mikhaïl Gorbatchev, échoue.
25 décembre 1991	**UNION SOVIÉTIQUE** Mikhaïl Gorbatchev annonce sa démission.

2 Les dirigeants soviétiques face aux événements de 1989, en Europe de l'Est

Les événements de Varsovie, Budapest, Berlin, Sofia, Prague ont débouché à Moscou sur une transformation radicale du comportement soviétique traditionnel. Devant le démontage du système communiste dans ces capitales, les Soviétiques n'ont pas encore bougé. Ils ne sont pas intervenus. Bien plus, ils n'ont pas condamné. Bien plus encore, ils ont approuvé. Bien plus toujours, ils ont encouragé voire suscité. Un tel comportement constitue sans doute l'événement politique le plus marquant de ces dernières années. M. Gorbatchev a renoncé à l'usage de la force dans les démocraties populaires[1]. [...]

Télégramme de l'ambassadeur de France au ministère des Affaires étrangères français, Moscou, le 4 décembre 1989.

1. Démocratie populaire : nom donné aux régimes communistes d'Europe de l'Est.

3 La fin de l'empire soviétique.

Dessin de Georges Million, 1991.

4 **L'éclatement de l'Union soviétique.**

5 **L'évolution des anciens pays communistes**

Deux spécialistes de l'histoire de l'Europe analysent l'évolution des anciens pays communistes.

Jacques Rupnik : « L'instauration de l'économie de marché a amené une formidable croissance. Mais, bien sûr, ces pays subissent les mêmes défis et problèmes que les pays de l'Ouest. On voit bien aujourd'hui, que tous les pays doivent faire face à la crise. »

Étienne François : « La démocratie est acquise de manière semble-t-il, irréversible dans les pays les plus proches de l'Europe de l'Ouest : République tchèque, Hongrie, Pologne, pays baltes. Ailleurs, c'est moins évident. Slovénie exceptée, la situation est la plus précaire dans les pays issus de l'ancienne Yougoslavie, véritable champ de ruines. Et la démocratie reste fragile en Biélorussie, en Ukraine et en Moldavie – sans parler de la Russie. »

L'Histoire, n° 346, octobre 2009.

Questions

La faillite du communisme

1. Quels acteurs participent aux bouleversements dans le monde soviétique (doc. 1) ?

2. D'après l'auteur du télégramme, quel rôle Gorbatchev joue-t-il dans ces bouleversements (doc. 2) ?

Le réveil des nationalités

3. Comparez les deux cartes. Quelles évolutions pouvez-vous identifier (doc. 3) ?

4. Comment le dessinateur rend-il compte de la dislocation de l'Union soviétique (doc. 4) ?

L'extension de la démocratie libérale

5. Comment ont évolué les anciens pays communistes sur les plans économique et politique (doc. 5) ?

Question BAC

Dégager l'intérêt d'un document. Quelles informations historiques essentielles apporte le document 2 ?

La faillite du communisme

Un nouveau contexte politique. Mikhaïl Gorbatchev, qui accède au pouvoir en Union soviétique en 1985, donne la priorité aux réformes pour transformer une économie à bout de souffle. Il réduit les dépenses militaires et décide de ne plus intervenir dans les affaires des pays de l'Europe de l'Est, où des opposants contestent le modèle soviétique.

Un bouleversement rapide et pacifique. Entre 1989 et 1991, les régimes communistes tombent les uns après les autres. L'Allemagne, divisée, depuis 1949, entre RFA (République fédérale d'Allemagne) et RDA (République démocratique allemande), se réunifie. Les anciennes alliances économique et militaire autour de l'Union soviétique sont dissoutes. C'est la fin du « rideau de fer » qui coupait l'Europe en deux.

Le réveil des nationalités

La dislocation de l'Union soviétique. L'échec des réformes économiques désorganise la société soviétique. L'Union soviétique ne résiste pas au réveil des nationalités : les quinze républiques qui la composent proclament chacune à leur tour leur indépendance. Sa dissolution, en 1991, marque la fin du modèle soviétique. Les États-Unis deviennent alors l'unique superpuissance.

Un conflit au cœur de l'Europe. En Yougoslavie, une guerre voit s'affronter, à partir de 1991, plusieurs nationalités. 8 000 Bosniaques musulmans sont exécutés par les Serbes en 1995 (génocide de Srebrenica). L'intervention militaire de l'OTAN (Organisation du traité de l'Atlantique Nord) ouvre la voie aux accords de Dayton, négociés aux États-Unis. Les troubles reprennent cependant au Kosovo, qui est alors placé sous l'administration de l'ONU.

L'extension de la démocratie libérale

L'attrait pour le modèle de la démocratie libérale. En Europe de l'Est, les États deviennent, pour la plupart, des démocraties stables. D'anciens opposants sont élus : Lech Walesa, par exemple, accède à la présidence de la Pologne en 1990. Ailleurs dans le monde, certains pays conservent un régime de type communiste, en Chine notamment.

L'essor de l'économie de marché. Par des réformes radicales, les ex-pays communistes se convertissent à l'économie de marché. Ce choix économique paraît s'imposer partout dans le monde. Ainsi, dans la Chine communiste, les entreprises privées jouent un rôle croissant.

Vocabulaire

Modèle soviétique : projet de société égalitaire qui repose sur un parti unique, le parti communiste, et le contrôle de l'économie par l'État.

Démocratie libérale : régime politique qui garantit les libertés individuelles. Il repose sur le vote et sur la séparation des pouvoirs.

Économie de marché : système dans lequel les biens et les services s'échangent librement en fonction de l'offre et de la demande.

Cours 2 Les incertitudes et les crises d'un monde globalisé

▶ Doit-on parler d'un ordre ou d'un désordre mondial ?

On parle aujourd'hui d'un monde « globalisé ». Celui-ci connaît de multiples crises et de fortes tensions. De nouvelles puissances cherchent à occuper une place plus importante sur la scène internationale.

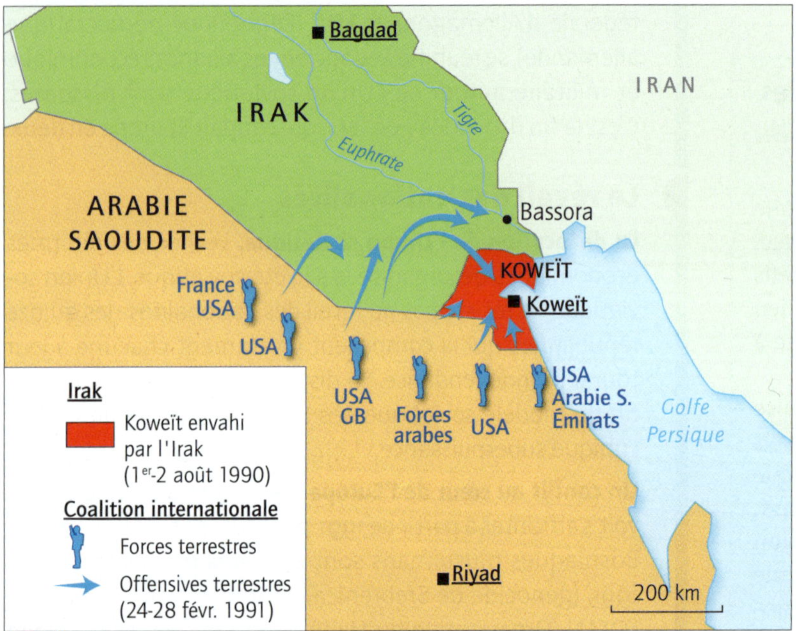

1 La guerre du Golfe en 1991.

Avec l'accord de l'ONU, les États-Unis forment une coalition contre l'Irak, qui a envahi le Koweit.

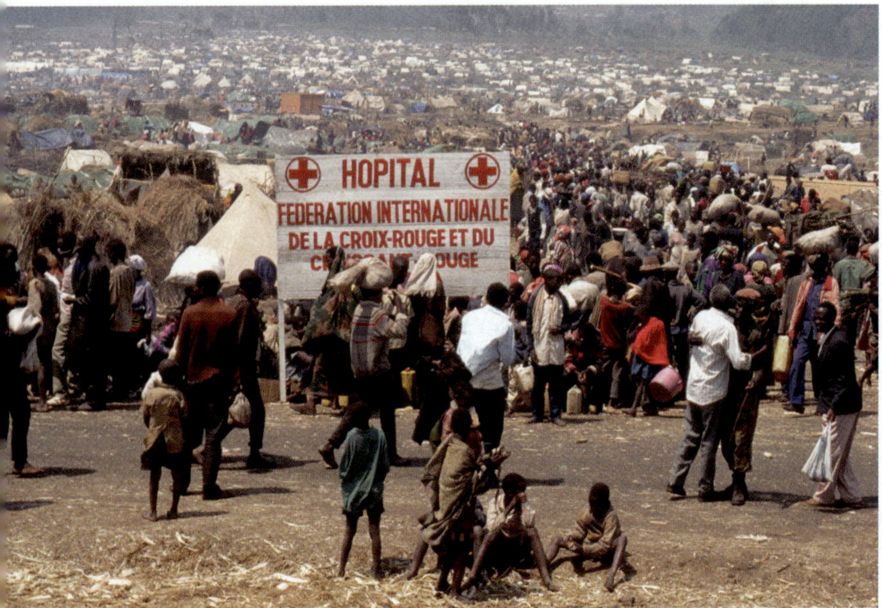

2 La crise au Rwanda en 1994.

Le génocide perpétré au Rwanda par le régime hutu provoque un immense exode vers les pays voisins. La population s'installe dans des camps de réfugiés, notamment à Goma au Zaïre.

3 Le « non » de la France à une guerre en Irak en 2003

En 2003, le ministre français des Affaires étrangères, intervient dans un débat à l'ONU sur la nécessité d'une intervention militaire en Irak, comme le souhaitent les États-Unis.

« Ayons le courage de mettre les choses à plat. Il y a deux options : l'option de la guerre peut apparaître *a priori* la plus rapide. Mais n'oublions pas qu'après avoir gagné la guerre, il faut construire la paix. Et ne nous voilons pas la face : cela sera long et difficile, car il faudra préserver l'unité de l'Irak, rétablir de manière durable la stabilité dans un pays et une région durement affectés par l'intrusion de la force. Face à de telles perspectives, il y a une autre option offerte par les inspections des Nations unies, qui permet d'avancer de jour en jour dans la voie d'un désarmement efficace et pacifique de l'Irak. Au bout du compte, ce choix-là n'est-il pas le plus sûr et le plus rapide ? […] L'autorité de notre action repose aujourd'hui sur l'unité de la communauté internationale. Une intervention militaire prématurée remettrait en cause cette unité, ce qui lui enlèverait sa légitimité et, dans la durée, son efficacité. Elle pourrait avoir des conséquences incalculables pour la stabilité de cette région meurtrie et fragile. Elle renforcerait le sentiment d'injustice, aggraverait les tensions et risquerait d'ouvrir la voie à d'autres conflits. Nous partageons tous une même priorité, celle de combattre sans merci le terrorisme. Ce combat exige une détermination totale. C'est, depuis la tragédie du 11 Septembre, l'une de nos responsabilités premières devant nos peuples. Et la France, qui a été durement touchée à plusieurs reprises par ce terrible fléau, est entièrement mobilisée dans cette lutte qui nous concerne tous et que nous devons mener ensemble. »

Dominique de Villepin, discours à l'ONU, 2003.

Dessin de Chapatte, 2006.

4 La Corée du Nord provoque le monde.

Le dirigeant Kim Jong Il défie la communauté internationale en procédant à un essai nucléaire en 2006.

5 Une nouvelle puissance : la Chine

Sur le plan économique, la Chine semble pour l'heure avoir la main, même si les jeux sont loin d'être faits pour cette puissance de 1,3 milliard d'habitants qui fait face à de multiples enjeux sociaux à l'intérieur de ses frontières : le régime de Pékin détient 800 milliards de dollars en bons du Trésor américain et finance ainsi une partie de la dette des États-Unis. […] Depuis quelques années, la Chine veut convaincre qu'elle continue son « ascension politique », selon la terminologie officielle. Elle prend part à des opérations de maintien de la paix, elle multiplie à l'étranger son réseau des « maisons de la culture » […] pour vanter la grandeur de sa civilisation, elle ne cesse de tenter de conjurer l'image d'une Chine menaçant l'équilibre du monde.

Bruno Philip, *Bilan Géostratégie, Le Monde*, édition 2010.

Questions

L'hyperpuissance américaine

1. Dans quel pays est basée la coalition anti-irakienne en 1991 (doc. 1) ?

Les nouvelles menaces

2. Quelle est la conséquence du génocide (doc. 2) ?

3. Quels arguments défend la France (doc. 3) ?

4. Comment le dessinateur résume-t-il la position du dirigeant nord-coréen (doc. 4) ?

L'apparition de nouvelles puissances

5. Quels sont, d'après le journaliste, les atouts de la puissance chinoise (doc. 5) ?

Question BAC

Expliquer le contexte d'un document. Dans quel débat international le document 3 s'inscrit-il ?

L'hyperpuissance américaine

La tentative d'un « nouvel ordre mondial ». Après l'effondrement de l'Union soviétique, les États-Unis s'interrogent sur leur nouveau rôle international. Ils s'impliquent dans la résolution de nombreux conflits. L'ONU intervient davantage dans le monde mais connaît de nombreux échecs.

La guerre du Golfe. La fin du monde bipolaire a des conséquences dans de nombreuses régions du monde, comme au Moyen-Orient. Ainsi, lorsque le Koweït est envahi par l'Irak en 1990, l'ONU autorise l'emploi d'une force multinationale menée par les États-Unis qui affirment leur leadership. En moins de deux mois, l'Irak est vaincu.

Les nouvelles menaces

Le terrorisme et la prolifération nucléaire. La conscience du danger terroriste est ravivée par les attentats qui touchent les États-Unis le 11 septembre 2001. Face au risque atomique, la communauté internationale s'interroge sur les sanctions à adopter lorsqu'un pays développe un programme nucléaire (Corée du Nord) ou est suspecté de le faire (Iran).

Les guerres. Au nom de leur sécurité, les États-Unis lancent, en 2001, une opération militaire en Afghanistan, en représailles contre les attentats. En 2003, ils interviennent en Irak, accusé de posséder des armes de destruction massive. Dans les deux cas, la situation s'enlise.

L'instabilité de l'Afrique. Le continent connaît de multiples conflits. En 1994, le génocide rwandais, planifié par le régime hutu, entraîne la mort de 800 000 Tutsis et Hutus modérés. Au Soudan, des exactions touchent les civils dans le conflit du Darfour qui oppose le gouvernement à des forces rebelles à partir de 2003.

L'apparition de nouvelles puissances

La recomposition du monde. L'Union européenne s'est élargie mais peine à se doter d'une diplomatie commune. La Russie reste une puissance nucléaire. En plein essor économique, la Chine, l'Inde et le Brésil, qui représentent 40 % de la population mondiale, entendent peser davantage. L'Afrique du Sud, libérée du poids de l'Apartheid, aspire à devenir une grande puissance régionale.

L'émergence de la Chine. Géant démographique, poumon économique mondial, puissance nucléaire, la Chine inquiète autant qu'elle fascine. Le pays cherche à devenir une grande puissance en s'imposant au niveau international.

Vocabulaire

Prolifération nucléaire : augmentation du nombre de pays disposant de l'arme nucléaire.

Crise : situation de tension à laquelle une société doit faire face.

Génocide : extermination systématique d'un groupe humain en raison de ses origines.

Terrorisme : actes violents commis par des individus ou des groupes organisés pour intimider une population ou un gouvernement.

Situation 1 La chute du mur de Berlin

Pourquoi la chute du mur de Berlin a-t-elle une portée mondiale ?

La situation Dans la nuit du 9 au 10 novembre 1989, le mur de Berlin, construit en 1961, tombe. L'événement, accueilli avec émotion en Allemagne et dans l'ensemble du monde occidental, pose immédiatement la question d'une possible réunification allemande.

1 Le mur de Berlin s'ouvre le 10 novembre 1989.

Le 9 novembre 1989, les autorités ouvrent les postes de contrôle et laissent des milliers d'Allemands de l'Est se rendre à l'Ouest, dans une atmosphère de liesse. Le mur commence alors à être démantelé.

2 Berlin, une ville divisée (1945-1989)

En 1945, la ville de Berlin est divisée en quatre secteurs d'occupation. La construction du mur, en 1961, isole les parties occidentale et soviétique.

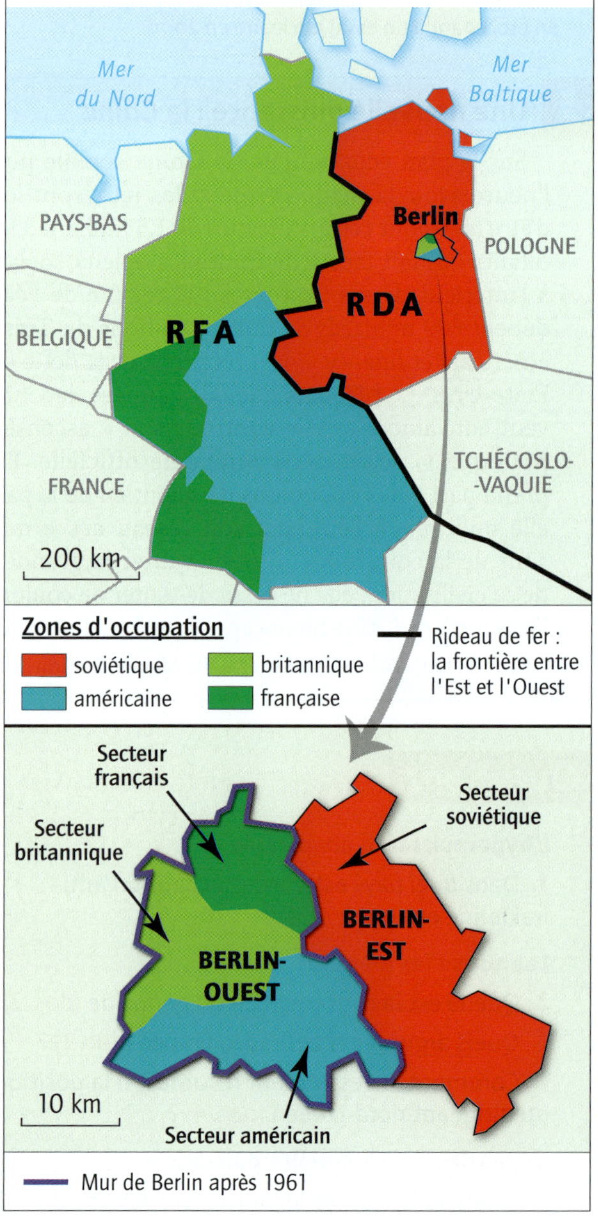

Dans la nuit du 12 au 13 août 1961, la RDA édifie un mur entre les zones occidentale et soviétique de Berlin, pour mettre fin à un exode massif vers l'Ouest. Le « mur de la honte », sous surveillance constante, devient un symbole du monde bipolaire.

3 La position soviétique en juin 1990

OBJET : DÉMANTÈLEMENT DU « CHECK POINT CHARLIE »[1]. DISCOURS DES MINISTRES DES AFFAIRES ÉTRANGÈRES

LE MINISTRE SOVIÉTIQUE DES AFFAIRES ÉTRANGÈRES A NOTAMMENT DÉCLARÉ QUE L'UNION SOVIÉTIQUE ALLAIT PROPOSER [...] DE METTRE FIN AU STATUT D'OCCUPATION DE BERLIN « D'ICI LA FIN DE L'ANNÉE », ET PRÉSENTER UN PROJET DE DOCUMENT AYANT POUR OBJECTIF « UN RÈGLEMENT INTERNATIONAL DÉFINITIF ». « NOUS SOUHAITONS PROPOSER À NOS PARTENAIRES QU'AVEC LA CONSTITUTION D'UN PARLEMENT ET D'UN GOUVERNEMENT PAN-ALLEMANDS, LE RÉGIME D'OCCUPATION PRENNE FIN ET QUE TOUS LES CONTINGENTS DES QUATRE PUISSANCES QUITTENT LA ZONE DU GRAND BERLIN DANS UNE DEMI-ANNÉE », A DIT M. CHEVARDNADZE, MINISTRE SOVIÉTIQUE DES AFFAIRES ÉTRANGÈRES. PARALLÈLEMENT, A-T-IL AJOUTÉ, « D'AUTRES ATTRIBUTS » DU STATUT PARTICULIER DE LA VILLE DEVRAIENT ÊTRE ABOLIS ET « LES LIAISONS ENTRE LES SECTEURS OCCIDENTAUX ET LEUR ENVIRONNEMENT NATUREL RENOUÉES ».

ÉVOQUANT LE 49E ANNIVERSAIRE DE L'INVASION DE L'UNION SOVIÉTIQUE PAR LES TROUPES ALLEMANDES, M. CHEVARDNADZE A DÉCLARÉ QU'IL FALLAIT TIRER UN TRAIT SUR LE PASSÉ ET « OUVRIR LA VOIE À DE NOUVEAUX HORIZONS DE COOPÉRATION ET DE COMPRÉHENSION MUTUELLE ».

Télégramme de François Beauchataud, conseiller politique à Berlin, adressé au ministère des Affaires étrangères, le 22 juin 1990.

1. Check Point Charlie : point de contrôle entre le secteur américain et le secteur soviétique à Berlin.

4 Discours d'Helmut Kohl adressé aux gouvernements du monde, en octobre 1990

« La journée d'aujourd'hui consacre la réunification du peuple allemand dans la paix et la liberté. Quarante-cinq ans après la fin de la Seconde Guerre mondiale, qui est partie du sol allemand et qui a infligé d'immenses souffrances en Europe et dans le monde, la séparation douloureuse des Allemands prend fin.

Dans l'exercice de leur droit à l'autodétermination, en accord avec leurs voisins et sur la base du Traité portant règlement définitif concernant l'Allemagne, les Allemands se sont unis aujourd'hui pour former un État - la République Fédérale d'Allemagne - qui jouira de sa pleine souveraineté pour le règlement de ses affaires intérieures et extérieures.

Au nom du peuple allemand, je voudrais remercier tous ceux qui ont défendu le droit des Allemands à l'autodétermination et facilité notre marche vers l'unité. Ayant présent à l'esprit la continuité de l'histoire allemande, nous savons tout particulièrement rendre hommage à cet engagement.

Avec le recouvrement de son unité nationale, notre pays entend contribuer à la paix dans le monde et accélérer l'unification de l'Europe. [...]

À l'avenir, seule la paix partira du sol allemand. Nous sommes conscients que l'inviolabilité des frontières et le respect de l'intégrité territoriale et de la souveraineté de tous les États en Europe sont des conditions fondamentales pour la sauvegarde de la paix. C'est pourquoi nous avons confirmé le caractère définitif des frontières de l'Allemagne unie. »

Message adressé par le dirigeant allemand Helmut Kohl aux gouvernements du monde, le 3 octobre 1990.

5 La commémoration de la chute du mur de Berlin vingt ans après.

Les anciens dirigeants de l'Union soviétique, des États-Unis et de la RFA, Mikhaïl Gorbatchev, George Bush et Helmut Kohl, se retrouvent dans la capitale allemande, en 2009.

Étude de la situation

1. Que met en évidence la photographie (doc. 1) ?

2. Quelle est la particularité de Berlin (doc. 2) ?

3. À quoi fait référence le ministre soviétique en disant qu'il faut tirer un trait sur le passé (doc. 3) ?

4. À quelle occasion Helmut Kohl prononce-t-il ce discours ? Pourquoi déclare-t-il : « À l'avenir, seule la paix partira du sol allemand » (doc. 4) ?

5. Comment expliquer la présence de ces trois anciens dirigeants à la commémoration (doc. 5) ?

Question BAC

Expliquer une situation. À partir des documents 4 et 5, montrez que la chute du mur de Berlin a une portée mondiale.

Situation 2 Le 11 septembre 2001

Le 11 septembre 2001 a-t-il modifié les relations entre les États-Unis et le monde ?

La situation Le 11 septembre 2001, les États-Unis sont atteints à New York et à Washington par une série d'attentats attribués au réseau terroriste *Al-Qaïda*. C'est un choc dans le monde et un défi pour la puissance américaine.

1 Le choc des attentats.

Le 11 septembre 2001, deux avions de la compagnie American Airlines, détournés par des terroristes, s'écrasent contre les tours jumelles du World Trade Center, dans le quartier des affaires de New York.

2 Les conséquences du 11 septembre

7 octobre 2001	Premières frappes américaines en Afghanistan, en représailles aux attentats. Plus de 40 pays soutiennent l'opération.
20 septembre 2002	Nouveau plan américain pour la sécurité nationale. Des attaques préventives contre les « États voyous » sont envisagées.
7 octobre 2002	Discours télévisé de George W. Bush. Le président américain accuse l'Irak d'entraîner des terroristes à la fabrication de bombes.
5 février 2003	Réquisitoire des États-Unis contre le régime irakien à l'ONU.
14 février 2003	Plusieurs pays, dont la France, se prononcent contre une intervention militaire en Irak.
15 février 2003	Manifestations à travers le monde contre les perspectives de guerre.
19 mars 2003	Début de l'offensive contre l'Irak, sans l'accord de l'ONU.

3 Discours du président George W. Bush

« Notre cause est juste et elle se poursuit. [...] Ce que nous avons trouvé en Afghanistan confirme que, loin de se terminer dans ce pays, notre guerre contre le terrorisme ne fait que commencer. [...]

Je forme l'espoir que tous les pays écouteront notre appel et qu'ils élimineront les parasites terroristes qui nous menacent tous, eux comme nous. [...]

Certains États constituent, avec leurs alliés terroristes, un axe maléfique et s'arment pour menacer la paix mondiale. En cherchant à acquérir des armes de destruction massive, ils posent un danger dont la gravité ne fait que croître. [...]

Nous agirons sans hésitation mais le temps n'est pas notre allié. Nous n'attendrons pas que des incidents surviennent alors que le danger s'accroît. [...] L'histoire a lancé aux États-Unis et à leurs alliés un appel à l'action, et c'est tout autant notre responsabilité que notre privilège que de mener ce combat pour la liberté.

Notre première priorité doit toujours être la sécurité de notre nation. »

Discours de George W. Bush sur l'état de l'Union, 29 janvier 2002.

Étude de la situation

1. Que s'est-il passé le 11 septembre 2001 (doc. 1, 2 et 6) ?
2. Quelle place occupe cet événement dans la mémoire américaine (doc. 6) ?
3. Quelles sont les conséquences immédiates des attentats sur la politique étrangère américaine (doc. 2) ?
4. Pourquoi les États-Unis ont-ils décidé d'intervenir en Afghanistan (doc. 2 et 6) ?
5. Que désigne l'« axe maléfique » évoqué par George W. Bush (doc. 3 et 4) ?
6. Les États-Unis sont-ils isolés dans leur lutte contre le terrorisme (doc. 2, 3 et 4) ?

Question BAC

Analyser un document. D'après le spécialiste des relations internationales (document 5), le 11 septembre 2001 a-t-il modifié les relations entre les États-Unis et le monde ? Justifiez votre réponse.

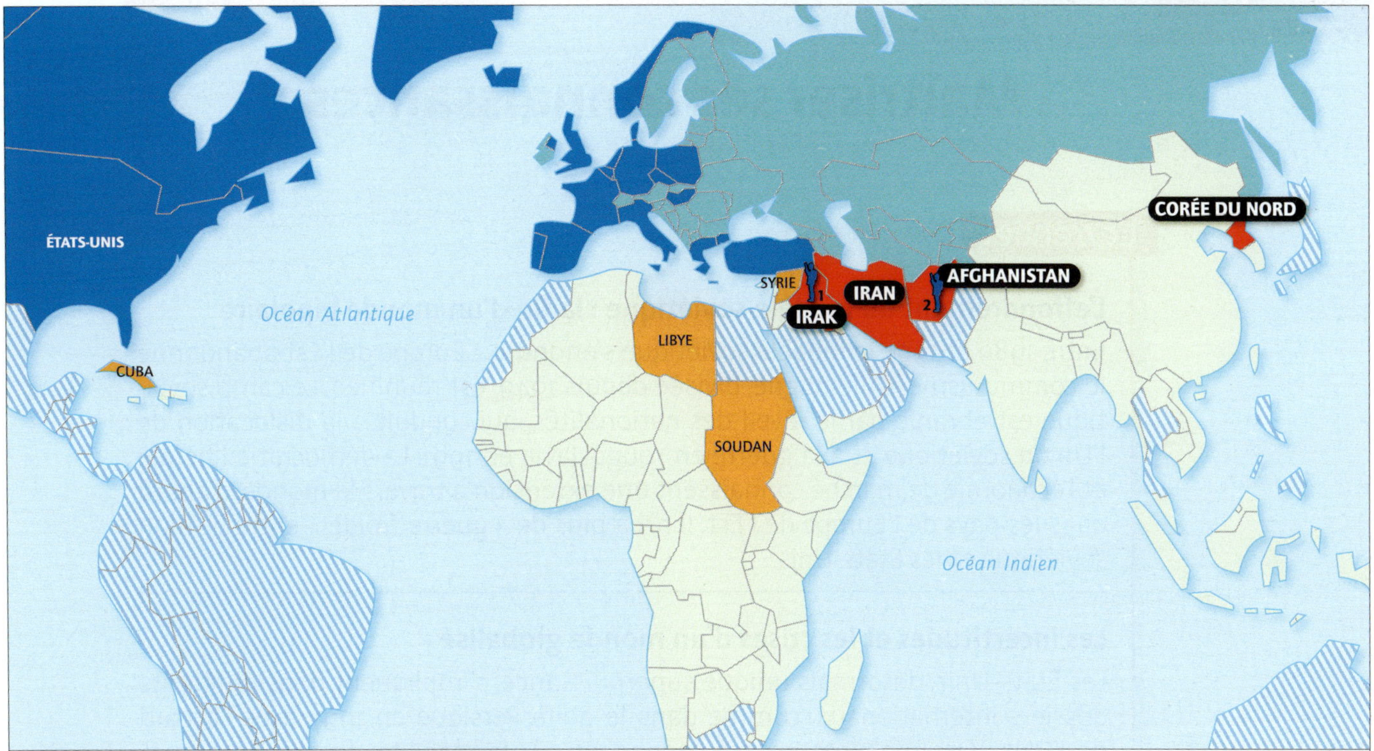

Les alliés
- Les pays membres de l'OTAN
- Les pays membres du partenariat pour la paix
- Les autres pays alliés

Les ennemis
- Les pays de « l'axe maléfique »
- Les pays accusés de soutenir l'action terroriste

Les interventions
- 1 : Occupation de l'Irak par les États-Unis (à partir de mars 2003)
- 2 : Opération en Afghanistan avec l'appui de l'OTAN (à partir d'octobre 2001)

4 **Les États-Unis et le monde après les attentats.**

5 « La face tragique de la mondialisation »

Les États-Unis, bien que durement frappés, n'ont pas été affaiblis par ces attaques terroristes, leur poids relatif dans le monde n'ayant pas diminué ; ils n'en ont pas conclu qu'il fallait adopter une politique plus multilatéraliste[1] qu'auparavant. Ils poursuivent ainsi une politique sur les mêmes fondements que ceux qui prévalaient auparavant. […]

Le 6 août 1945 avait fait basculer le monde dans une ère nouvelle, celle de l'ère nucléaire ainsi que celle de l'ère bipolaire. Après la chute du mur de Berlin, le 10 novembre 1989, le monde avait également réellement changé avec la fin du monde bipolaire. Or, le 11 septembre n'a apporté ni une nouvelle structuration des rapports de force, ni un état du monde différent de celui qui préexistait. Il est peut-être simplement venu rappeler que, du fait de la mondialisation, il ne pouvait pas y avoir d'oasis de paix, de sécurité, de prospérité face à un monde de guerres civiles, de misère et de tumultes.

Le 11 septembre est venu illustrer la face tragique de la mondialisation, démontrant que, dans ce monde globalisé, le pays le plus puissant du monde pouvait être vulnérable.

Pascal Boniface, *Atlas des relations internationales*, Hatier, 2008.

1. Multilatéraliste : politique qui prend en compte le point de vue de plusieurs pays.

6 La commémoration des attentats

New York est en deuil ce vendredi 11 septembre, huit ans après la tragédie du World Trade Center, causant la mort de plus de 2 700 personnes, prisonnières d'un piège de cristal. […]

Après avoir observé, depuis Washington, une minute de silence avec sa femme, Michelle, Barack Obama a exhorté les Américains à soutenir sa politique et son effort militaire en Afghanistan.

« *Réaffirmons notre détermination face à ceux qui ont perpétré ces actes et ce complot barbares contre nous* », a-t-il dit au cours d'une cérémonie en présence de 500 personnes, au Pentagone, l'un des lieux touchés par les avions de ligne détournés voici huit ans. « *Pour ce qui est de pourchasser Al-Qaïda et ses alliés extrémistes, nous ne baisserons jamais la garde* », a-t-il dit, avant de déposer une gerbe au monument aux victimes de l'attentat contre le Pentagone.

Site du *Journal du Dimanche*, 11 septembre 2009.

Maîtriser ses connaissances

L'essentiel

L'effondrement du modèle soviétique : la fin d'un monde bipolaire

Entre 1989 et 1991, le modèle soviétique s'effondre. L'Europe de l'Est abandonne le communisme. L'Allemagne, divisée depuis 1949, est réunifiée. Le camp soviétique est ébranlé par le réveil des nationalités, qui conduit à la dislocation de l'Union soviétique et à la guerre en Yougoslavie en 1991. La démocratie libérale et l'économie de marché connaissent une extension à travers le monde, d'abord dans les pays de l'Europe de l'Est. Il n'y a plus de « guerre froide » entre l'Union soviétique et les États-Unis.

Les incertitudes et les crises d'un monde globalisé

Les États-Unis, désormais unique superpuissance, s'impliquent dans différents dossiers internationaux, comme dans le golfe Persique en 1991, avec l'accord de l'ONU. Des menaces pèsent cependant sur la stabilité du monde actuel. Le danger terroriste et la prolifération nucléaire préoccupent la communauté internationale. Des interventions militaires (Afghanistan, Irak) sont menées par les Américains, depuis les attentats de 2001. Le continent africain se révèle particulièrement touché par les conflits (génocide du Rwanda en 1994). De nouvelles puissances cherchent par ailleurs à s'affirmer : le Brésil, l'Inde, l'Afrique du Sud et la Chine entendent compter davantage au niveau international.

Les acteurs clés

Mikhaïl Gorbatchev (né en 1931) : dirigeant soviétique, il contribue à mettre fin à la « guerre froide » avec les États-Unis. Il ne peut cependant éviter l'implosion de l'Union soviétique en 1991.

George Bush (né en 1924) : président américain de 1989 à 1993, il s'investit en politique étrangère en gérant le nouveau rôle des États-Unis dans un monde qui n'est plus bipolaire.

Helmut Kohl (né en 1930) : chancelier de la RFA, il mène la réunification de l'Allemagne et participe activement à la construction européenne.

Les notions clés

Modèle soviétique : système politique, économique et social qui affirme l'idéal d'une société sans classes. Il s'appuie sur un parti unique, le parti communiste, et les moyens de production sont contrôlés par l'État.

Démocratie libérale : régime politique qui garantit les libertés individuelles. Il repose sur l'expression des citoyens par le vote et sur l'idéal de la séparation des pouvoirs (exécutif, législatif et judiciaire).

Économie de marché : système économique dans lequel les biens, les services et les capitaux s'échangent librement en fonction de l'offre et de la demande.

Les repères chronologiques

1989 : chute du mur de Berlin.
1990 : réunification de l'Allemagne.
1991 : dissolution de l'Union soviétique.
1994 : génocide au Rwanda.
1995 : génocide à Srebrenica (Yougoslavie).
2001 : attentats du 11 septembre contre les États-Unis.
2001 : début de l'intervention américaine en Afghanistan.
2003 : début de l'intervention américaine contre l'Irak de Saddam Hussein.

Appliquer ses connaissances

Analyser et commenter un document

Un graphique extrait de la presse
Évolution de 1947 à 2009 des stocks d'armes nucléaires dans le monde par pays.

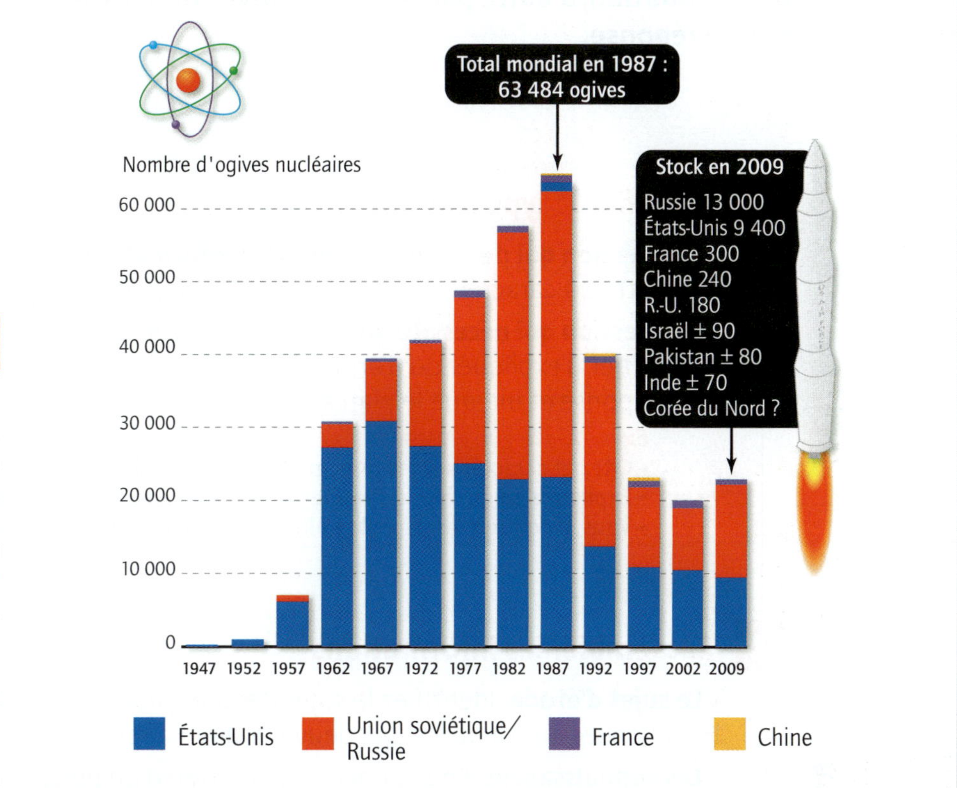

D'après une infographie de l'Agence France Presse. Document utilisé par plusieurs médias.

1 Analyser le document

1. Comment évoluent les stocks d'armes nucléaires dans le monde depuis 1947 ? En quelle année peut-on identifier une rupture ?

2. Combien de périodes peut-on distinguer ?

3. Comment évolue la part de chacune des puissances nucléaires ?

2 Présenter à l'oral

1. Présenter le document.
Indiquez sa nature, son origine et sa diffusion.
Précisez ensuite son thème.

2. Décrire le document.
Évoquez d'abord la tendance générale.
Évoquez ensuite l'évolution de chacune des puissances nucléaires.

3. Mettre en relation avec vos connaissances.
Expliquez les évolutions que le document révèle.

Les questions de connaissance en histoire

Les questions de connaissance se classent en deux grandes catégories. D'une part certaines demandent d'apporter des informations sur un événement, une action ou une situation, d'autre part certaines invitent à justifier et à argumenter sa réponse.

1 Identifier le type de question

- **La question qui demande un apport d'informations.** Elle invite à expliquer une notion, à caractériser un événement, une période ou une situation.
- **La question qui nécessite une argumentation.** Dans sa formulation, elle demande de justifier, d'expliquer ou d'argumenter. Elle propose parfois une organisation de la réponse et indique le plan à suivre.

Exemples de questions
- Citez et caractérisez les principales grandes puissances du monde d'aujourd'hui.
- Expliquez en quoi les événements de l'année 1989 ont bouleversé l'ordre mondial.
- Vous évoquerez les aspects politiques et économiques de ces bouleversements.

2 Rassembler les informations

- **Le sujet d'étude.** Identifiez le sujet d'étude auquel la question se rattache. Notez au brouillon les informations qui peuvent servir à répondre.
- **Les connaissances.** Pour caractériser l'action d'un personnage, pensez à son origine sociale, à son opinion politique et à sa fonction. Pour définir une notion, expliquez l'origine du mot, sa signification, et présentez des exemples concrets. Pour caractériser une période ou un événement, montrez les étapes chronologiques, décrivez le contexte et dressez une liste d'événements.
- **L'argumentation.** Justifiez votre réponse en apportant des connaissances historiques, des faits précis, des éléments de réflexion. Votre réponse doit être organisée et apporter des arguments. Elle doit s'attacher aux causes ou aux conséquences d'un événement.

3 Rédiger la réponse à la question

- **La phrase introductive.** Reformulez la question et présentez une réponse claire.
- **Le développement.** La question demande un apport d'informations : présentez simplement les acteurs, les faits ou la période.

La question nécessite une argumentation : intégrez des informations précises issues de vos connaissances. Si un plan est suggéré, vous devez apporter des connaissances pour chaque partie du développement. D'une phrase à l'autre, vous vous appuyez sur des connecteurs logiques (*en effet*, *donc*, *puisque*).

- **La phrase bilan.** Récapitulez l'essentiel de la réponse en quelques mots.

Exemple rédigé

La question du BAC

Quels sont les conséquences et les enjeux de la chute du mur de Berlin pour l'Allemagne ? Vous justifierez votre réponse à l'aide d'exemples précis.

La réponse du candidat

La chute du mur de Berlin survenue le 9 novembre 1989 provoque la réunification allemande, dès le 3 octobre 1990, et une transformation radicale de l'économie allemande. Les enjeux de ces mutations profondes sont à la fois d'ordre économique, politique et militaire.

L'introduction reformule la question et annonce les thèmes du développement.

Dès la chute du mur, le flot migratoire de la RDA vers la RFA est énorme et les difficultés du régime est-allemand sont si importantes que la seule solution qui s'impose est la réunification. Sans perdre de temps, le chancelier Helmut Kohl impose une unification monétaire puis politique des deux parties de l'Allemagne. L'unité est officielle le 3 octobre 1990. La réunification de la ville de Berlin intervient le même jour et la ville retrouve également son statut de capitale fédérale. La mise aux normes des structures économiques est-allemandes à l'économie de marché nécessite la privatisation des entreprises d'État de la RDA.

Le premier paragraphe alterne les faits et les justifications sur un des thèmes de la question.

Dans l'enthousiasme général, nul ne pense aux lendemains difficiles de la réunification. Pourtant, le retour d'une grande Allemagne au cœur de l'Europe, l'avenir de la construction européenne et la stabilité des frontières provoquent de nombreuses inquiétudes. La privatisation en RDA provoque la liquidation d'entreprises non rentables avec les conséquences humaines que cela entraîne. Les traces de la division dans l'Allemagne d'aujourd'hui persistent avec un décalage de niveau de vie et de mentalités générateur de tensions entre l'Ouest et l'Est.

Le second paragraphe poursuit et complète l'argumentation sur un autre thème.

Cet événement a signé la fin de la bipolarité de Berlin et de l'Allemagne mise en place en 1947, mais a entraîné de nouvelles difficultés pour le pays réunifié.

Le bilan récapitule l'essentiel de la réponse.

Exercices

Exercice 1

Examinez ces questions du bac en les classant en deux catégories : celles qui demandent un apport d'informations et celles qui invitent à justifier et à argumenter sa réponse.

1. *Caractérisez les événements qui ont mis fin au « rideau de fer ».*
2. *Expliquez pourquoi on peut dire que le monde est devenu multipolaire après 1991.*
3. *Justifiez l'utilisation de l'expression « épuration ethnique » pour caractériser la guerre en Yougoslavie.*
4. *Décrivez l'évolution des anciens pays communistes d'Europe de l'Est depuis 1989.*
5. *Expliquez comment l'Europe d'après 1989 se trouve entre éclatement et unification.*
6. *Quels événements ont conduit les États-Unis à intervenir militairement dans les pays étrangers depuis 1991 ?*
7. *Comment la communauté internationale est-elle intervenue dans les crises de l'ex-Yougoslavie ?*

Exercice 2

1 Pour répondre à la question du bac, choisissez parmi les informations fournies celles qui sont utiles pour une réponse adaptée.
2 Votre réponse devrait comporter deux paragraphes. Quel thème différent aborderait chacun ?

Question du BAC → *Quelles sont les conséquences des attentats du 11 Septembre aux États-Unis ? Vous évoquerez dans votre réponse les aspects humains, économiques, politiques et militaires.*

Éléments pour la réponse

- Discours du président américain Georges W. Bush déclarant la guerre « contre le terrorisme ».
- Invasion de l'Afghanistan à partir d'octobre 2001 et renversement du régime des Talibans.
- Fermeture de la Bourse de New York du 11 au 17 septembre 2001.
- Les tours jumelles du World Trade Center s'effondrent en dispersant de nombreux polluants dangereux.
- Le 28 septembre 2001, vote de la résolution 1373 de l'ONU qui oblige tous les États membres à prendre des mesures contre le terrorisme.
- Invasion de l'Irak et renversement du régime de Saddam Hussein en Irak en 2003.
- Bilan des victimes des attentats : 3000 morts, plus de 6000 blessés et de nombreux traumatismes psychologiques.
- Le 11 septembre 2001, détournement de quatre avions de ligne par les terroristes du réseau Al-Qaïda.
- Faillite de plusieurs compagnies aériennes déjà fragilisées par la crise.

Exercice 3

1 Analysez la question du bac et faites un plan précis de la réponse en utilisant les informations fournies.
2 Rédigez une phrase introductive et une phrase bilan.

Question du BAC → *Quelles sont les conséquences de la fin de la guerre froide en Europe ?*

Éléments pour la réponse

- Réunification allemande.
- Guerre en Yougoslavie.
- Éclatement du bloc de l'Est.
- Éclatement de la fédération soviétique.
- Élargissement de l'Union européenne.
- Création en 1994 du « partenariat pour la paix » par l'OTAN.
- Ratification du traité de Lisbonne en 1992.
- Entrée en vigueur de l'euro en 2002.
- Division des États européens sur l'intervention militaire en Irak en 2003.

Exercice 4

1 Analysez attentivement la question du bac et expliquez pourquoi la réponse proposée par le candidat est incomplète.
2 Complétez et modifiez cette réponse pour qu'elle soit sans erreurs.

Question du BAC → *Justifiez l'affirmation suivante : « L'arme nucléaire demeure un danger malgré la fin de la guerre froide. »*

Réponse du candidat

La dissuasion nucléaire a fonctionné durant toute la guerre froide selon le principe de « l'équilibre de la terreur » : pas question d'attaquer l'adversaire, puisque celui-ci a la capacité de vous infliger des dommages terribles en ripostant. Les armes nucléaires étaient donc faites pour ne pas servir.

Depuis la fin de la guerre froide, l'arme nucléaire a connu une évolution. Des progrès ont été réalisés, avec les accords de désarmement nucléaire entre Moscou et Washington et avec la renonciation de plusieurs pays à la bombe atomique. Mais le processus de non-prolifération ne fonctionne pas très bien, puisque plusieurs puissances refusent d'en suivre les règles.

Exercice 5

❶ **Analysez soigneusement la question posée. Rédigez ensuite une phrase pour introduire la réponse du candidat.**
❷ **Rédigez une phrase bilan pour conclure cette réponse.**

Question du BAC → *Quelles sont les nouvelles menaces qui pèsent sur la paix dans le monde après la guerre froide ?*

Réponse du candidat

Le réveil des nationalismes et la montée des intégrismes révèlent des foyers d'instabilité majeurs comme en ex-Yougoslavie, au Moyen-Orient ou en Afrique. La multiplication des conflits révèle des zones de non-droit et de corruption : la « purification ethnique » marque ainsi la guerre au Rwanda.

De nouvelles menaces apparaissent liées au terrorisme, au fondamentalisme ; les attentats se multiplient contre les symboles du monde occidental. Les attaques contre le World Trade Center en 2001 marquent un tournant dans cette escalade de la violence et conduisent les États-Unis à riposter dans une guerre « défensive », d'abord contre l'Afghanistan puis contre l'Irak. Le surarmement et la prolifération nucléaire accélérés par la chute de l'Union soviétique ne cessent d'inquiéter.

Exercice 6

● **Analysez la question posée. Rédigez deux paragraphes pour développer les thèmes proposés par le candidat dans son introduction.**

Question du BAC → *Pourquoi peut-on dire que la chute du mur de Berlin a ouvert une ère nouvelle en Allemagne et en Europe ?*

Introduction de la réponse

La chute du mur de Berlin est un des événements clés du XXe siècle. Il provoque des bouleversements importants en Allemagne en amenant la réunification et transforme fondamentalement les structures politiques et économiques européennes.

Exercice 7

❶ **Analysez la question du bac. Rédigez la réponse en développant les thèmes proposés par le candidat dans son introduction.**
❷ **Ajoutez une phrase bilan.**

Question du BAC → *Quels sont les enjeux de l'ouverture du «rideau de fer» pour l'Europe de l'ouest en construction ? Vous expliquerez quelles sont les conséquences de l'ouverture du «rideau de fer» sur l'élargissement de l'Union européenne, puis vous montrerez les limites de l'influence de cette nouvelle Europe.*

Réponse du candidat

À partir de 1989, avec l'ouverture progressive du « rideau de fer », la géographie de l'Union européenne est bouleversée. L'effondrement du bloc soviétique en Europe a permis à l'UE de s'élargir à l'est mais cet élargissement ne permet toutefois pas à l'Union européenne de devenir une puissance complète puisqu'elle peine à devenir une puissance politique incontestée.

Exercice 8

❶ **Déterminez le type de question.**
❷ **Rédigez la réponse en y intégrant tous les éléments fournis. Vous les mettrez en relation avec des connecteurs logiques (*en effet*, *car*, *puisque*, *de plus*, *pourtant*, etc.).**
❸ **Ajoutez une phrase introductive et une phrase bilan.**

Question du BAC → *Pourquoi a-t-on pu parler au sujet de l'intervention militaire en Irak en 2003 d'une crise diplomatique entre les États-Unis et l'Union européenne ?*

Éléments pour la réponse

- L'Irak est suspecté de posséder des armes non-conventionnelles.
- L'Allemagne et la France sont opposées à une intervention en Irak.
- Les États-Unis veulent une guerre « préventive » contre l'Irak.
- La France et l'Allemagne sont qualifiées de «vieille Europe» par les États-Unis.
- Le Royaume-Uni et l'Espagne soutiennent les États-Unis à propos de la guerre en Irak.
- Attaque contre l'Irak en mars 2003.
- L'Europe est divisée à propos du conflit en Irak.
- La France menace d'utiliser son droit de veto à l'ONU.
- Menace sur la stabilité du monde et du Moyen-Orient.

Exercice 9

❶ **Analysez la question du bac, puis rédigez une phrase introductive pour présenter la réponse.**
❷ **Rédigez le développement pour répondre à la question, en trois paragraphes :**
  a. La multiplication des conflits et des périls depuis 1991.
  b. L'hyperpuissance américaine.
  c. L'hégémonie américaine contestée.
❹ **Rédigez ensuite la phrase bilan.**

Question du BAC → *Peut-on considérer que la fin de la guerre froide a engendré un nouvel ordre mondial dominé par les États-Unis ? Vous justifierez votre réponse en abordant les menaces sur l'ordre mondial, les réactions des États-Unis face à ces menaces ainsi que les contestations qu'elles engendrent.*

Partie 1 de l'examen

(Vous répondez à toutes les questions)

Questions sans support documentaire

1 Expliquez en quoi les années 1989-1991 représentent un bouleversement pour l'Europe. Vous exposerez dans votre réponse les aspects politiques et économiques de ce bouleversement.

2 Expliquez quelles sont les manifestations et les limites de la puissance américaine depuis la fin de la guerre froide.

LE BARÈME DU BAC

Partie 1 : 9 points
Elle porte sur un sujet d'étude, soit d'histoire, soit de géographie.

Partie 2 : 4 points
Elle porte sur l'éducation civique.

Partie 3 : 7 points
Elle porte sur une des situations d'un sujet d'étude en histoire ou en géographie.

Questions avec support documentaire

3 Qui est le personnage représenté par l'auteur du dessin ? Que représente le symbole brisé à ses pieds ?

4 À quel événement fait référence ce dessin de presse ?

5 Rédigez un paragraphe dans lequel vous exposerez le contexte politique en URSS ainsi que les principaux événements qui ont mené à la dislocation de l'Union soviétique en 1991.

Dessin de presse de l'Américain Edmund Valtman, 1991.

Partie 3 de l'examen

(Vous ne traitez qu'une des deux situations suivantes)

Situation 1 : La chute du mur de Berlin

Couverture de *Paris-Match*, 23 novembre 1989.

Questions

1. Dans quel contexte a été prise la photographie de couverture de ce numéro de *Paris-Match* ?
2. Expliquez le gros titre de la Une de ce magazine. Que symbolisait le mur de Berlin ?
3. Rappelez les principales conséquences de la chute du mur de Berlin en Allemagne et en Europe.

Situation 2 : Le 11 septembre 2001

Couverture de *Courrier International*, 3 octobre 2001.

Questions

1. Pourquoi les auteurs de *Courrier International* ont-ils choisi cette photographie pour illustrer la couverture de leur magazine ?
2. Expliquez le gros titre de la Une de ce magazine.
3. Rappelez les principales conséquences humaines, politiques et militaires des attentats du 11 septembre 2001.

La France dans l'Union européenne

Les sites à consulter

1. La France dans l'Union européenne et dans le monde
→Pour avoir des données sur l'Outre-mer :
http://www.outre-mer.gouv.fr
→Pour obtenir des renseignements sur la capitale et ses projets :
http://www.parisdeveloppement.com

2. Acteurs et enjeux de l'aménagement des territoires français
→Pour connaître l'action du conservatoire du littoral :
http://www.conservatoire-du-littoral.fr

3. Les transformations de l'espace productif et décisionnel
→Pour avoir des renseignements sur les pôles de compétitivité :
http://www.competitivite.gouv.fr

4. Les mobilités de la population
→Pour avoir des chiffres sur les déplacements de population :
http://www.insee.fr

5. L'Union européenne et ses territoires
→Pour suivre l'actualité européenne :
http://touteleurope.eu

Géographie

ographie

aphie

Sujets d'étude

1 La France dans l'Union européenne et dans le monde

2 Acteurs et enjeux de l'aménagement des territoires français

3 Les transformations de l'espace productif et décisionnel

4 Les mobilités de la population

5 L'Union européenne et ses territoires

Sujet d'étude

1 La France dans l'Union européenne et dans le monde

Issu d'une longue construction historique, le territoire français présente une grande diversité. Son ouverture sur l'Union européenne et sur le monde est l'un des fondements de la puissance française que l'on peut mesurer dans les domaines économique, géopolitique et culturel.

1 Le port du Havre.
Le Havre est le second port français par son trafic derrière Marseille-Fos, mais le premier en valeur, notamment du fait de son trafic de conteneurs. Il constitue une plate-forme essentielle pour les échanges extérieurs français.

Repères géographiques

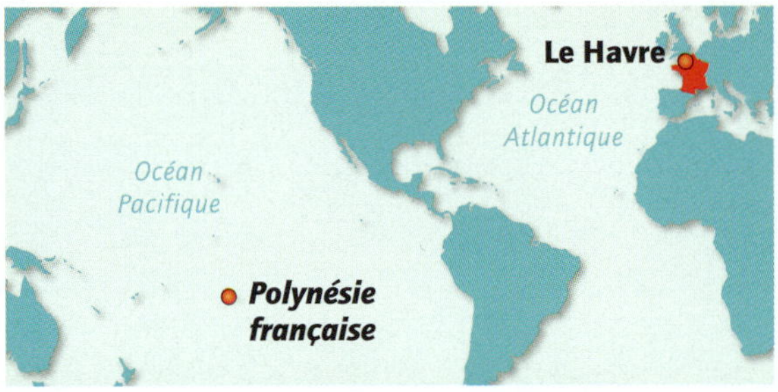

Quels sont les aspects de la puissance de la France en Europe et dans le monde ?

2 Un atoll en Polynésie française.

La Polynésie française est un ensemble d'archipels composés de 118 îles volcaniques. Un atoll se forme lorsqu'un récif corallien se développe sur le pourtour sous-marin d'une de ces îles, l'isolant de l'océan et créant un lagon aux eaux turquoise.

Entrée dans le thème

1. Quels éléments de la photographie permettent de dire que Le Havre est un grand port moderne ?
2. D'après la photographie, quels sont les atouts touristiques de la Polynésie française ?
3. En quoi ces deux photographies sont-elles significatives de la puissance française ?

La France dans l'Union européenne

1 **Le relief de la France.**

Découverte des cartes

1. D'après la carte 1, dans quelles parties du territoire le relief et les axes fluviaux facilitent-ils les transports ?

2. Observez la carte 2. La France est-elle bien intégrée à l'Union européenne par les réseaux de transport ?

3. En quoi peut-on dire que la France occupe une position de carrefour en Europe ?

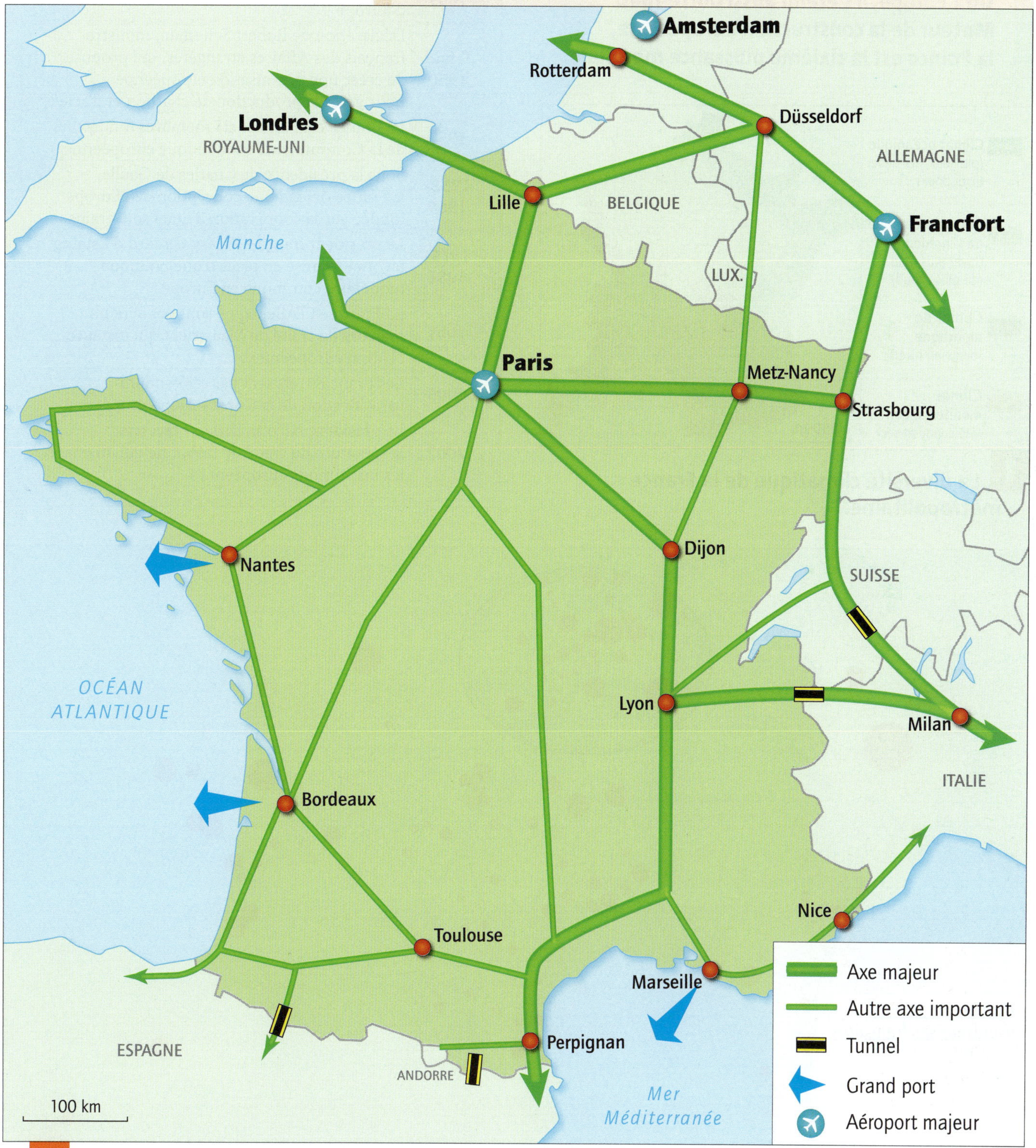

2 **L'intégration de la France à l'Europe par les transports.**

Cours 1 La France, une puissance européenne et mondiale

▶ Quelle est la place de la France en Europe et dans le monde ?

Le territoire français a été construit par étapes au cours de l'histoire. Largement ouvert sur l'Europe, il s'étend aussi outre-mer. Moteur de la construction européenne, la France est la sixième puissance mondiale.

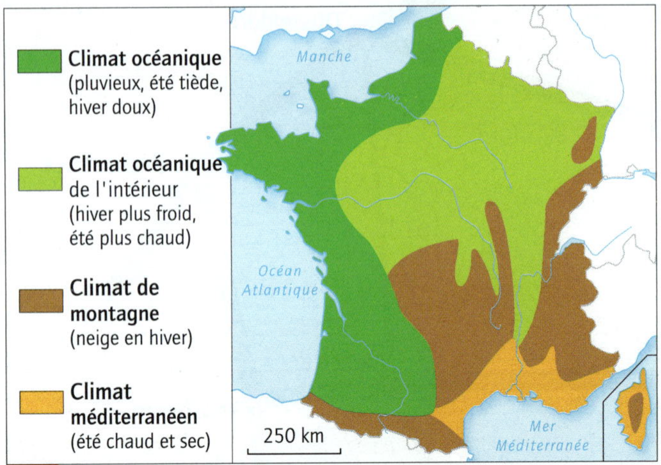

1 La diversité climatique de la France métropolitaine.

2 Le rôle de la France dans la construction européenne

XVIIIe siècle	Montesquieu, Voltaire, Rousseau contribuent à la naissance de l'idée européenne.
1849	Discours de Victor Hugo sur les États-Unis d'Europe.
9 mai 1950	Déclaration de Robert Schuman, ministre français des Affaires étrangères, qui propose de créer une organisation européenne pour gérer la production de charbon et d'acier.
1957	La France est l'un des six membres fondateurs de la Communauté économique européenne.
1958-1969	Sous la présidence de Charles de Gaulle, la France défend une conception de l'Europe fondée sur la coopération d'États souverains.
1974-1981	Le président français Valéry Giscard d'Estaing favorise la mise en place d'une politique monétaire commune en Europe.
1991	La France et l'Allemagne sont des acteurs majeurs du traité de Maastricht qui instaure l'Union européenne.
2005	Les Français refusent par référendum la ratification de la Constitution européenne.
2007	Le président Nicolas Sarkozy favorise la signature du traité de Lisbonne qui aménage les institutions européennes.

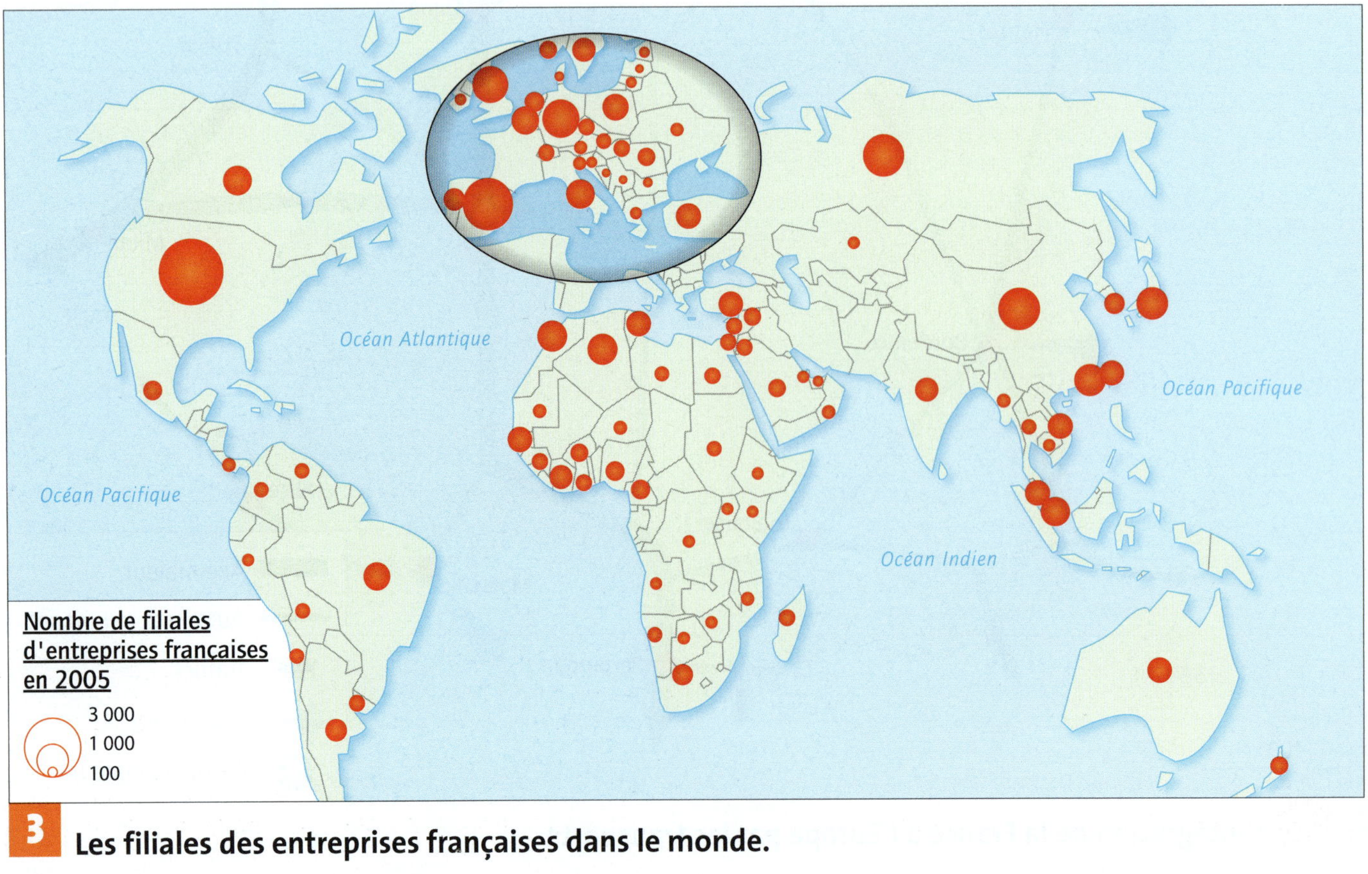

3 Les filiales des entreprises françaises dans le monde.

4 Les principaux partenaires commerciaux

Principaux fournisseurs (en milliards d'euros)	Principaux clients (en milliards d'euros)
Allemagne : 79,3	Allemagne : 59,4
Belgique : 41	Italie : 36
Italie : 40	Espagne : 34
Chine* : 31,6	Royaume-Uni : 32
Espagne : 31	Belgique : 31
États-Unis : 27	États-Unis : 24
Royaume-Uni : 23,2	Pays-Bas : 17
Pays-Bas : 19,5	Suisse : 12
Russie : 13,5	Chine* : 9
Suisse : 10,4	Russie : 7

* sans Hong-Kong ni UE. INSEE, données 2009.

5 La francophonie dans le monde. Tous les ans, les jeux de la francophonie rassemblent, comme ici au Canada, des milliers de participants.

Questions

Le territoire français

1. Quelles sont les caractéristiques du relief de la France (carte page 94) ?

2. Quels sont les quatre types de climat de la France métropolitaine (doc. 1) ?

La France dans l'Union européenne

3. Quel rôle a joué la France dans la construction européenne (doc. 2) ?

4. Quelle est la place de l'Union européenne dans le commerce extérieur de la France (doc. 4) ?

La France dans le monde

5. Dans quelles parties du monde les entreprises françaises sont-elles présentes (doc. 3) ?

6. Recherchez sur quels continents il existe des communautés francophones (doc. 5 et carte p. 103).

Question BAC

Exploiter ses connaissances. En quoi la puissance économique de la France est-elle liée à l'Europe ?

Le territoire français

Un territoire construit dans l'histoire. Le territoire métropolitain couvre aujourd'hui 545 000 km². Ancienne puissance coloniale, la France possède également des territoires d'outre-mer qui s'étendent sur 120 000 km². Grâce à ces territoires, la présence française se maintient dans toutes les parties du monde.

La diversité du territoire. Malgré l'unification linguistique liée au rôle de l'école, les nombreuses langues régionales témoignent de la diversité de la France. Cette diversité se retrouve aussi dans les paysages, plus montagneux dans le Sud et l'Est, plus plats dans le Nord et l'Ouest. Par la forme des toits ou les matériaux utilisés, l'architecture rurale reflète la variété des climats et des sols.

La France dans l'Union européenne

Un territoire ouvert sur l'Europe. La France métropolitaine occupe une position de carrefour entre l'Europe méditerranéenne, l'Europe rhénane et l'Europe du Nord-Ouest. Elle s'ouvre largement vers l'extérieur par trois façades maritimes : sur la Méditerranée, l'océan Atlantique et la mer du Nord.

Un moteur de la construction européenne. La France est l'un des six États fondateurs de la CEE, devenue l'Union européenne en 1992. Elle adopte en 2002 la monnaie européenne, l'euro. Elle réalise la majeure partie de son commerce extérieur avec les États de l'UE. Cependant, l'élargissement de l'UE à 27 marginalise un peu sa situation.

La France dans le monde

La sixième puissance économique mondiale. Michelin, L'Oréal, Carrefour ou Renault sont des firmes présentes dans le monde entier. Deuxième investisseur international, la France est le quatrième récepteur de capitaux étrangers. Ses banques en font la troisième puissance financière mondiale. Toutefois, le déficit croissant de la balance commerciale, le maintien d'un taux de chômage élevé, la croissance faible sont préoccupants.

L'influence culturelle et géopolitique. Le français est parlé par 140 millions de locuteurs. Le cinéma français s'exporte, bien que ses parts de marché restent modestes par rapport au géant hollywoodien. La diplomatie française est active et la France, qui possède l'arme nucléaire, dispose de l'un des cinq sièges permanents au Conseil de sécurité de l'ONU. Néanmoins, son influence est contestée ou en recul dans certains pays.

Vocabulaire

Territoire : espace délimité par des frontières à l'intérieur desquelles s'exerce la souveraineté d'un État.

Puissance : capacité d'un État à peser sur les autres États, dans les domaines économique, financier, politique, diplomatique, militaire ou culturel.

Situation 1

Paris, ville mondiale

Sur quoi reposent l'attraction et l'influence de Paris dans le monde ?

La situation Quelques métropoles possèdent des activités et des atouts qui leur permettent d'exercer une influence à l'échelle planétaire. On les appelle des « villes mondiales ». Comme New York, Londres ou Tokyo, Paris est l'une de ces métropoles.

CONTACTEZ NOUS ▶

✱ Paris, hub incontournable de l'économie européenne

- Métropole interconnectée
- Destination Business
- Centre de décision
- Vivre à Paris

Accueil

Métropole mondiale dynamique

En octobre 2008, le cabinet AT Kearney classait Paris dans le top 3 des Villes Monde avec Londres et New York. Plusieurs caractéristiques font de Paris un pôle majeur de commandement à l'échelle planétaire :

✱ Un réseau urbain relié au monde entier

Située dans un rayon de 2000 km des pays de l'Union Européenne, Paris est à seulement quelques heures d'accès du plus grand marché du monde.

d'informations

✱ Une destination business incontournable

Paris, capitale mondiale des salons, séminaires et congrès professionnels.

d'informations

✱ Un lieu de concentration du pouvoir décisionnel

Paris est une métropole attractive pour l'implantation de sièges sociaux des entreprises et organisations internationales.

d'informations

✱ Vivre à Paris

Paris est classée première ville du monde pour la qualité de son mode de vie.

d'informations

1 La promotion de Paris sur le site Internet de la capitale.

2 Paris, centre de décision

La présence des administrations publiques fait de la capitale le centre de décision politique et administratif de la France : en témoignent l'Assemblée nationale, le Sénat ou encore Matignon et l'Élysée.

Paris attire une forte proportion de sièges sociaux implantés sur le territoire national (les trois quarts des sièges sociaux des banques et des compagnies d'assurances, et plus du quart des sièges sociaux de l'industrie). Parmi les 20 premières entreprises exportatrices françaises, 13 ont leur siège social à Paris.

Paris est le lieu d'accueil de nombreuses multinationales. Premier pôle d'implantation en Europe, la capitale se range après Tokyo pour l'implantation des 500 plus grandes entreprises mondiales, devant Londres, New York et Chicago. Au niveau européen, c'est la deuxième région d'implantation d'entreprises étrangères derrière Londres.

Paris est le premier centre de salons, de conférences et de congrès dans le monde.

Paris accueille de nombreuses organisations internationales : l'OCDE, l'Unesco, les Nations Unies, la Banque mondiale, le G8, le Club de Paris ou encore le FMI en sont une illustration.

Source : www.parisdeveloppement.com, 2010.

Le siège de l'Unesco à Paris.

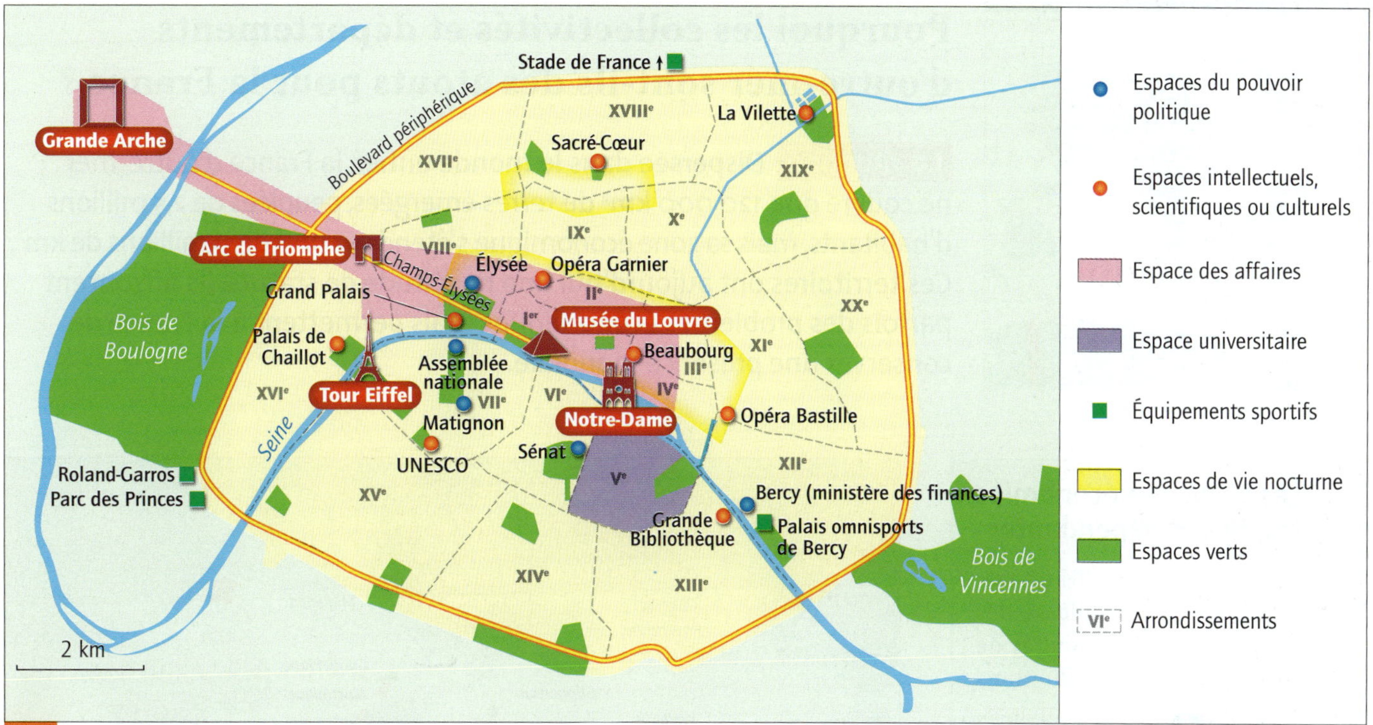

3 **La répartition des activités à vocation mondiale à Paris.**

4 **Un grand centre commercial à Beyrouth, au Liban.**

5 Le groupe Aéroports de Paris en chiffres

- Slogan : « le monde entier est notre invité »
- Sites principaux : Roissy, Orly, Le Bourget
- Près de 80 millions de passagers par an
- 2e rang européen pour le trafic de passagers
- 1er rang européen pour le trafic de marchandises
- 460 compagnies aériennes
- 550 villes desservies

Le groupe ADP gère 25 aéroports dans le monde (notamment au Mexique, en Belgique, en Arabie saoudite, en Algérie). Source : www.parisdeveloppement.com

Étude de la situation

1. Quelles informations révèlent que Paris est un lieu de pouvoir politique, économique et culturel (doc. 1 et 2) ?

2. À quelles échelles s'exerce l'attraction de Paris (doc. 1 et 2) ?

3. Quels lieux attirent le plus les touristes à Paris (doc. 3) ?

4. En quoi cette photographie illustre-t-elle le prestige de Paris dans le monde (doc. 4) ?

5. Relevez les chiffres qui montrent que Paris est un carrefour mondial des flux aériens (doc. 5).

Question BAC

Utiliser ses connaissances. Dans un paragraphe de quinze lignes et en vous appuyant sur des exemples précis, expliquez en quoi Paris est une ville mondiale.

Situation 2

L'outre-mer et la puissance française

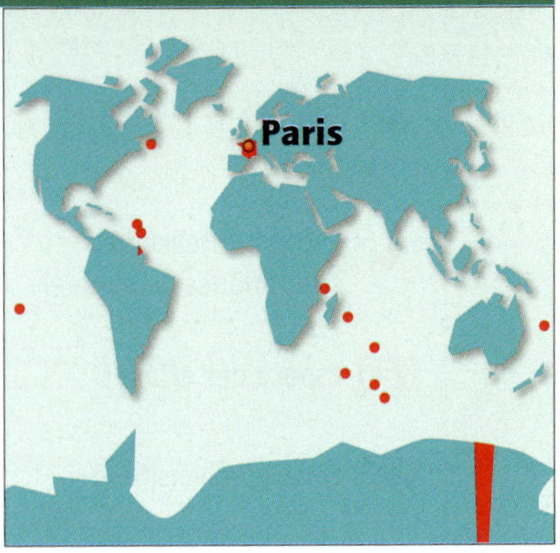

Pourquoi les collectivités et départements d'outre-mer sont-ils des atouts pour la France ?

La situation Dispersée dans le monde entier, la France d'outre-mer ne couvre que 120 000 km² de terres émergées, peuplées de 2,5 millions d'habitants, mais sa zone économique s'étend sur près de 11 millions de km². Ces territoires ont aujourd'hui une multitude de statuts. Ils affrontent parfois des problèmes économiques mais permettent à la France de conserver une présence mondiale.

1 Les DOM, des économies fragiles et dépendantes

L'économie des DOM est fragile du fait de la faiblesse des industries et des difficultés de l'agriculture. Les productions locales (canne à sucre, ananas, banane) sont durement concurrencées. Le PIB par habitant est inférieur de moitié à celui de la métropole, mais beaucoup plus élevé que celui des pays voisins. Cela s'explique par les transferts financiers massifs de la métropole qui représentent 50 à 75 % du PIB : salaires des fonctionnaires, aides sociales (RMI, allocations familiales, allocations de chômage, aides au logement), subventions à l'agriculture... Les DOM sont donc très dépendants de la métropole, avec laquelle se font 70 à 80 % des échanges commerciaux. C'est de métropole que viennent la majorité des touristes, car les liaisons aériennes sont meilleures avec Paris qu'avec les pays voisins. Avec 25 % de taux de chômage, la migration vers la métropole est souvent le seul moyen de trouver du travail.

J.-C. Boyer (dir.), *La France, les 26 régions*, Armand Colin, 2005.

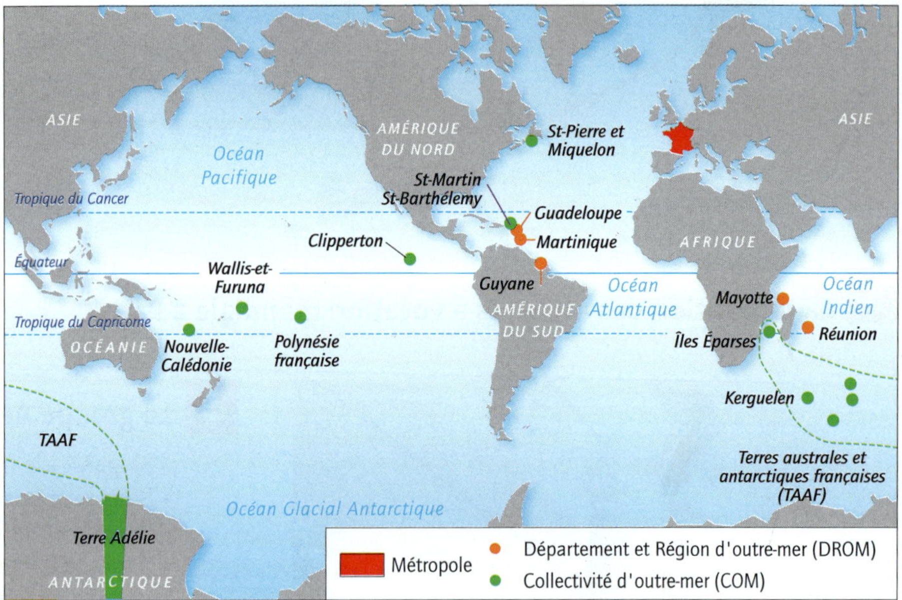

2 La France d'outre-mer.

3 L'outre-mer en chiffres

	Superficie en km²	Superficie de la ZEE* en km²	Population en milliers
Guadeloupe	1 700	170 000	404
Martinique	1 130	4 800	402
Guyane	86 000	130 000	229
Réunion	2 500	310 000	817
Nouvelle-Calédonie	18 600	1 400 000	231
Polynésie	4 200	5 000 000	260
Wallis-et-Futuna	210	270 000	14
Saint-Pierre-et-Miquelon	230	50 000	6
Mayotte	370	50 000	186
TAAF -Terres australes et antartiques françaises	7 400	1 700 000	-
Îles éparses	44	640 000	-
Clipperton	6	425 000	-
France métropolitaine	547 000	340 000	62 500

* ZEE : zone économique exclusive

INSEE, données 2009.

4 Les relations avec la métropole

Du côté métropolitain, les intérêts reposent surtout sur des considérations géostratégiques ou géopolitiques. La dispersion de l'outre-mer offre à la France une présence dans les trois océans du monde. L'intérêt de la métropole repose aussi sur des considérations très précises : la construction en Polynésie française du Centre d'expérimentation nucléaire du Pacifique, l'exploitation du nickel en Nouvelle-Calédonie (20 % des réserves et 16 % de la production mondiale), ou l'implantation de la base de lancement des fusées Ariane à Kourou en Guyane.

Pierre Gillardot, *La Géographie de la France*, Ellipses, 2001.

5 Une mine de nickel en Nouvelle-Calédonie.

7 L'intérêt scientifique des Terres australes et antarctiques françaises (TAAF)

Les Terres australes et antarctiques françaises sont dépourvues de population autochtone. On y compte quelque 125 à 140 personnes (30 pour la terre Adélie), essentiellement des membres de missions scientifiques et techniques installées sur les différentes bases. Cette population double son effectif durant l'été. Une flotte de six navires est affectée à la desserte des bases (deux transporteurs, trois navires militaires et une vedette océanographique). La pêche – pratiquée généralement par des armements français du département de la Réunion – constitue la première activité économique. D'autre part, différents programmes scientifiques sont réalisés dans les Terres australes et antarctiques françaises, notamment sur les îles Kerguelen et en terre Adélie.

Site de l'université Laval, Québec, 2010.

Liberté • Égalité • Fraternité
RÉPUBLIQUE FRANÇAISE

Ministère de l'Écologie, de l'Énergie, du Développement durable et de la Mer

Agence des aires marines protégées — AREVA — brgm — ERAMET — Technip — Ifremer

Paris, le 6 septembre 2010

COMMUNIQUE DE PRESSE

le Grenelle de la Mer

Exploration et mise en valeur des ressources minérales et de la biodiversité de la Zone Économique Exclusive (ZEE) française :

la campagne d'exploration des fonds sous-marins au large de Wallis et Futuna est en cours

© Ifremer

Echantillon d'oxyde de manganèse pur — Navire *L'Atalante* — Fumeur de cheminée hydrothermale — *Nautile*

Conformément aux engagements du Grenelle de la Mer et à la politique en faveur des métaux rares, une campagne d'exploration des grands fonds marins a été lancée le 3 août dernier.

La campagne Futuna 2010 est conduite par l'Ifremer jusqu'au 23 septembre au large des îles de Wallis et Futuna, dans le cadre d'un partenariat inédit, regroupant le Ministère de l'Écologie, de l'Énergie, du Développement durable et de la Mer en lien avec le territoire de Wallis et Futuna, des établissements publics (Ifremer, Agence des aires marines protégées, BRGM), et des entreprises industrielles intéressées aux enjeux miniers (Areva, Eramet, Technip). D'autres collaborations scientifiques sont également mobilisées pour cette mission : CEA, Université de Bretagne Occidentale (UBO-IUEM), Institut de Physique du Globe - Paris (IPG-P), IRD - Nouméa.

6 La mise en valeur de la zone économique exclusive.

Étude de la situation

1. Quelles fragilités présentent les économies de ces territoires (doc. 1) ?

2. Dans quelles parties du monde se situent les territoires d'outre-mer ? Quels sont leurs statuts (doc. 2) ?

3. Quelles relations économiques lient la métropole à l'outre-mer (doc. 1 et 3) ?

4. Quel est l'intérêt des zones économiques exclusives (doc. 3 et 6) ?

5. Trouvez quatre autres sources d'intérêt de l'outre-mer pour la métropole (doc. 4, 5, 7).

Question BAC

Mettre en relation plusieurs documents.

Montrez, en vous appuyant sur les documents 3, 6 et 7, que l'outre-mer est un facteur de la puissance française.

Maîtriser ses connaissances

L'essentiel

Le territoire français

La France métropolitaine, qui couvre 545 000 km^2, occupe une situation de carrefour en Europe et s'ouvre sur le monde par trois façades maritimes. Les départements et collectivités d'outre-mer occupent une surface de 120 000 km^2. Ces territoires sont marqués par une grande diversité culturelle et physique. Par ailleurs, la zone économique exclusive française s'étend sur plus de 9 000 000 km^2, ce qui en fait le troisième domaine maritime mondial.

La puissance française

La France a été l'un des moteurs de la construction européenne et demeure l'une des grandes puissances de l'Union européenne. Son influence dans le monde s'appuie sur des entreprises multinationales performantes, sur une armée dotée de l'arme nucléaire, sur une présence dans les grandes organisations internationales et sur la francophonie. La culture française rayonne dans le monde entier à travers la littérature et le cinéma.

Les notions clés

Territoire : espace délimité par des frontières, à l'intérieur desquelles s'exerce la souveraineté d'un État.

Puissance : capacité d'un État à peser sur les autres États, dans les domaines économique, financier, politique, diplomatique, militaire et culturel.

Zone économique exclusive (ZEE) : zone maritime qui s'étend jusqu'à 370 km des côtes d'un État et sur laquelle un État exerce des droits exclusifs en matière d'exploration, d'exploitation, de protection et de gestion des ressources (pêche, ressources minérales et énergétiques sous-marines).

Le croquis de synthèse

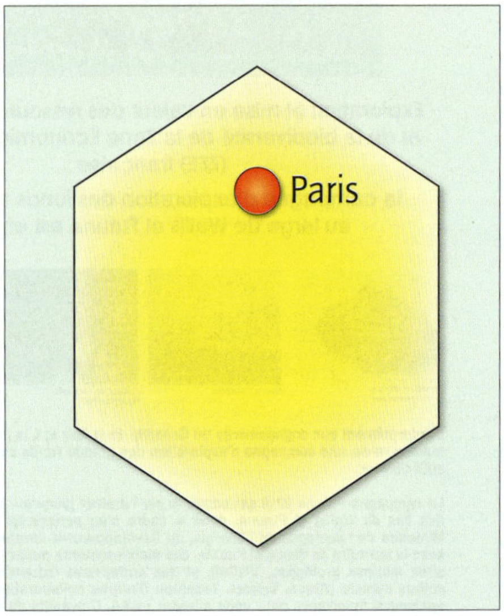

Appliquer ses connaissances

Analyser et commenter un document

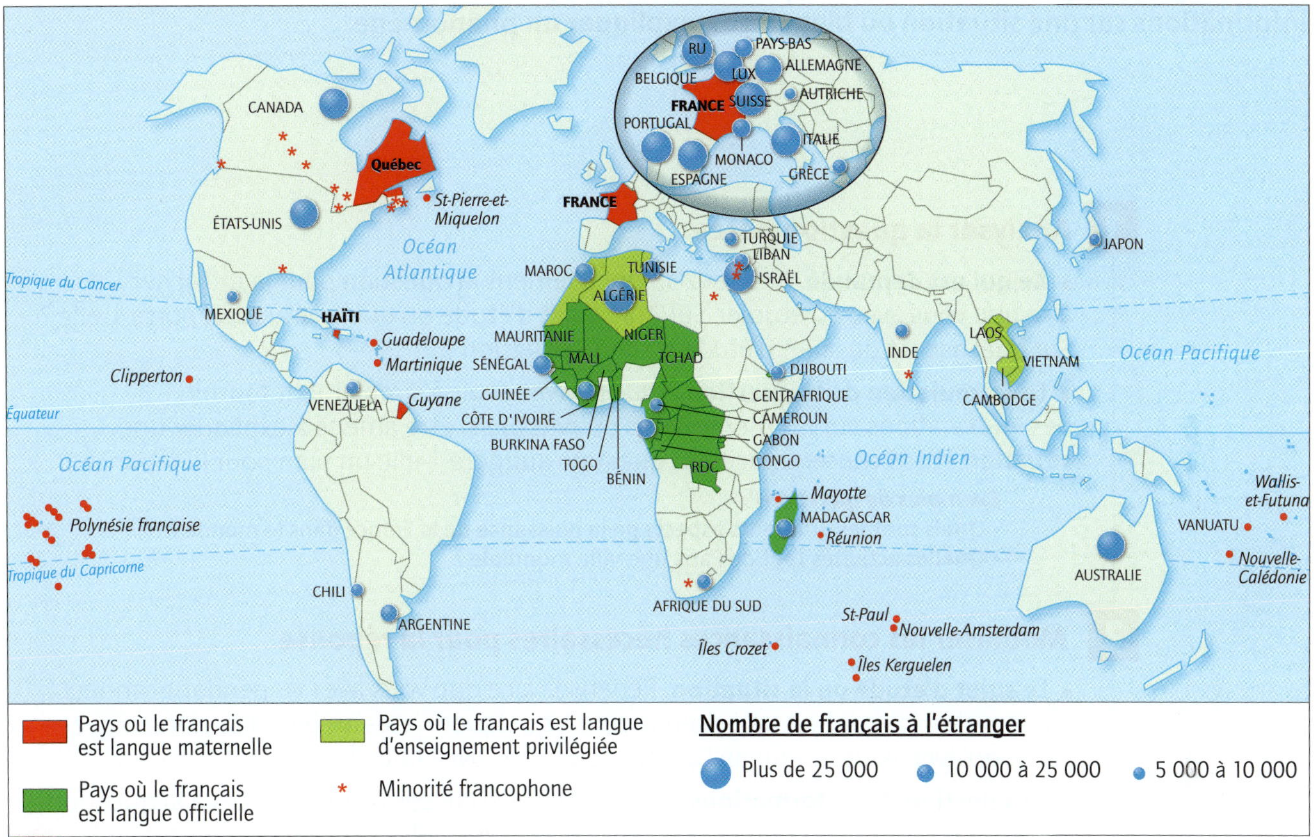

La francophonie dans le monde.

1 Analyser le document

1. Quelle est la nature du document ?

2. Quelles informations apporte-t-il ? Quelles informations essentielles retenir ?

3. Quel aspect du sujet d'étude éclaire-t-il ? Justifiez votre réponse.

2 Présenter à l'oral

1. Présenter le document.
Indiquez la nature du document.

2. Présenter les informations apportées par le document.
Dans quelles parties du monde se trouvent les pays francophones ?

3. Exposer en quoi le document éclaire le sujet d'étude.
En quoi la francophonie est-elle un facteur du rayonnement de la France dans le monde ?

Les questions de connaissances en géographie

Une question peut porter sur le sujet d'étude ou sur l'une des situations. Il faut bien lire la question afin de savoir quelles connaissances mobiliser pour rédiger sa réponse. En effet, vous pouvez avoir à apporter des informations sur une situation ou bien devoir expliquer un phénomène.

1 Analyser la question posée

- **Ce qui est demandé.** Analysez soigneusement la question pour la rattacher à ce que vous avez pu étudier. Sur quel sujet d'étude ou quelle situation porte-t-elle ? Sur quel aspect du sujet d'étude ou de la situation ?
- **La formulation de la question.** Vous pouvez avoir à simplement fournir des informations sur un thème. Vous pouvez aussi être amené à expliquer une situation et ses conséquences. La question suggère-t-elle un plan pour la réponse ?

Exemples de questions :
- Quels sont les différents aspects de la puissance de la France dans le monde ?
- Quelles activités font de Paris une ville mondiale ?

2 Mobiliser les connaissances nécessaires pour la réponse

- **Le sujet d'étude ou la situation.** Repensez à ce que vous avez vu pendant l'année. Rassemblez vos connaissances en prenant quelques notes au brouillon. Interrogez-vous : qu'avez-vous retenu de l'analyse que vous avez faite ?
- **La sélection des informations.** Confrontez ensuite ces connaissances à la question. Sélectionnez ce qui répond bien au problème : lesquelles sont utiles pour répondre à la question posée ? Complétez ces informations et notez-les au brouillon.

3 Construire sa réponse

- **Dans la première phrase**, reformulez la question sous une forme affirmative comme s'il s'agissait d'une réponse.
- **Dans les phrases suivantes**, rédigez les éléments de réponse notés au brouillon.

– Chaque idée correspond à un paragraphe et votre réponse en présente deux ou trois.

– Si la question suggère un plan, suivez-le pour organiser la succession des paragraphes.

– Allez à la ligne à la fin de chaque paragraphe et utilisez des termes d'articulation : *en effet*, *c'est pourquoi*, *donc*, *puisque*, etc.

– Intégrez des informations précises : chiffres, exemples, lieux, notions, etc.

- **Dans la dernière phrase**, faites un bilan rapide en quelques mots.

Exemples

La question du BAC

Quels sont les aspects de la puissance française dans le monde ? Vous distinguerez les domaines économique, géopolitique et culturel.

La réponse du candidat

Dans plusieurs domaines, la France est une puissance à l'échelle mondiale.

Elle est la sixième puissance économique mondiale. De nombreuses entreprises françaises, comme Renault, sont présentes dans le monde entier. Les banques françaises sont très puissantes. La France est le deuxième investisseur international.

La puissance française s'exerce également sur le plan géopolitique. La France siège au Conseil de sécurité des Nations unies. Elle possède un armement très moderne et maîtrise l'arme atomique.

Enfin, la France exerce une influence culturelle qui s'appuie notamment sur la francophonie. En effet, le français compte 140 millions de locuteurs. Le cinéma est également un vecteur de la culture française dans le monde.

La puissance française s'exerce donc dans de nombreux domaines, économique, géopolitique et culturel.

La première phrase reformule la question.

Chaque paragraphe présente un premier aspect de la réponse.

Chaque paragraphe revient à la ligne.

La dernière phrase récapitule l'essentiel.

La question du BAC

Quelles activités font de Paris une ville mondiale ?

La réponse du candidat

Par ses activités, Paris exerce un rayonnement à l'échelle mondiale.

Tout d'abord, Paris accueille les sièges sociaux de grandes entreprises françaises implantées dans le monde entier, comme Renault. De nombreuses sociétés d'autres pays y sont également installées. Ensuite, Paris est le siège de plusieurs organismes internationaux comme l'Unesco, ainsi que de nombreuses ONG comme Médecins sans frontières ou Médecins du monde. Enfin, Paris exerce un rayonnement culturel. Ses monuments et ses musées sont visités par des touristes du monde entier. Elle est la première ville de congrès au monde.

Ainsi, Paris est une ville mondiale du fait de ses activités économiques, de son rôle diplomatique, de son rayonnement culturel.

La première phrase reformule la question.

Le paragraphe apporte une explication précise. Il utilise des termes d'articulation.

La dernière phrase tire un bilan rapide.

Exercices

Exercice 1

Analysez les questions suivantes. Portent-elles sur le sujet d'étude ou sur une situation ?

– Présentez la diversité des territoires français.
– Quels sont les enjeux de l'Outre-mer pour la puissance française ?
– Quels sont les atouts de la situation de la France dans l'Union européenne ?
– Sur quels mers et océans s'ouvrent les différents territoires français ?

Exercice 2

Analysez les questions du bac suivantes. Quel plan suggèrent-elles de suivre pour la réponse ?

– Montrez que Paris exerce un rayonnement à l'échelle mondiale sur les plans économique, diplomatique, culturel.
– Présentez le statut des départements d'outre-mer et des autres collectivités d'outre-mer.
– Quels sont les aspects et les limites de l'influence de la France dans le monde ?
– Comment le territoire français s'ouvre-t-il sur l'extérieur au niveau européen et au niveau mondial ?

Exercice 3

1 Analysez la question suivante. Que doit faire le candidat ?
2 Mobilisez vos connaissances. Choisissez, parmi les notes, les informations pertinentes pour répondre.

Question du BAC → *Comment le territoire français s'ouvre-t-il sur l'extérieur au niveau européen et au niveau mondial ?*

- La France métropolitaine s'ouvre sur trois façades maritimes : la mer du Nord, l'Atlantique et la Méditerranée.
- La France métropolitaine couvre 550 000 km².
- L'aéroport de Paris est le second d'Europe par son trafic.
- La France possède des territoires d'outre-mer.
- Le territoire français est intégré à l'Union européenne par des lignes ferroviaires à grande vitesse et par des autoroutes.
- Les aéroports et les ports français intègrent la France au reste du monde.
- La France possède une vaste zone économique exclusive grâce à ses territoires d'outre-mer.
- Le relief ne fait pas obstacle au franchissement des frontières du Nord et du Nord-Est.
- Les Alpes du Nord sont faciles à traverser.

Exercice 4

1 Analysez la question suivante. Que doit faire le candidat ?
2 La réponse a été rédigée. Complétez-la avec la phrase d'introduction et la phrase de bilan.

Question du BAC → *Quel est le rôle de la France au sein de l'Union européenne ?*

Réponse incomplète

La France a été l'un des États fondateurs de l'Europe. Elle a joué un rôle important dans la signature du traité de Maastricht qui a instauré l'Union européenne.

Actuellement, la France est l'une des grandes puissances de l'UE qui compte 27 États. Elle joue un rôle important en ce qui concerne l'évolution des institutions européennes.

Exercice 5

La réponse est incomplète, et doit être mieux développée. Rédigez une réponse conforme aux exigences du bac.

Question du BAC → *Quels sont les territoires de la France d'outre-mer ?*

Réponse incomplète

La France possède des départements d'outre-mer. Mayotte va bientôt devenir un département.

La France possède aussi les territoires des collectivités d'outre-mer. Parmi eux, la Nouvelle-Calédonie et la Polynésie française disposent d'une large autonomie.

Exercice 6

En vous aidant du document, préparez au brouillon la réponse à la question du bac.

Question du BAC → *Expliquez en quoi la puissance française est à la fois économique, militaire et culturelle.*

Abdou Diouf, secrétaire général de l'Organisation de la Francophonie lors des 40 ans de l'organisation, en mars 2010.

Exercice 7

1 Analysez la question suivante.

2 Seuls l'introduction et le début de la réponse ont été rédigés. Achevez la rédaction.

Question du BAC → *En vous appuyant sur vos connaissances et sur le document, présentez les enjeux des territoires d'outre-mer pour la France.*

Réponse incomplète

Les territoires d'outre-mer représentent d'importants enjeux pour la France.

Tout d'abord, par leur localisation, ils permettent à la France d'être présente dans les différentes parties du monde : les Amériques avec Saint-Pierre-et-Miquelon, la Martinique, la Guadeloupe et la Guyane ; l'océan Indien avec la Réunion et Mayotte ; l'océan Pacifique avec la Polynésie française, la Nouvelle-Calédonie et Wallis-et-Futuna ; l'Antarctique avec les terres Australes et Antarctiques françaises.

Ces territoires contribuent également à l'importance de la francophonie.

Exercice 8

1 Analysez les questions suivantes.

2 Mobilisez vos connaissances et rédigez entièrement la réponse à l'une des deux questions. (une phrase d'introduction, la réponse organisée en deux ou trois paragraphes, une phrase de bilan).

Question du BAC → *En quoi la francophonie est-elle un facteur de la puissance française ?*

Question du BAC → *Quels sont les vecteurs de l'influence culturelle de la France dans le monde ?*

Exercice 9

1 Analysez la question suivante. Que doit faire le candidat ?

2 La réponse a été rédigée. Rédigez la phrase d'introduction et la phrase de bilan.

Question du BAC → *En vous appuyant sur ce document et sur vos connaissances, présentez le rôle de la France à l'ONU.*

Dans le domaine du maintien de la paix et de la sécurité, la France joue un rôle important. En 2011, elle participe à 8 des 14 opérations de maintien de la paix des Nations unies avec 1 600 casques bleus déployés sur le terrain, présents pour l'essentiel au Liban (FINUL). Elle est présente en Côte-d'Ivoire depuis 2002 (opération Licorne). Elle contribue également à la force internationale d'assistance à la sécurité en Afghanistan (FIAS) et aux forces de l'Union européenne en Bosnie (EUFOR-Althéa) et au Kosovo (EULEX).

http://www.franceonu.org/spip.php?rubrique758

Réponse incomplète

La France est l'un des pays fondateurs de l'ONU en 1945. Elle détient l'un des cinq sièges permanents au Conseil de sécurité avec les États-Unis, le Royaume-Uni, la Russie et la Chine.

La France a inspiré la Déclaration universelle des droits de l'homme de 1848. Elle joue un rôle important dans le domaine de la paix. En 2011, elle participe à plusieurs opérations de maintien de la paix, notamment au Liban et en Afghanistan.

Exercice 10

1 Analysez la question suivante. Que doit faire le candidat ?

2 Rédigez entièrement la réponse (une phrase d'introduction, la réponse organisée en deux ou trois paragraphes, une phrase de bilan).

Question du BAC → *En vous appuyant sur le document et vos connaissances, montrez en quoi la francophonie est un facteur de la puissance française.*

Forte d'une population de plus de 890 millions d'habitants et de 220 millions de locuteurs du français de par le monde, l'Organisation internationale de la francophonie (OIF) a pour mission de donner corps à une solidarité active entre les 75 États et gouvernements qui la composent (56 membres et 19 observateurs) - soit plus du tiers des États membres des Nations unies. Le Sommet des chefs d'État et de gouvernement de l'OIF se réunit tous les deux ans avec le secrétaire général de la Francophonie, clé de voûte de ce système. Depuis 2003, le secrétaire général de la Francophonie est Abdou Diouf, ancien président de la République du Sénégal.

http://www.francophonie.org/Qui-sommes-nous.html

Partie 1 de l'examen

(Vous répondez à toutes les questions)

Questions sans support documentaire

1 Quels sont les atouts et les handicaps de la situation du territoire français dans l'Union européenne ?

2 Expliquez comment le territoire français s'ouvre sur l'Union européenne et sur le monde.

LE BARÈME DU BAC

Partie 1 : 9 points
Elle porte sur un sujet d'étude, soit d'histoire, soit de géographie.

Partie 2 : 4 points
Elle porte sur l'éducation civique.

Partie 3 : 7 points
Elle porte sur une des situations d'un sujet d'étude en histoire ou en géographie.

Questions avec support documentaire

3 a) Quelle est la nature de ce document ?

b) Quel point de vue exprime-t-il ?

4 a) Expliquez, en vous appuyant sur des éléments précis quels arguments développent l'image et le texte.

b) En quoi cette publicité contribue-t-elle au rayonnement de la France ?

Partie 3 de l'examen

(Vous ne traitez qu'une des deux situations suivantes)

Situation 1 : Paris, ville mondiale

La fête du dieu indien Ganesh à Paris.

Questions

1. Quelle est la nature de ce document ? Dans quel objectif a-t-il été réalisé ?

2. Montrez que ce document témoigne de l'attraction mondiale qu'exerce la ville de Paris.

Situation 2 : L'outre-mer et la puissance française

Site Internet du SNES, agence française de l'espace.

Questions

1. Quelle est la nature de ce document ? Dans quel objectif a-t-il été réalisé ?

2. Montrez que ce document témoigne de l'importance de l'outre-mer pour la France.

Sujet d'étude

2 Acteurs et enjeux de l'aménagement des territoires français

Afin de combler les déséquilibres du territoire français, l'État planifie de grands chantiers dans les domaines des transports, de l'industrie et de l'aménagement des villes. Au fil du temps sont apparus de nouveaux enjeux qui ont nécessité l'intervention de nouveaux acteurs.

1 La cité des Courtillières à Pantin (Seine-Saint-Denis).
Un immeuble sinueux de 1,5 km de long, le Serpentin bleu, constitue le cœur du grand ensemble des Courtillières réalisé dans les années 1960. Il compte également une quinzaine de tours en étoiles et rassemble 1 600 logements sociaux. La municipalité a entrepris la rénovation de ce quartier qui a mal vieilli.

Repères géographiques

Comment aménager et corriger les déséquilibres des territoires en France ?

2 **Les lotissements du quartier Néflier à Sénart-Ville Nouvelle (Essonne).**

Dans les villes nouvelles de la région parisienne, la municipalité privilégie l'habitat individuel. Cet habitat est associé à des équipements de loisirs, par exemple un golf ou un parc, à des espaces verts ou des plans d'eau.

Entrée dans le thème

1. Quel type d'habitat peut-on identifier sur la photographie de Pantin ? À quelle population est-il destiné ?
2. Relevez les éléments de l'image qui montrent qu'il s'agit, à Sénart, d'une urbanisation planifiée.
3. En quoi ces deux photographies représentent-elles deux aspects de la politique d'aménagement de la ville ?

L'aménagement du territoire français

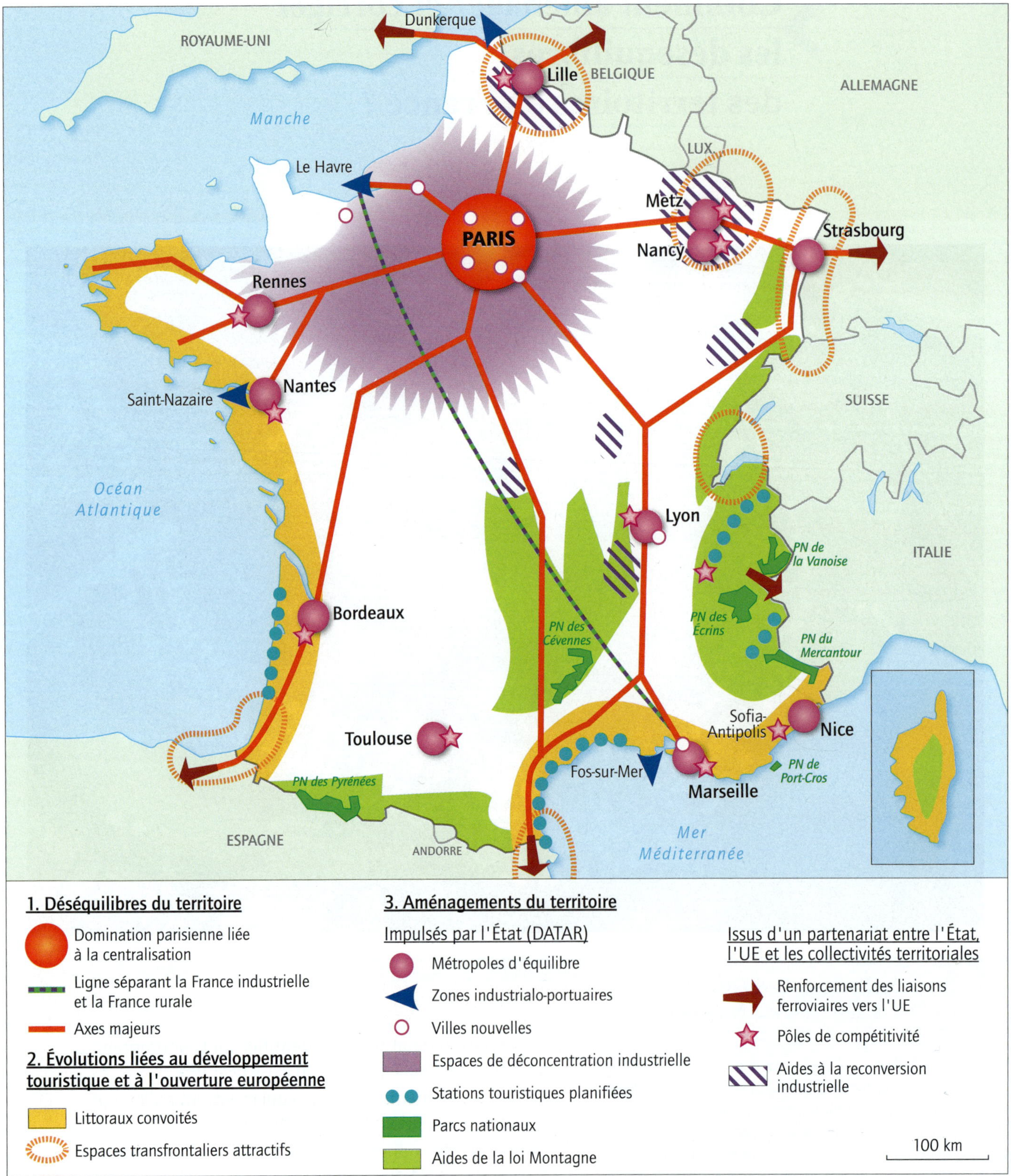

1 **Les héritages et les nouvelles logiques de l'aménagement du territoire.**

Découverte des cartes

1. Quels éléments de la carte 1 montrent la nécessité de poursuivre une politique d'aménagement ?
2. Qui sont les principaux acteurs de la politique d'aménagement du territoire ?
3. D'après ces deux cartes, dans quels domaines la politique d'aménagement du territoire intervient-elle ?

2 **Les grands travaux qui changent la France.**

Cours 1 Les acteurs de l'aménagement des territoires

▶ Comment les décisions d'aménagement sont-elles prises ?

L'État français a d'abord mené de grandes actions pour corriger les déséquilibres régionaux. Avec la décentralisation et la montée en puissance de l'Europe, de nouveaux interlocuteurs interviennent dans les projets d'aménagement des territoires.

1 L'aménagement du territoire, une nécessité

L'aménagement du territoire vise depuis ses débuts le développement, la solidarité et la réduction des inégalités entre les territoires. Il est chaque jour d'actualité, et prend de nouvelles orientations avec la redécouverte des territoires, de leur complémentarité…

Il n'est pas qu'européen ou national, il s'approche de plus en plus du terrain. Ainsi, des questions se posent toujours : comment organiser les territoires ? Qui les organise ? Comment les servir ?

La décentralisation des années 1980 avait renforcé le rôle des collectivités en tant que partenaires de l'État. La loi sur la démocratie de proximité conforte cette évolution et prévoit la participation du public lors de l'élaboration de grands projets, ainsi que la participation des habitants à la vie locale.

http://www.calvados.pref.gouv.fr, 2010.

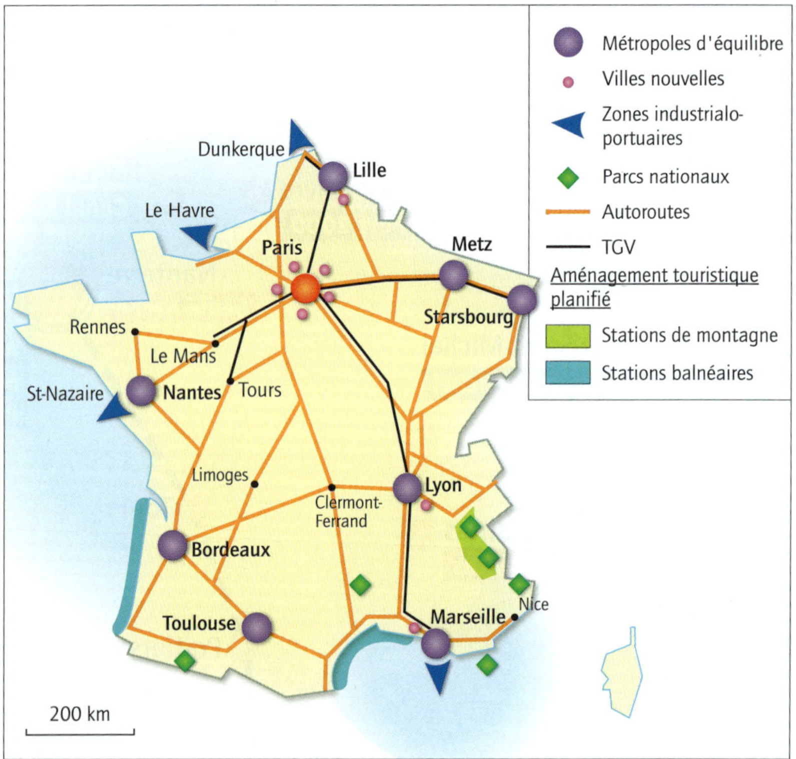

2 **Les grands chantiers de l'État.**

3 **L'aménagement par les transports.**

Questions

L'évolution du rôle de l'État

1. Quels déséquilibres du territoire français l'aménagement cherche-t-il à réduire (doc. 1 et 2) ?
2. En quoi le rôle de l'État et des Régions a-t-il évolué (doc. 1) ?

L'intervention de nouveaux acteurs

3. Qui intervient dans la politique d'aménagement (doc. 1) ?
4. Quels sont les territoires concernés par la politique d'aménagement (doc. 3, 4 et 5) ?

De nouvelles contraintes

5. Quelles difficultés illustre ce dessin de presse (doc. 6) ?

Question BAC

Répondre à une question de connaissance. Pourquoi est-il nécessaire de mettre en place une politique d'aménagement du territoire ?

4 La politique régionale européenne en faveur de l'aménagement.

5 L'intercommunalité et les objectifs de la communauté urbaine de Toulouse.

6 La complexité du découpage territorial.

L'évolution du rôle de l'État

L'État, fondateur d'une politique d'aménagement. En 1963, la DATAR est créée par l'État pour corriger les déséquilibres du territoire français, huit villes de province deviennent métropoles d'équilibre et dix villes nouvelles sortent de terre. De vastes zones industrialo-portuaires sont implantées à Dunkerque et à Fos. Des stations balnéaires sont aménagées. L'État, principal financeur des grands projets, fixe les règles de l'aménagement par des lois.

La décentralisation et le transfert de compétences. En 1982, les lois de décentralisation donnent plus de responsabilités aux collectivités territoriales. Les régions, départements et communes peuvent mettre en place une politique d'aménagement adaptée à leurs besoins. Le domaine des transports est par exemple confié au conseil régional (TER).

L'intervention de nouveaux acteurs

Le développement de l'intercommunalité. En fonction de l'importance de leur population, les communes se regroupent dans des communautés de communes, d'agglomération ou des communautés urbaines. Elles partagent ainsi la charge de certains aménagements comme les piscines ou les médiathèques. Dans les zones rurales, les communes se regroupent et signent un contrat de pays pour faciliter le développement local.

L'intervention croissante de l'Europe. L'Union européenne accorde des aides aux régions en retard de développement ou en crise. Cette mission est confiée au FEDER, le Fonds européen de développement économique régional. Ces aides représentent le deuxième poste de dépenses important du budget de l'Union.

De nouvelles contraintes

Le chevauchement des compétences. La complexité et la multiplication des niveaux d'intervention créent parfois la confusion et peuvent ralentir considérablement certains projets. La France est encore très loin du niveau de régionalisation ou de fédéralisme des autres pays européens. L'approfondissement de la décentralisation est toujours d'actualité.

Les charges accrues pour les collectivités territoriales. Le transfert de compétences aux collectivités territoriales a pour conséquence d'alourdir le budget de celles-ci. Ces nouvelles contraintes financières les obligent à rechercher activement des partenaires économiques publics et privés.

Vocabulaire

Aménagement : action volontaire et réfléchie d'une collectivité sur son territoire pour l'adapter aux besoins et y atténuer les disparités.

DATAR : Délégation interministérielle à l'aménagement du territoire et à l'attractivité régionale.

Décentralisation : transfert de certains pouvoirs de l'État aux Régions, aux Départements et aux communes.

Cours 2 Les enjeux de l'aménagement des territoires

▶ Quels nouveaux défis doivent relever les politiques d'aménagement d'aujourd'hui ?

Les territoires sont soumis à la concurrence économique mondiale. Ils sont en compétition pour obtenir des financements de l'Europe et de l'État. Ils doivent également prendre en compte le développement durable, les intérêts des différents groupes sociaux et éviter les conflits.

1 L'appel à projet pour les pôles de compétitivité

Les pôles de compétitivité sont des éléments moteurs de l'innovation et de la croissance. Leur développement a permis d'accroître et de renforcer la coopération entre leurs membres (entreprises, organismes de recherche, centres de formation). Ce partenariat s'est notamment traduit depuis 2006 par la réalisation de plus de 500 projets de recherche-développement pour un montant total de travaux de recherche de 3 milliards d'euros. Les résultats positifs de l'évaluation de cette politique ont conduit le Gouvernement à engager une deuxième phase dont l'ambition est de faire des pôles de compétitivité des « écosystèmes de l'innovation », capables d'attirer les talents, les idées et les capitaux privés sur le modèle des meilleures références internationales.

Ministère de l'Économie, de l'Industrie et de l'Emploi, octobre 2008.

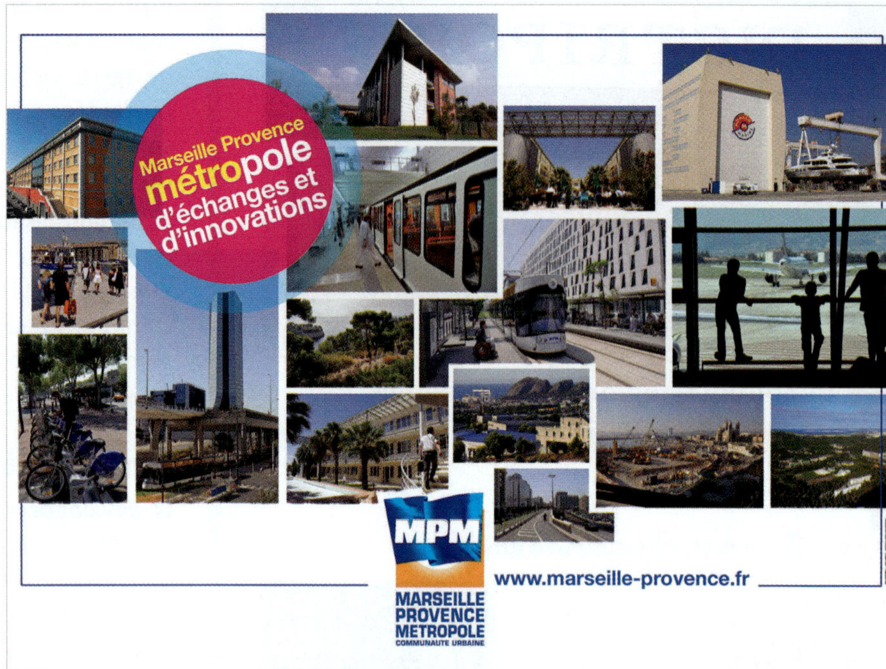

2 Une campagne publicitaire pour la promotion du territoire de la communauté urbaine marseillaise.

3 Les priorités du plan local d'urbanisme de Besançon.

4 L'aménagement autoroutier et les conflits d'usage.

5 **Le projet EuroMéditerranée, une grande opération de rénovation urbaine.**

Questions

La recherche de compétitivité

1. Quel est le principal objectif des pôles de compétitivité ? Quels en sont les acteurs (doc. 1) ?

2. Quels atouts la communauté urbaine de Marseille met-elle en valeur (doc. 2) ?

La préoccupation du développement durable

3. Comment les acteurs de l'aménagement intègrent-ils l'enjeu du développement durable (doc. 3) ?

Le souci des populations

4. Quelles craintes les aménagements peuvent-ils susciter ? En quoi aident-ils à la valorisation des territoires (doc. 4) ?

5. Quelles priorités prennent en compte Marseille et Besançon (doc. 3 et 5) ?

Question BAC

Expliquer les enjeux d'une situation.
À quels objectifs la politique d'aménagement d'une métropole doit-elle répondre ?

La recherche de compétitivité

Une concurrence internationale exacerbée. Les projets d'aménagement doivent s'insérer dans un contexte économique européen et mondial pour être compétitifs. Ainsi, le projet EuroMéditerranée vise à faire de Marseille une métropole de premier plan en Europe.

La création de technopôles et de pôles de compétitivité. Pour attirer de nouvelles activités, de nombreuses technopôles ont été créées. Ces parcs d'activités redynamisent les économies régionales. Des pôles de compétitivité soutenus financièrement par l'État contribuent à renforcer l'attractivité économique. Plusieurs entreprises s'y rassemblent pour unir leurs compétences autour d'un projet commun.

La préoccupation du développement durable

La préservation des territoires. La création des parcs nationaux et du Conservatoire du littoral cherche à concilier protection et mise en valeur du patrimoine naturel et culturel. Aujourd'hui, les projets d'aménagement étudient toujours les principales contraintes environnementales (eaux, air, faune, flore, agriculture), d'habitat, de patrimoine architectural pour éviter une dégradation du territoire.

Le cadre de la loi. La loi Voynet, loi d'orientation pour l'aménagement et le développement durable du territoire, préside à toutes les politiques d'aménagement. Celles-ci doivent systématiquement concilier développement économique et respect de l'environnement et des populations pour respecter l'objectif de développement durable.

Le souci des populations

Les conflits d'usage. L'ensemble des acteurs s'accorde sur la nécessité de préserver l'environnement et d'améliorer la compétitivité. Pourtant, lorsqu'il faut adopter le tracé d'une nouvelle autoroute ou implanter des éoliennes, un aéroport, l'affrontement peut diviser durablement les acteurs locaux qui s'efforcent d'obtenir une décision qui leur soit favorable.

L'amélioration sociale. Les politiques d'aménagement doivent permettre un meilleur accès pour tous aux services publics, à l'emploi et à la culture. Certains territoires sont plus favorisés que d'autres et l'aménagement peut réduire les écarts. La politique de la ville privilégie les zones franches urbaines pour organiser la réhabilitation de l'habitat et le développement des activités pour lutter contre le chômage.

Vocabulaire

Pôle de compétitivité : regroupement d'entreprises, d'établissements d'enseignement supérieur et d'organismes de recherche qui bénéficient de subventions et d'un régime fiscal particulier pour mettre en œuvre des projets de développement économique innovants.

Zone franche urbaine : quartier de plus de 10 000 habitants, situé dans une zone dite sensible. Les entreprises qui s'installent en ZFU bénéficient d'exonérations fiscales et sociales pendant cinq ans.

Situation 1

Le Conservatoire du littoral

▶ Comment protéger et mettre en valeur un milieu fragile ?

La situation Le Conservatoire du littoral achète les espaces naturels côtiers et lacustres pour les protéger. Créé en 1975, il est aujourd'hui propriétaire de 125 000 hectares répartis sur 600 sites et assure la conservation de plus de 1 000 kilomètres de côtes. Cette mission s'inscrit dans une démarche de développement durable.

1 L'anse de Kerguelen en Bretagne, site naturel proche de Lorient, propriété du Conservatoire du littoral.

a. L'anse de Kerguelen avant l'achat par le Conservatoire du littoral.

b. L'anse de Kerguelen après l'achat par le Conservatoire du littoral.

2 Les objectifs du Conservatoire du littoral

Sur cette ligne magique entre terre et mer, où la concurrence des activités et des convoitises conduit à la disparition ou à la banalisation des espaces de nature, la mission du Conservatoire du littoral est d'agir sur le terrain pour préserver l'avenir. Cette action répond à des enjeux fondamentaux : prévenir la perte d'un capital précieux en constituant un patrimoine de biens protégés et inaliénables[1], inscrire dans le développement durable la restauration et l'aménagement des paysages, autoriser le libre accès de tous aux rivages, contribuer au partage des connaissances scientifiques.

Cette action ne peut être ponctuelle ou solitaire. Elle s'appuie sur un partenariat de longue durée avec les collectivités territoriales, les usagers, les fondations et entreprises qui soutiennent cette cause nationale qui a une dimension planétaire.

Site Internet du Conservatoire du littoral, juin 2010.

1. Qui ne peut être vendu ou donné. Le domaine de l'État est inaliénable.

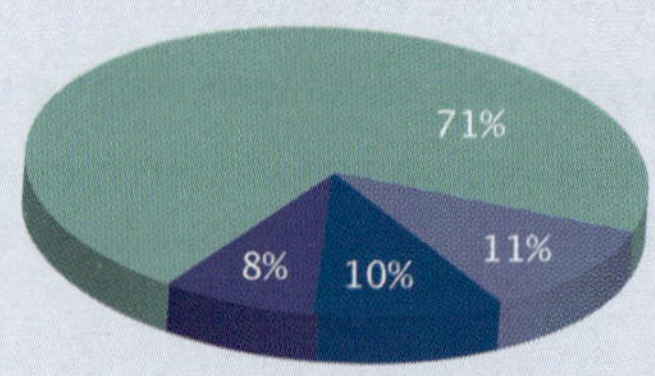

Depuis sa création en 1975, le Conservatoire du littoral devient propriétaire de batiments ou d'espaces côtiers et lacustres de quatre façons différentes

- Expropriation : obligation pour un propriétaire de vendre au Conservatoire
- Donation : le propriétaire fait don des terrains au Conservatoire
- Préemption : le Conservatoire est prioritaire pour les achats de terrain en bord de mer
- Amiable : le Conservatoire traite avec le propriétaire qui désire vendre

3 Les démarches d'acquisition du Conservatoire du littoral.

4 **Le site Internet de la ferme insulaire de Quéménès.**

L'île et la ferme de Quéménès ont été rachetées par le Conservatoire du littoral en 2003. L'objectif était de remettre en activité une exploitation agricole économiquement rentable dans une logique de préservation de l'environnement et d'accès à la découverte de l'île.

5 **La protection du littoral en Méditerranée.**

Étude de la situation

1. Confrontez les photographies. Quelles transformations ont été apportées par le Conservatoire du littoral sur le site de Kerguelen (doc. 1) ?

2. Quels sont les quatre objectifs majeurs du Conservatoire du littoral (doc. 2 et 5) ?

3. Comment se réalisent ces objectifs dans l'île de Quéménès (doc. 4) ?

4. Quels sont les moyens dont dispose le Conservatoire du littoral (doc. 3) ?

5. Quels sont les partenaires du Conservatoire du littoral (doc. 2, 4 et 5) ?

6. À partir de vos réponses, expliquez comment le Conservatoire du littoral protège et met en valeur le littoral.

Question BAC

Analyser un document. Comment le document 4 présente-t-il le projet de la ferme insulaire ? Quels objectifs sont visés par cette présentation ?

Situation 2

Un aménagement dans une communauté de communes

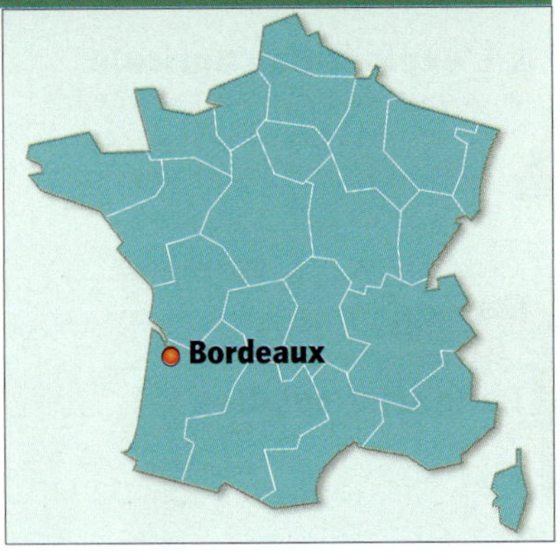

Comment l'aménagement des quais de la Garonne a-t-il redynamisé Bordeaux ?

La situation La communauté urbaine, qui rassemble 27 communes autour de Bordeaux, a entièrement réaménagé les quais de la Garonne sur 4,5 km. Cette rénovation s'est accompagnée d'un remaniement des transports urbains avec le développement du tramway. Celui-ci place toute l'agglomération dans une logique de développement durable.

1 Les bords de la Garonne à Bordeaux en 1979.

2 Les bords de la Garonne à Bordeaux en 2010.

3 Bordeaux, un changement d'image

En 2008, la ville de Bordeaux a reçu un Trophée de l'Aménagement Urbain pour le projet d'aménagement des quais rive gauche de la Garonne mis en œuvre par la communauté urbaine. Les quais, qui n'étaient que parkings et friches industrielles, constituent désormais une promenade agrémentée d'espaces verts, d'équipements sportifs et d'une zone commerciale. Le découpage en lanières a permis une diminution de la voiture au profit du tramway et du vélo. Les habitants gagnent en qualité de vie et la ville en notoriété, un atout pour l'économie touristique. En 2007, la capitale girondine a été classée au rang de patrimoine mondial de l'humanité par l'Unesco après plusieurs années de rénovation. Une opération qui n'est pas terminée. Comment faire une ville moderne dans une cité ancienne? Comment reconquérir un centre-ville décrépit pour y faire revenir les Bordelais? À plus long terme, d'autres grands projets changeront aussi l'image de la ville.

http://www.lemoniteur.fr/

Le miroir d'eau, place de la Bourse à Bordeaux, inauguré en 2006 : cette dalle de granit de 130 mètres sur 42 est recouverte d'une épaisseur de 2 cm d'eau. Elle reflète les magnifiques façades du XVIIIe et est devenue une attraction incontournable de la ville.

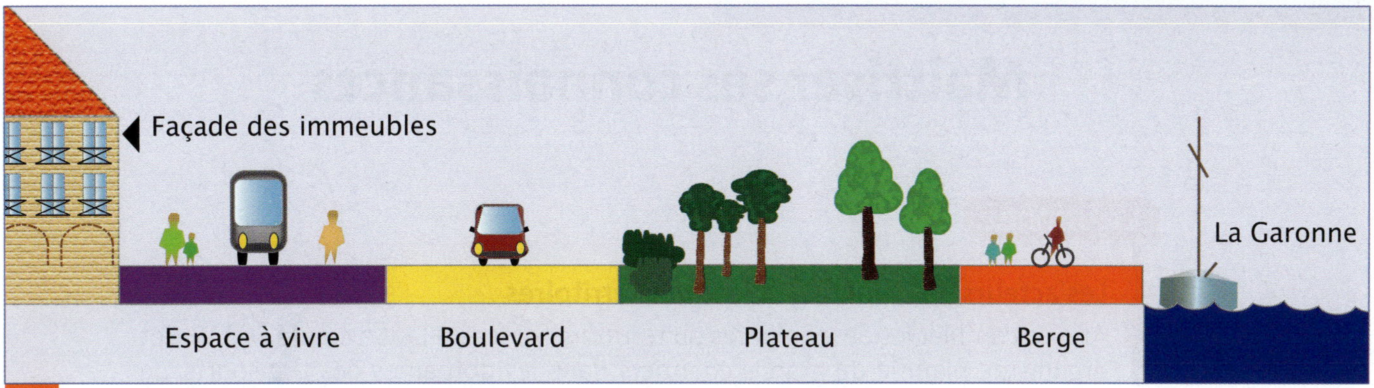

4 **La coupe transversale de l'aménagement des quais en lanières.**

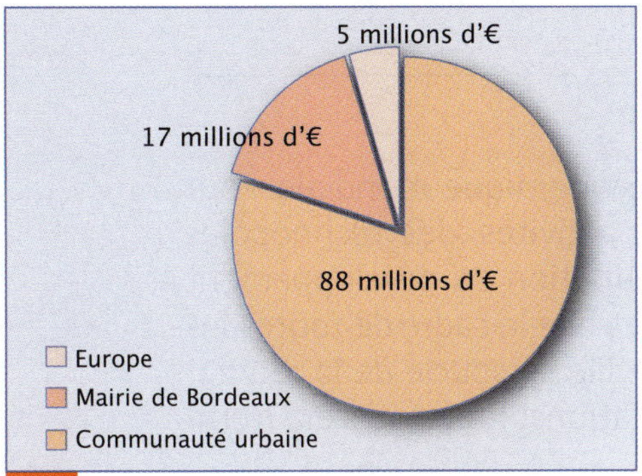

5 **Le financement du projet de réhabilitation des quais.**

Étude de la situation

1. Quels sont les objectifs et les acteurs du projet d'aménagement de Bordeaux (doc. 3 et 4) ?
2. Quelles transformations peut-on observer entre les deux photographies (doc. 1 et 2) ?
3. Quels sont les principaux aménagements réalisés (doc. 3, 5 et 6) ?
4. Quelles améliorations apporte la réalisation de ce projet (doc. 3 et 6) ?
5. À partir de vos réponses, expliquez pourquoi l'aménagement des quais de la Garonne permet de redynamiser l'ensemble de la communauté urbaine.

Question BAC

Confronter deux documents.
En vous appuyant sur les documents 1 et 2, expliquez par quels aménagements la communauté urbaine a reconquis le centre-ville de Bordeaux.

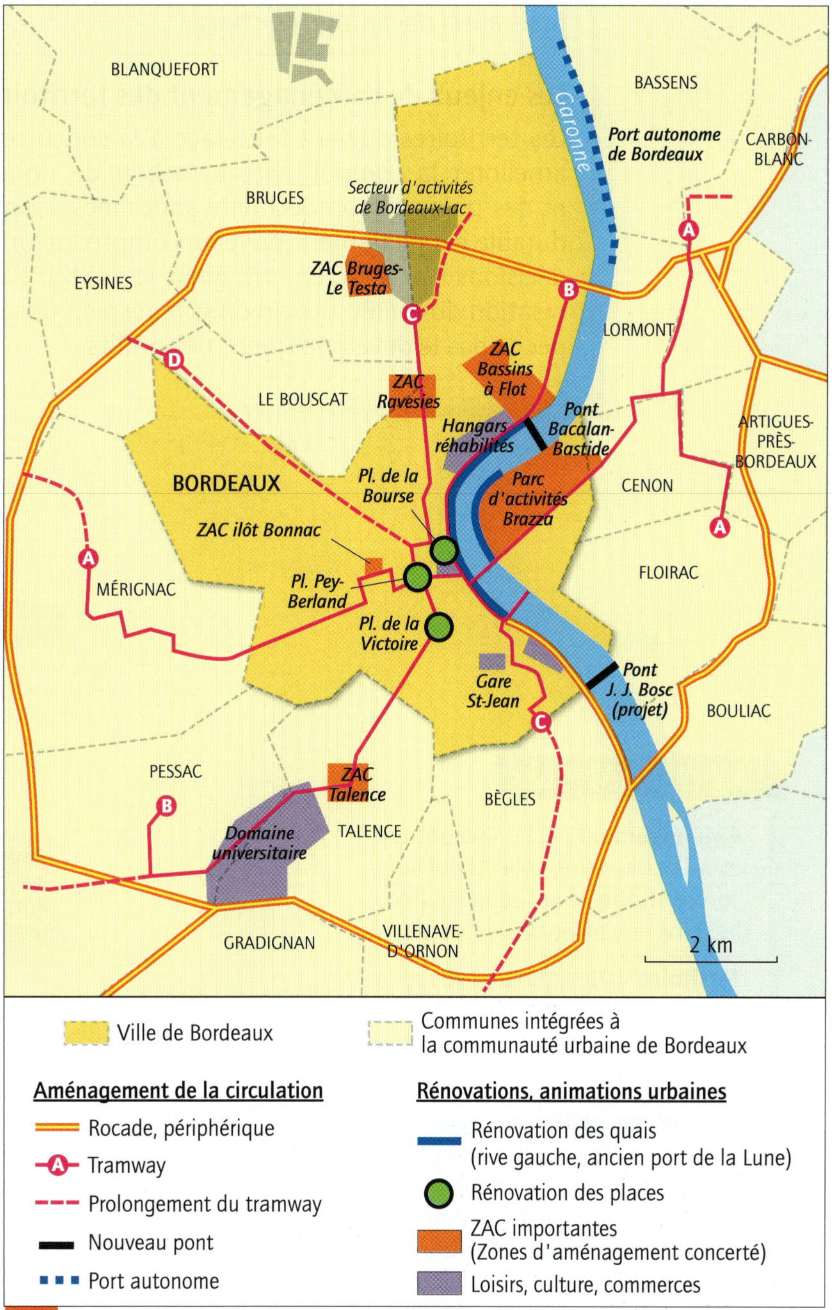

6 **L'aménagement des quais de la Garonne au cœur de la rénovation de la communauté urbaine de Bordeaux.**

Maîtriser ses connaissances

L'essentiel

Les acteurs de l'aménagement des territoires

Afin de combler les déséquilibres du territoire français, l'État a créé la DATAR. Cet organisme planifie de grands chantiers dans les domaines des transports, de l'industrie et de l'aménagement des villes. Aux côtés de l'État, d'autres acteurs interviennent : les communes, les Départements, les Régions et l'Europe. Avec la décentralisation, les collectivités territoriales ont davantage de responsabilités mais aussi davantage de charges.

Les enjeux de l'aménagement des territoires

Les territoires doivent faire face à la concurrence économique mondiale. Pour améliorer la compétitivité et attirer de nouvelles activités, des technopôles et des pôles de compétitivité sont créés. La préoccupation du développement durable est également prise en compte. La loi Voynet fixe le cadre de toutes les décisions d'aménagement. Ainsi, la politique de la ville se soucie de la réorganisation du milieu urbain dans le respect des populations. Toutefois, cela n'empêche pas le développement de conflits.

Le croquis de synthèse

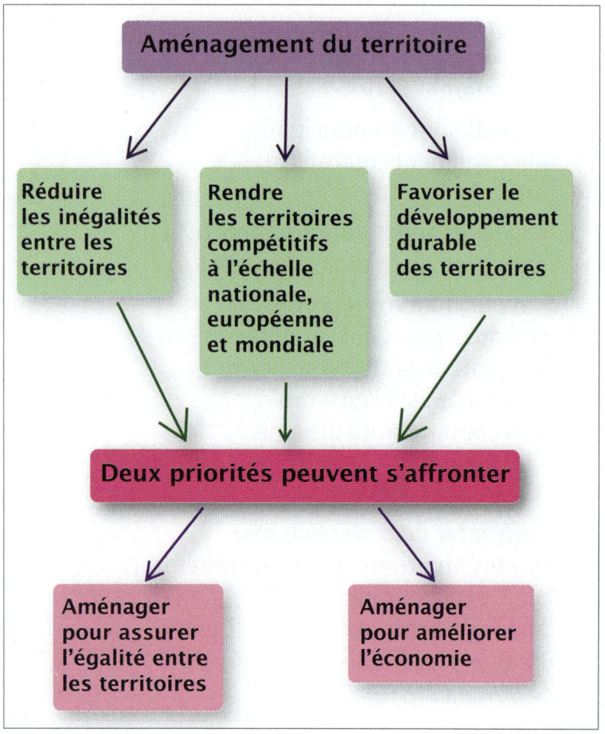

Les notions clés

Aménagement : action volontaire et réfléchie d'une collectivité sur son territoire pour l'adapter aux besoins et y atténuer les disparités.

Territoire : il désigne un espace (quartier, commune, pays ...) durablement occupé et aménagé par l'Homme.

Pôle de compétitivité : regroupement d'entreprises, d'établissements d'enseignement supérieur et d'organismes de recherche qui bénéficient de subventions et d'un régime fiscal particulier pour mettre en œuvre des projets de développement économique innovants.

Appliquer ses connaissances

Analyser et commenter un document

Le projet de Lyon Confluence

Cette presqu'île, à la confluence du Rhône et de la Saône, est le véritable cœur de Lyon. D'anciennes friches industrielles sont réaménagées pour améliorer la qualité de vie dans ces quartiers centraux.

1. Parc des berges de la Saône. **2.** Habitat et services. **3.** Gare de Lyon-Perrache et archives. **4.** Parc nautique et base de loisirs. **5.** Tramway. **6.** Musée des Confluences et conseil régional.

Source : site Internet de promotion du projet Lyon Confluence, 2011.

1 Analyser le document

1. Quelle est la nature du document ? Quel est son objectif ?

2. Quels types d'aménagement sont prévus par ce projet ?

3. Expliquez en quoi cet aménagement est un projet de requalification urbaine.

2 Présenter à l'oral

1. Présenter le document.
Évoquez le type de document et son origine.

2. Décrire le document.
Que voit-on sur le document ? Que montre-t-il ?

3. Interpréter le document.
Expliquez en quoi le document est un exemple qui illustre le sujet d'étude.

Confronter deux points de vue

Une question peut demander de rechercher et d'analyser deux points de vue qui s'expriment à travers un ou deux documents. La réponse doit alors expliquer et montrer comment ils se complètent ou s'opposent en s'appuyant sur des exemples précis.

1 Étudier la question posée

- **Le thème abordé.** Interrogez-vous sur quel sujet d'étude porte la question. Quels points de vue la question demande-t-elle de confronter ?
- **Les consignes de travail.** La question peut fournir des indications. Faut-il illustrer sa réponse avec des connaissances ou des informations issues d'un document ? Une méthode de travail est-elle proposée ?

Exemples :

• Quelles oppositions révèlent les deux documents sur la politique d'aménagement du territoire en France ?

• Quelle différence de points de vue sur l'aménagement des zones urbaines le document expose-t-il ?

2 Analyser le ou les documents

- **Le thème commun.** Il est donné par le ou les titres. S'il n'est pas donné en titre, il faut déterminer le sujet qui fait le lien entre les documents. S'il s'agit d'un seul document, il faut identifier le thème sur lequel les points de vue se confrontent.
- **Les documents.** Repérez l'auteur et la date de chaque document. Distinguez les faits et le point de vue. Éventuellement, localisez chaque document. S'il s'agit de cartes, lisez la légende. Soyez attentif à la nature du document : site Internet, document de promotion, article de journal, charte d'une association...
- **La confrontation des points de vue.** Au brouillon, notez les informations qui montrent en quoi les explications, les arguments ou les idées se complètent ou s'opposent. Interprétez les documents en dégageant leur intérêt et leurs limites.

Exemple :

• À partir du document promotionnel et des témoignages des habitants, montrez les enjeux et les limites de l'aménagement du littoral languedocien.

Le document de promotion touristique vante forcément un tel aménagement. En revanche, des riverains ou des associations peuvent y être opposés.

3 Rédiger la réponse à la question

- **L'introduction.** Reformulez la question en présentant le thème du ou des documents.
- **Le premier paragraphe.** Développez les arguments pour chacun des points de vue confrontés, en les justifiant à l'aide d'éléments trouvés dans les documents.
- **Le second paragraphe.** À l'aide de vos connaissances sur le sujet d'étude, complétez l'analyse et apportez un éclairage critique sur les points de vue exposés.
- **La phrase bilan.** Récapitulez l'essentiel de la réponse en quelques mots.

Exemple

La question du BAC

Quelles différences de points de vue sur l'effet TGV ces deux documents expriment-ils ?

1 L'effet TGV

Le TGV ne se révèle pas toujours l'instrument économique attendu. À 55 minutes de la capitale, Le Mans a été complètement absorbé par Paris. L'effet TGV se résume parfois à transformer certaines villes en cités-dortoirs. Avec le TGV-Est, Reims peut également pâtir de la proximité parisienne. Par exemple les étudiants pourraient choisir d'aller étudier à Paris, les entreprises pourraient préférer consulter un cabinet conseil parisien. De plus les projets de restructuration du quartier de la gare sont très coûteux et font augmenter les prix du foncier.

Par ailleurs, l'impact du TGV dans les villes où il fait escale accentue le contraste avec celles non desservies. Certaines villes deviennent des déserts ferroviaires.

D'après J.-L. Andréani, *Le Monde*, 7 juin 2006.

2 Document de promotion de l'agence Reims Champagne développement.

La réponse du candidat

La mise en service des lignes ferroviaires à grande vitesse comme celle du TGV-Est constitue un enjeu important pour les villes et les régions desservies.

L'introduction met en évidence le thème commun aux deux documents.

Une ville comme Reims attend des répercussions économiques positives. Mais, pour être attractive, la ville doit réaliser des travaux coûteux et tous les habitants ne profitent pas d'une liaison rapide avec Paris. De plus, cela accentue le contraste avec les villes non desservies et creuse les écarts économiques et sociaux.

Le premier paragraphe confronte les informations des deux documents.

De tels projets d'aménagements dans les transports représentent donc un atout certain. Mais les effets positifs ne concernent pas toutes les villes, ni toute la population. Il faut aussi tenir compte des effets sur l'environnement pour en mesurer pleinement l'impact.

Le second paragraphe complète l'analyse en s'appuyant sur les connaissances du candidat.

L'aménagement des grands réseaux de transports met souvent en jeu des intérêts radicalement opposés qu'il est difficile de concilier.

Le bilan récapitule l'essentiel.

Exercices

Exercice 1

● **Analysez la question posée. Relevez les éléments nécessaires à la réponse.**

Question du BAC → *Quelle diversité de points de vue sur l'aménagement du territoire ce document exprime t-il ?*

Les « rêves » des aménageurs par Delucq, dessinateur de presse

Exercice 2

❶ **Analysez la question posée. Que doit faire le candidat ?**
❷ **Relevez les éléments nécessaires à la réponse.**

Question du BAC → *Quelle diversité de points de vue sur la réalisation du projet du Grand Paris ce document exprime-t-il ?*

Le Grand Paris : un projet de transport ambitieux

Le plus du protocole entre l'État et la région pour le Grand Paris est un projet de métro automatique qui devrait désaturer Paris par une boucle en petite couronne, désenclaver les cités à l'est et relier la capitale au monde par des liaisons rapides aux aéroports. Mais tout n'est pas réglé. Certains tronçons sont contestés comme celui du plateau de Saclay auquel la région s'oppose. Il faut aussi comprendre que les gains de temps ne seront importants qu'à condition qu'il y ait plus de trains avec une alternance d'omnibus et de métros rapides, mais à ce jour le nombre de stations n'est pas arrêté. Autre incertitude, un plan de financement encore trop flou pour des coûts estimés à 32,4 milliards d'euros sur 15 ans. Si l'on ajoute une probable flambée de l'immobilier autour des gares qui reléguera les populations les plus modestes toujours plus loin de Paris, il n'est pas certain que ce projet mette fin à l'exténuant périple quotidien des Franciliens qui passent en moyenne une heure et demie par jour dans les transports en commun.

Béatrice Jérôme, *Le Monde*, 27 janvier 2011.

Exercice 3

❶ **Analysez la question posée. Que doit faire le candidat ?**
❷ **Quelles informations le candidat doit-il relever pour répondre à la question ?**

Question du BAC → *En vous appuyant sur le document, expliquez en quoi la vision des verts au sujet de la route des Tamarins s'oppose à celle de la Région et à celle d'une grande partie des Réunionnais.*

L'aménagement de la route des Tamarins dans l'île de La Réunion

La route des Tamarins, une route express, d'1,1 milliard d'euros, financée à 80 % par la Région, est ouverte à la circulation. Coincés dans des embouteillages monstres, les 50 000 automobilistes qui circulent chaque jour entre le nord et le sud de l'île l'attendaient avec impatience. Le chantier a créé 3000 emplois. Il s'agit d'une route « balcon » au pied des montagnes, offrant une vue imprenable sur l'océan Indien. La Région, affichant son souci de développement durable, veut y implanter des installations photovoltaïques et 800 000 arbres ont déjà été plantés. Cette construction a généré de nombreuses critiques de la part d'élus de l'opposition, en particulier à cause de son coût colossal, démesuré au regard d'autres priorités du développement réunionnais. Depuis son ouverture la route balcon semble faire l'unanimité chez les Réunionnais. Fluidité, vue imprenable, prouesses architecturales... Mais des voix s'élèvent pour dénoncer « le chantier du siècle ». Pour les verts, « cette autoroute de bitume et de béton que les promoteurs du tout automobile présentent comme une solution de rêve est un cauchemar pour l'environnement ».

http://www.reunitoo.re/tout-pro/entreprises-economies, 2010.

Exercice 4

Rédigez votre réponse à la question posée. Votre réponse doit comporter une courte phrase d'introduction, deux parties et une phrase bilan. Vous exposerez d'abord les arguments favorables au TGV, puis ceux qui s'opposent au TGV. Pour justifier votre réponse, vous pourrez vous intéresser à la nature des documents proposés en montrant qu'ils poursuivent des objectifs différents.

Question du BAC → *Expliquez les enjeux de la construction des lignes TGV au niveau local, national et international. Évoquez les points de vue qui s'opposent sur ce type d'aménagement.*

Doc. 1 Couverture de la Une du journal du conseil régional d'Aquitaine.

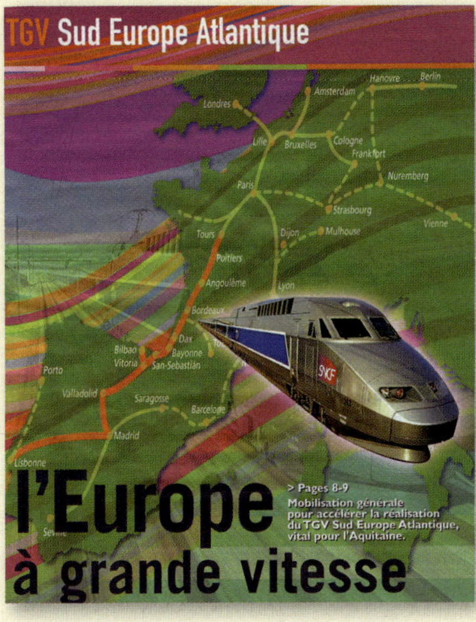

Doc. 2 Affiche éditée par la coordination des associations de vigilance LGV.

Exercice 5

En vous aidant des deux documents et de vos connaissances, répondez à la question du bac en construisant une réponse organisée.

Question du BAC → *Présentez les enjeux de la réforme des services publics aux niveaux local, national et international. Vous exposerez les points de vue qui s'opposent sur cette réforme en vous appuyant sur les documents.*

Doc. 1 La réforme de l'hôpital public, par Rouliès, dessinateur de presse.

Doc. 2 La réforme des services publics

Offrir un meilleur service public pour les usagers, un meilleur coût pour les contribuables : c'est l'ambition que porte la Révision Générale des Politiques Publiques. Un travail considérable a été accompli afin de rénover en profondeur l'appareil productif de l'État. Près de 350 réformes ont été identifiées qui dessinent l'État de demain [...]. Un des principes d'action est de rétablir l'équilibre des comptes publics et de garantir le bon usage de chaque euro pour que le niveau des dépenses publiques cesse de peser sur la compétitivité de nos entreprises et que l'État retrouve des marges de manœuvre afin de financer ses priorités et investir dans les projets d'avenir. Parmi les actions engagées, l'État prévoit le non-remplacement d'un départ à la retraite sur deux dans la fonction publique. Cette diminution des effectifs sera conduite sur les trois prochaines années. La diminution du nombre de fonctionnaires est en effet la seule solution pour avoir à la fois un État moins coûteux et des fonctionnaires mieux payés.

D'après le site officiel de la révision générale des politiques publiques, 2011.

Partie 1 de l'examen

(Vous répondez à toutes les questions)

Questions sans support documentaire

1 En quoi les grands aménagements en matière de transport aident-ils à la valorisation des territoires et quelles craintes ces aménagements peuvent-ils susciter ?

2 Expliquez l'importance de l'aménagement dans les villes pour les rendre plus attractives et répondre à la croissance urbaine.

LE BARÈME DU BAC

Partie 1 : 9 points
Elle porte sur un sujet d'étude, soit d'histoire, soit de géographie.

Partie 2 : 4 points
Elle porte sur l'éducation civique.

Partie 3 : 7 points
Elle porte sur une des situations d'un sujet d'étude en histoire ou en géographie.

Questions avec support documentaire

3 Quel est l'émetteur du document ?

4 Quels sont ses objectifs ?

5 Rédigez un paragraphe dans lequel vous expliquerez en vous appuyant sur des exemples concrets, les principaux objectifs de la politique d'aménagement du territoire, les domaines d'intervention et les acteurs de cette politique ainsi que ses limites.

Les objectifs de la politique d'aménagement du territoire en France

La politique française d'aménagement du territoire a été conçue, par l'État, voici près de quarante cinq ans, pour répondre aux défis qu'imposaient les mutations économiques, sociales et culturelles de la France « d'après-guerre » et mener à bien un rééquilibrage (démographique, industriel, culturel…) au profit des régions françaises qui devaient alors faire face à l'hypertrophie de Paris.

Comment cette politique a-t-elle évolué depuis ? Certaines actions sont certes emblématiques d'une époque révolue. Cependant force est de constater une certaine permanence des grands axes de la politique d'aménagement du territoire : actions en faveur du développement, nécessité d'aider l'ensemble des territoires français à se doter des réseaux les plus performants, soutien aux territoires en difficulté, création ex nihilo (fondation de villes nouvelles et aménagement touristique), la protection environnementale. Mais si ces principes d'action sont pérennes, les manières de les mettre en œuvre et les acteurs impliqués ont par contre évolué. Quatre faits marquants sont à retenir : la décentralisation menée en France à partir des années 1980 qui a fait des collectivités territoriales des acteurs à part entière de l'aménagement du territoire, la construction européenne, l'internationalisation de l'économie et les défis environnementaux et énergétiques.

D'après le site Internet : http://www.datar.gouv.fr/, 2011.

Partie 3 de l'examen

(Vous ne traitez qu'une des deux situations suivantes)

Situation 1 : Le Conservatoire du littoral

Questions

1. Quel organisme est à l'origine de l'édition de ce DVD Rom ?

2. À qui s'adresse-t-il ? Pourquoi ?

3. Rappelez les principales missions du Conservatoire du littoral et expliquez comment un tel document peut l'aider à les remplir.

Situation 2 : Un aménagement dans une communauté de communes, l'exemple d'Euroméditerranée

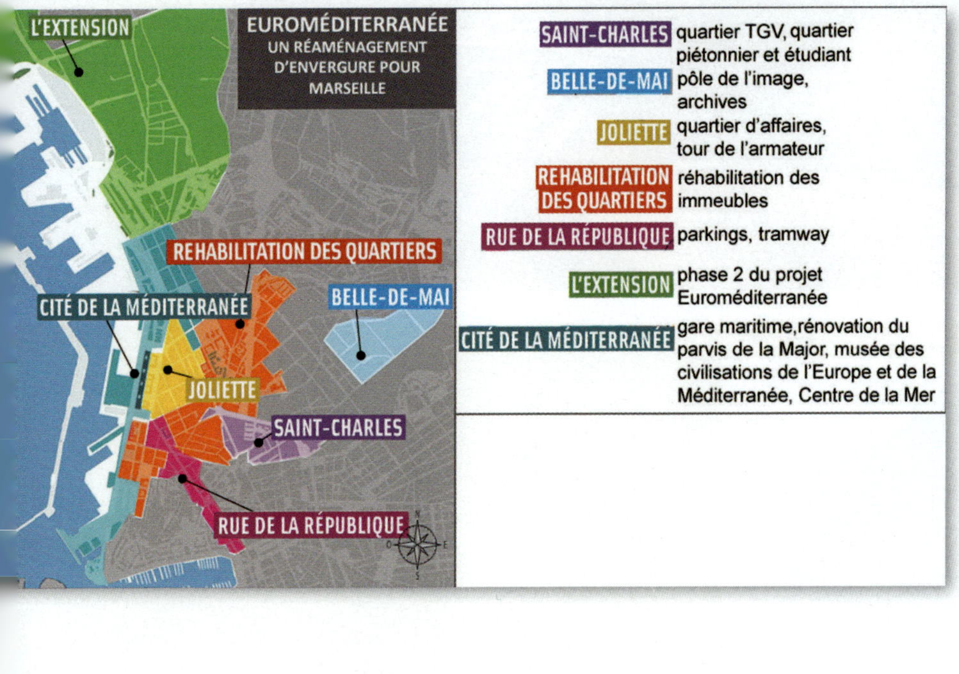

Questions

1. Quel est l'objectif du document ?

2. Dans quels domaines s'exercent chacun des projets prévus dans le cadre d'EuroMéditerranée ?

3. Montrez qu'un tel projet participe à construire l'image d'une ville comme Marseille.

Sujet d'étude

3 Les transformations de l'espace productif et décisionnel

Depuis cinquante ans, le système productif français s'est transformé et ouvert sur les échanges internationaux. Ces mutations, accélérées par la mondialisation, se traduisent par des dynamiques contrastées. Certains territoires concentrent de plus en plus d'activités, d'autres doivent se reconvertir.

1 La plaine de la Beauce.

La Beauce, au sud de Paris, est l'une des principales zones de culture céréalière (blé, orge, maïs), associée à la betterave à sucre et au colza. Les exploitations, de grande taille, sont fortement mécanisées, ce qui leur assure une productivité très élevée.

Repères géographiques

Comment la mondialisation modifie-t-elle les dynamiques des territoires français ?

2 La Défense, premier quartier d'affaires européen.

Aménagé par l'État à partir de 1958 aux portes de Paris, le quartier d'affaires de la Défense emploie 180 000 salariés et abrite le siège social de quatorze des vingt premières entreprises françaises. Total, Areva, Aventis, GDF-Suez, les groupes d'assurances Axa et GAN, la Société Générale y sont implantés.

Entrée dans le thème

1. Quels éléments du paysage montrent la puissance agricole de la Beauce ?
2. Quels éléments de la Défense montrent la puissance du quartier d'affaires près de Paris ?
3. Quels aspects du système productif français ces deux photographies mettent-elles en évidence ?

Les espaces productifs et décisionnels

1. Organisation des marchés

- Lieux de décision des politiques agricoles
- Le 1er marché de gros
- Le 1er port exportateur des céréales

2. Les espaces productifs

- Espaces des grandes cultures céréalières
- Élevage intensif
- Autres élevages
- Cultures spécialisées (vigne, vergers, légumes...)
- Espaces en déprise
- Espaces agricoles non spécialisés

1 **Les espaces agricoles.**

Découverte des cartes

1. Quels sont les espaces de production agricole intensive en France métropolitaine ?
2. D'après la carte ci-dessous, où se concentrent les activités de direction et de recherche ?
3. D'après ces deux cartes, quel est le poids de l'Île-de-France dans l'économie française ?

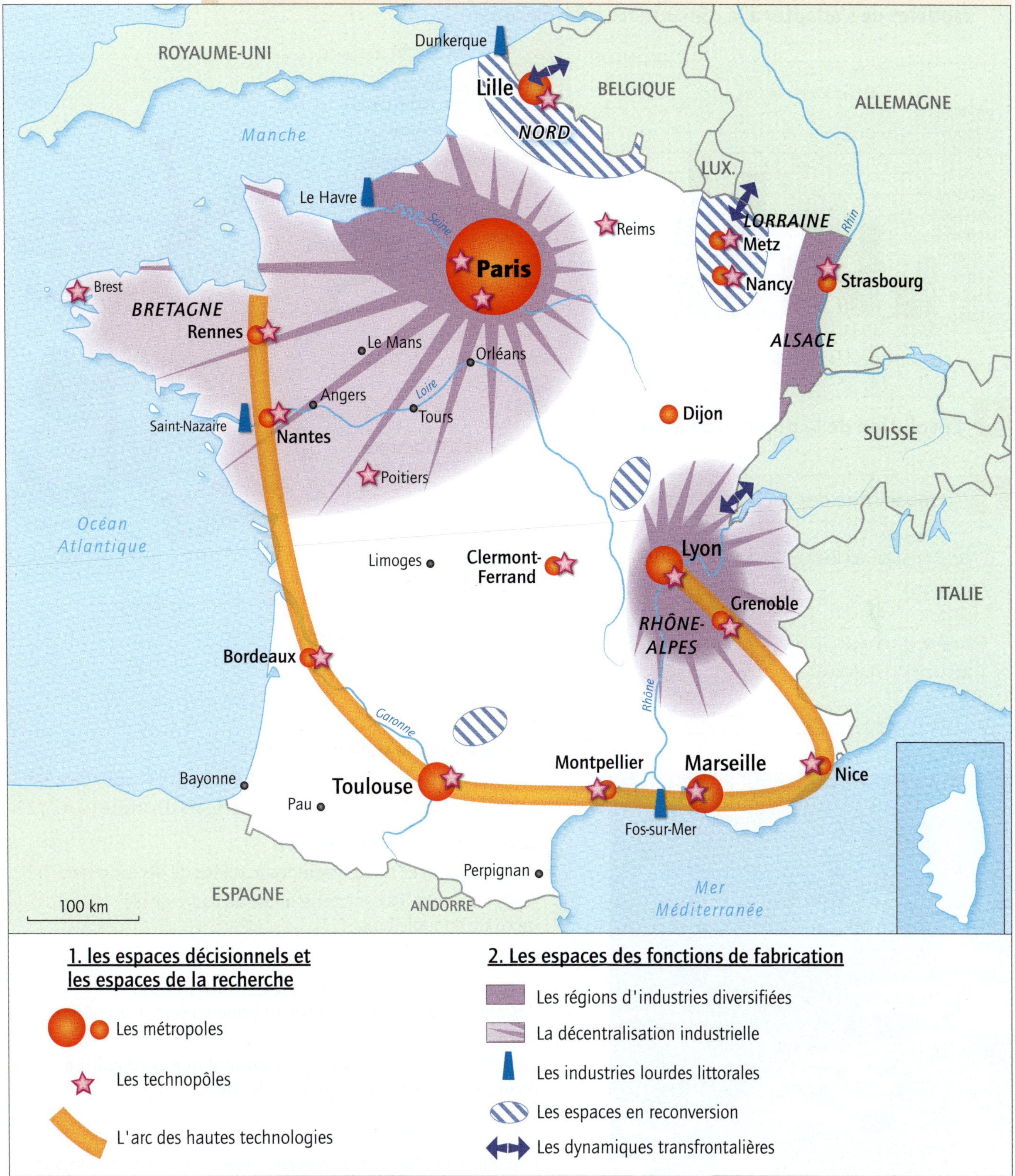

2 **Les espaces des activités liées à l'industrie.**

Cours 1 Les espaces dynamiques

▶ Quels territoires produisent le plus de richesses ?

L'espace productif français s'est profondément transformé en quelques décennies. Certains territoires concentrent des fonctions de décision ou des activités productives capables de s'adapter à la concurrence internationale.

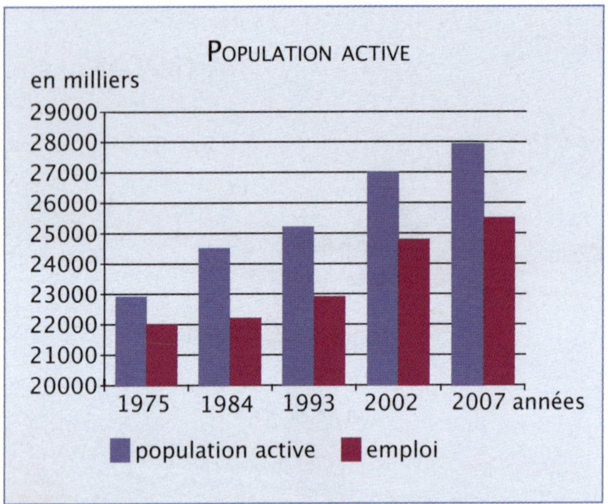

1 L'évolution de la population active.

2 La répartition des secteurs d'activité

Pourcentage de la population active	Vers 1975	Vers 2010
Agriculture	10,1 %	3,2
Industrie	28,1 %	15,2
Bâtiment et travaux publics	8,9 %	6,7
Transports, commerce, services	52,9 %	74,9

Chiffres INSEE, 1976, 2009.

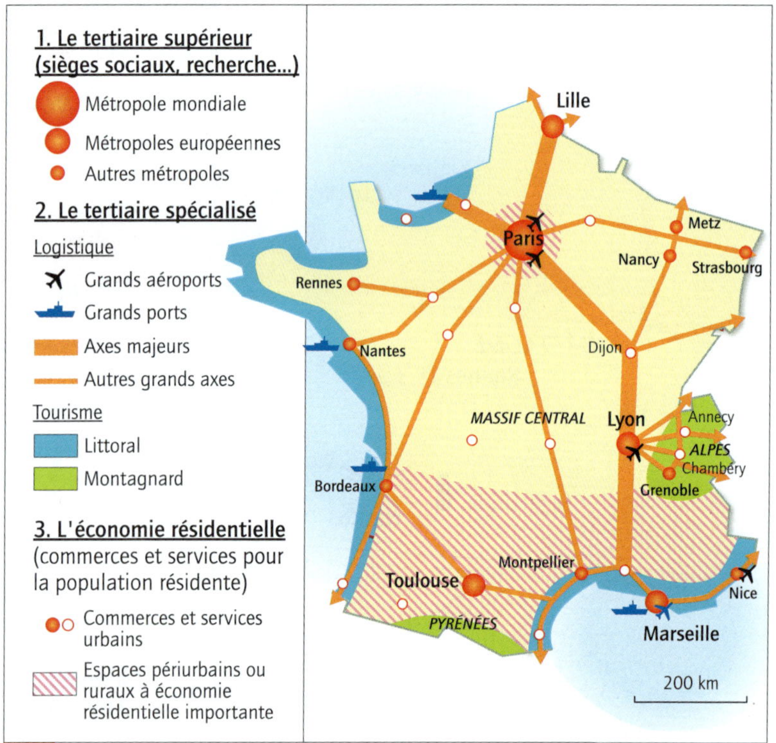

3 Les activités tertiaires.

4 Le technopôle de Brest Iroise.

Questions

Les mutations du système productif

1. Combien d'emplois ont été créés entre 1975 et 2010 (doc. 1) ?

2. Comment ont évolué les grands secteurs d'activité (doc. 2) ?

Le rôle croissant des métropoles

3. Quels espaces concentrent les activités de décision (doc. 3) ?

4. Quelles sont les caractéristiques du cadre de vie de ce technopôle (doc. 4) ?

Les espaces productifs compétitifs

5. Quels effets positifs provoque la concentration des entreprises de la filière cosmétique au sein d'un même territoire (doc. 5) ?

6. Quels éléments du paysage montrent que la viticulture champenoise est une activité ancienne (doc. 6) ?

Question BAC

Expliquer à l'aide de ses connaissances. Quels territoires concentrent en France les activités liées à la recherche ?

5 Un pôle de compétitivité, la Cosmetic Valley

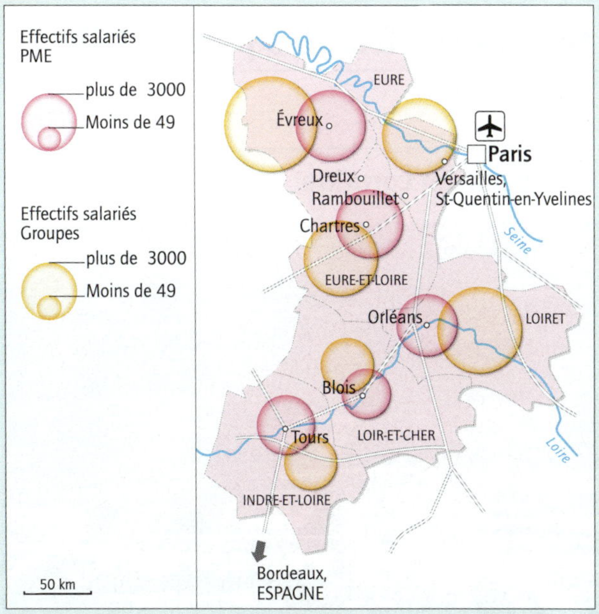

Avec le soutien des collectivités territoriales, la Cosmetic Valley anime un réseau d'entreprises et de centres de recherche engagés dans la conquête des marchés internationaux. Elle rassemble plus de 400 PME-PMI de la filière parfumerie cosmétique : Guerlain, Dior, Hermès, Nina Ricci, Gemey-Maybelline, Chanel, Jean-Paul Gaultier... C'est un réservoir de ressources humaines spécialisées dans les métiers de la filière cosmétique : culture de plantes aromatiques, fabrication de parfums et cosmétiques, laboratoires de contrôle, design, conditionnement, packaging. Six universités (Orléans, Rouen, Tours, Versailles-Saint-Quentin, Le Havre, Cergy-Pontoise) ont rejoint le pôle pour mettre en œuvre une stratégie d'innovation, premier vecteur de croissance et de compétitivité.

Site de la Cosmetic Valley, 2010.

6 Le vignoble de champagne.

300 millions de bouteilles de champagne sont vendues chaque année, dont 40 % à l'étranger. Le montant des exportations équivaut à la vente de 20 Airbus.

Les mutations du système productif

La tertiarisation. Depuis 1975, l'emploi a reculé dans l'agriculture, dans l'industrie, et a fortement progressé dans le tertiaire qui réalise 75 % de la richesse nationale. En effet, la production nécessite de moins en moins de main-d'œuvre du fait des gains de productivité. Par ailleurs, les entreprises et la population utilisent de plus en plus de services (conception, commercialisation, culture, tourisme).

L'internationalisation. Le marché unique européen et la mondialisation favorisent les échanges extérieurs et les investissements étrangers. Cette ouverture de l'économie incite à développer les hautes technologies (aéronautique, électronique, pharmacie) et les services financiers. En effet, ces activités très qualifiées sont celles qui souffrent le moins de la concurrence des pays émergents.

Le rôle croissant des métropoles

La métropolisation. Les mutations du système productif provoquent une concentration des activités dans les grandes villes. Bien desservies par les transports, elles regroupent les fonctions de direction et de décision (sièges sociaux, administrations). Dotées d'universités et de main-d'œuvre qualifiée, elles développent la recherche et la haute technologie.

Les deux grandes régions. La région parisienne rassemble plus du quart des sièges sociaux des entreprises françaises, près de la moitié des chercheurs et réalise 30 % de la richesse nationale. C'est la première région industrielle et le premier foyer touristique du pays. La région Rhône-Alpes est également puissante grâce à une industrie diversifiée, des services de haut niveau, une forte ouverture européenne.

Les espaces productifs compétitifs

Les « clusters ». Les entreprises d'une même filière tendent à se regrouper géographiquement. Elles partagent ainsi les compétences, les services dont elles ont besoin. Ces réseaux locaux, appelés « clusters », facilitent l'adaptation à la mondialisation. Par exemple, les technopôles et les pôles de compétitivité réunissent des entreprises et des organismes de recherche pour favoriser l'innovation technologique.

Les espaces agricoles compétitifs. L'agriculture s'est profondément modernisée. Le Nord, le Bassin parisien, une partie du bassin aquitain pratiquent la culture intensive des céréales et exportent d'importants excédents sur le marché mondial. Les grands vins réalisent aussi d'excellentes performances à l'exportation.

Vocabulaire

Technopôle : espace associant des organismes de recherche et des entreprises de haute technologie.

Pôle de compétitivité : entreprises et organismes de recherche rassemblés géographiquement et fonctionnant en réseau afin d'augmenter la compétitivité d'un produit sur le marché national, européen ou mondial.

Cours 2 Les espaces productifs fragiles

▶ Comment dans la mondialisation des territoires fragiles peuvent-ils devenir attractifs ?

Une profonde modernisation agricole et industrielle a transformé la France de 1945 à 1975. Aujourd'hui, certains espaces résistent difficilement à la concurrence internationale. Ils peuvent cependant retrouver leur attractivité après une reconversion.

1 L'usine Smart à Hambach, en Lorraine

L'usine de montage, mise en service en 1997, ne produit aucune pièce. Même le soudage des pièces, la peinture des carrosseries, la construction des moteurs, des transmissions et des essieux sont prises en charge par d'autres firmes installées sur place. C'est aussi le cas de la comptabilité, du management des salariés, de la logistique. En transférant ces fonctions à des firmes partenaires, le groupe Daimler réalise d'importantes économies de personnel.

www.deuframat.de, 2010.

2 Les territoires liés à la filière automobile

La sous-traitance automobile en Bretagne est confrontée à une grave crise. Dans la région, la filière automobile emploie 27 000 personnes dans 237 établissements (concessionnaires exclus). Actuellement, 19 000 sont touchés par du chômage partiel. Le Morbihan est le second département en terme d'effectifs dans la filière automobile, avec environ 3 500 emplois répartis dans 47 établissements. La SBFM à Caudan, MPAP à Ploërmel, Avon Polymères ou Michelin à Vannes, font partie des importants employeurs du département. Or, la disparition de 1 750 emplois chez PSA La Janais risque fort d'être fatale à certains. Car 20 % d'effectifs supprimés signifient 20 % de véhicules en moins, si bien que la perte de volumes sera probablement de l'ordre de 100 % pour certains sous-traitants.

www.lejournaldesentreprises, 9 janvier 2009.

3 L'avenir de la filière des volailles

La production française de viande de volaille est en net recul (-2,3 % par an quand, au niveau mondial, elle croît de 3,8 % par an). « Nous avons un sérieux handicap de compétitivité, constatent les chambres d'agriculture de Bretagne. Le coût de production, hors main-d'œuvre de l'éleveur, est de 0,45 €/kg au Brésil et 0,69 € en France ».

Comment la situation peut-elle évoluer à l'horizon 2025 ? Dans le pire scénario, la filière avicole française – essentiellement concentrée dans l'Ouest – ne fournira plus que le marché du frais, tous les produits entrant dans la composition de plats préparés étant importés, en raison de leur moindre coût. Dans un autre scénario, le développement durable et une production de qualité, garantie par des labels, peuvent permettre au secteur avicole de tirer son épingle du jeu et d'exporter des produits à haute valeur ajoutée.

D'après un rapport de l'Institut national de la recherche agronomique, www.terragricoles-de-bretagne.com, 2010.

4 **L'Aubrac, une moyenne montagne spécialisée.**

Située aux confins de trois régions, le Midi-Pyrénées, le Languedoc-Roussillon et l'Auvergne, l'Aubrac est une région d'élevage bovin. La race Aubrac a été sauvée dans les années 1970 par un groupe d'agriculteurs attachés à leur pays. Cette initiative est aussi à l'origine de la renaissance de la coutellerie Laguiole. Le tourisme, respectueux de l'environnement, participe également aujourd'hui à l'économie de ce haut plateau volcanique.

Questions

Les espaces des industries traditionnelles

1. Quels types de reconversion présentent ces documents (doc. 1 et 2) ?

Les espaces de la décentralisation industrielle

2. Quelles difficultés rencontre la filière automobile en Bretagne (doc. 2) ? Selon vous, pourquoi ?

Les espaces agricoles fragiles

3. En quoi le développement durable peut-il être un bon choix économique (doc. 3) ?

4. Quelle activité économique observe-t-on sur cette photographie (doc. 4) ?

Question BAC

Exploiter les informations du document. En vous appuyant sur les documents 3 et 4, présentez les difficultés auxquelles est confrontée l'économie bretonne.

Les espaces des industries traditionnelles

Les difficultés des vieux bassins industriels. Dans les années 1960, le transfert des industries lourdes vers les ports a amorcé la désindustrialisation des vieux bassins industriels. Puis, à partir des années 1970, la sidérurgie, la construction navale, le textile ont subi de plein fouet la concurrence internationale. Les délocalisations se sont multipliées.

Une reconversion partielle. Dans le Nord et l'Est, la reconversion industrielle s'est engagée avec l'aide des pouvoirs publics et l'installation d'usines automobiles (Renault, Peugeot). Ces usines dépendent parfois d'investissements étrangers (Toyota, Daimler). Des activités de haute technologie se sont développées dans les métropoles (Lille, Metz, Nancy). Ces régions bénéficient aussi de dynamiques transfrontalières avec le Benelux et l'Allemagne.

Les espaces de la décentralisation industrielle

La décentralisation industrielle. Au cours des années de croissance (1945-1974), la politique de décentralisation a aidé les entreprises à s'installer dans des régions rurales, disposant d'une main-d'œuvre peu coûteuse. Les firmes de l'automobile ou de l'électroménager ont implanté des usines dans le Bassin parisien et les régions de l'Ouest.

Les dynamiques actuelles. L'emploi industriel peu qualifié a mal résisté à la robotisation, aux délocalisations, aux importations en provenance des pays émergents. La fermeture d'entreprises, comme Moulinex à Alençon, la réduction des effectifs dans les usines ont mis en difficulté les PME de sous-traitants. En revanche, la haute technologie se développe, notamment dans les métropoles comme Rennes.

Les espaces agricoles fragiles

Le modèle agricole breton. Entre 1950 et 1980, l'agriculture bretonne s'est intensifiée, spécialisée (élevage hors-sol de porcs, volailles), intégrée aux industries agroalimentaires par le biais de puissantes coopératives. Sa part dans la production nationale et les exportations est très importante. Mais cette réussite est fragilisée par l'endettement des agriculteurs et la concurrence internationale.

Les zones de montagne. Les surfaces cultivées en montagne ont reculé d'un tiers en un demi-siècle. En effet, l'enclavement a freiné l'intégration au marché. La déprise agricole se manifeste par l'extension des friches et des forêts. Cependant, le tourisme rural ou certaines spécialisations (viande, fromages) revitalisent certains espaces.

Vocabulaire

Reconversion : transformation des activités ou des structures de production d'un espace économique en vue d'une adaptation aux évolutions des marchés.

Déprise : abandon des terres agricoles au profit des friches ou des forêts accompagné d'un recul démographique et d'un vieillissement de la population.

Situation 1

Une métropole : l'exemple de Lille

Sur quels atouts et quelles activités Lille a-t-elle appuyé sa reconversion ?

La situation Lille au cœur d'une vaste conurbation qui englobe les villes de Roubaix et Tourcoing, réunit plus d'un million d'habitants. Sa position de carrefour en font l'une des métropoles françaises les mieux intégrées à l'espace européen. Grâce à ces atouts, elle a réussi sa reconversion de ville industrielle en métropole tertiaire.

1 La Grand Place de Lille.

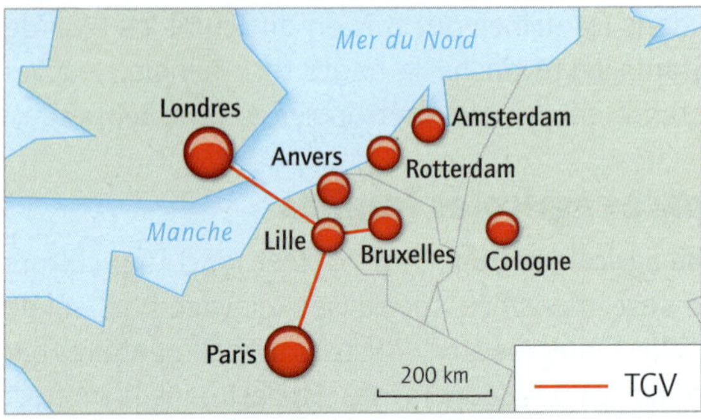

2 Un carrefour européen.

3 Le quartier d'affaires Euralille.

4 De la ville industrielle à la métropole tertiaire

Depuis la fin des années 1980, le développement de Lille s'inscrit dans une stratégie de métropolisation. Ses bases économiques ont considérablement changé. Agglomération industrielle active au XIXe siècle dans le textile, la mécanique, la métallurgie, la chimie, elle est passée, comme le reste de la région, à côté de l'industrie moderne du XXe siècle. Aussi, à partir des années 1960, a-t-elle été durement touchée par la désindustrialisation. Elle a alors développé l'emploi tertiaire. Elle est devenue le premier pôle européen de vente par correspondance (La Redoute, Trois Suisses…), ce qui a entraîné le développement de différentes activités (services logistiques, arts graphiques, publicité). En outre, la direction de la plupart des enseignes du groupe Mulliez (Auchan, Kiloutou, Décathlon, etc.) est dans la métropole lilloise. Les services aux entreprises ont suivi avec le secteur de la finance-assurance.

D'après Didier Paris, *Lille, de la métropole à la région urbaine*, Mappemonde 66, 2002.

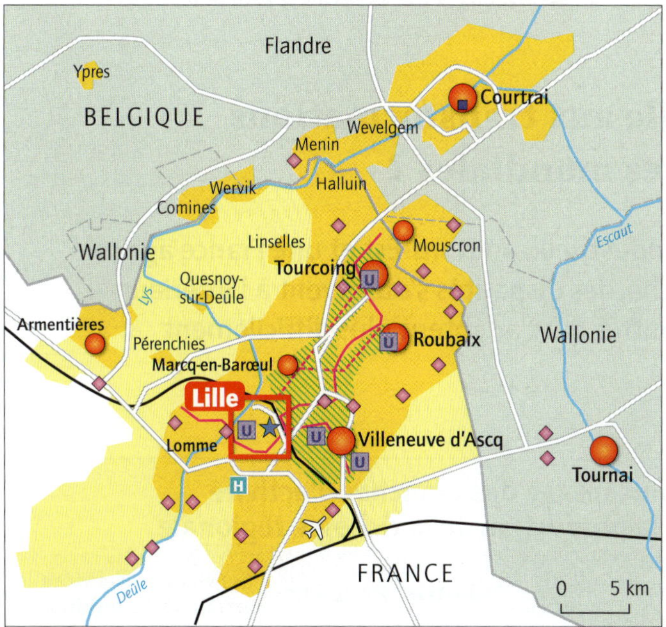

- Lille-Métropole Communauté Urbaine
- Cœur de la métropole transfrontalière
- Quartier des bureaux
- Principaux pôles urbains
- Lille, pôle tertiaire
- Zones d'activités
- Pôles universitaires
- Pôles santé
- Euralille
- Autoroute
- Ligne TGV
- Canal à grand gabarit
- Aéroport de Lille-Lesquin
- Métro
- Grand blvd et tramway
- Frontière

5 Une métropole transfrontalière.

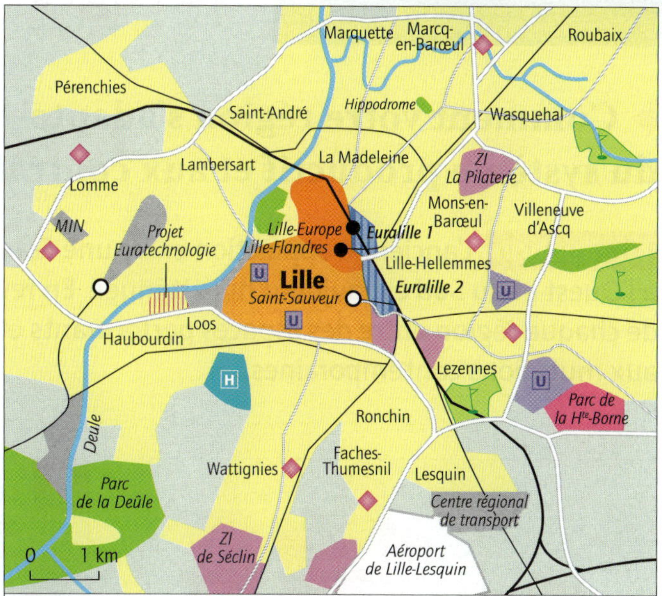

Cadre urbain
- Lille au XVIIe s.
- Lille au XIXe s.
- Parc urbain
- Tissu urbain dense
- Golf

Pôle de développement
- Université
- Pôle santé
- Pôle technologique
- Pôle en projet
- Zone Euralille 1 et 2

Activités et transports
- Centre commercial
- Zones industrielle
- Pôle logistique
- Autoroute
- Grand axe
- Voie navigable
- Gare de voyageurs
- Gare de fret
- Ligne TGV
- Ligne TER

6 Les pôles de développement autour de Lille.

L'opération du hameau des Lainières s'intègre dans un territoire en mutation constitué de friches industrielles

LA RECONQUÊTE DE L'ANCIENNE FRICHE PHILDAR POUR L'OPÉRATION DU HAMEAU DES LAINIÈRES

Située dans un contexte en renouvellement urbain, l'opération du hameau des Lainières s'implante dans un territoire en pleine mutation, constitué de friches industrielles, héritage de l'industrie textile de Roubaix, développée au XIXe siècle. Deuxième ville de la Région Nord-Pas-de-Calais après Lille, Roubaix a connu différentes crises dans les années 70, qui ont généré de nombreuses friches industrielles en plein coeur de la ville. Objet de valorisation foncière, la reconquête de ces friches situées à proximité des centres de vie a suscité convoitise et intérêt. Réalisée en 2002, l'opération du hameau des Lainières est implantée sur l'ancienne friche libérée par les usines Phildar, en vis-à-vis d'un parc public récemment aménagé et appelé « Nouveau Monde ». À proximité du centre-ville, les 15 maisons de ville de l'opération du hameau des Lainières bénéficient d'une situation urbaine privilégiée, proches des commodités quotidiennes et desservies par les transports en commun.

7 La réhabilitation des friches industrielles.

Étude de la situation

1. De quelles transformations urbaines témoignent ces deux photographies (doc. 1 et 3) ?

2. Pour quelles raisons Lille a-t-elle dû reconvertir ses activités à la fin du XXe siècle (doc. 4, 7) ?

3. Quelles fonctions Lille exerce-t-elle aujourd'hui (doc. 4, 5, 6) ?

4. Dans quelle mesure la situation de Lille constitue-t-elle un atout (doc. 2, 5) ?

5. Quel grand aménagement a permis de valoriser cet atout (doc. 2) ?

6. Observez la répartition des activités dans l'espace métropolitain. Quelles activités occupent le centre ? Quelles activités sont situées en périphérie ? Selon vous, pourquoi (doc. 5, 6) ?

Question BAC

Utiliser les informations d'un document.
En vous appuyant sur le document 4, montrez que la ville de Lille peut être qualifiée de métropole.

Situation 2 La région de l'établissement

▶ Comment votre région s'adapte-t-elle aux transformations du système productif et aux contraintes mondiales ?

La situation L'ancienne opposition entre une France industrielle au Nord-Est et une France agricole à l'Ouest et au Sud est aujourd'hui atténuée. En revanche, des disparités s'observent à l'intérieur de chaque région entre des espaces performants et d'autres qui s'adaptent plus difficilement aux mutations contemporaines.

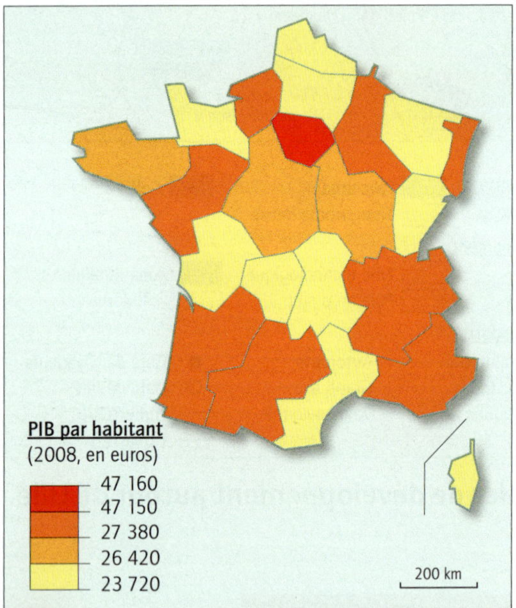

1 Le produit intérieur brut des régions métropolitaines.

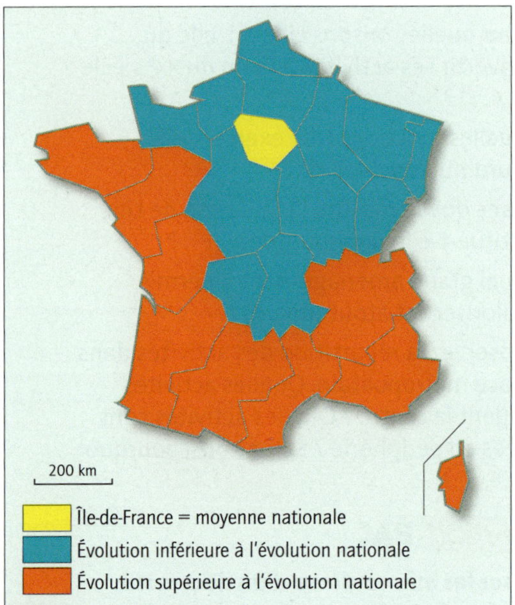

2 L'évolution du produit intérieur brut des régions métropolitaines.

3 Le pourcentage des branches d'activité dans la production de la richesse régionale

	Agriculture	Industrie	Bâtiment	Services marchands	Services publics
Alsace	2,0	19,3	6,8	50,1	21,6
Aquitaine	3,8	13,0	8,3	51,2	23,8
Auvergne	2,7	16,9	7,7	47,4	25,2
Bourgogne	4,9	17,1	7,7	46,7	23,6
Bretagne	3,3	13,4	8,9	49,6	24,8
Centre	4,1	17,9	7,6	47,9	22,6
Champagne-Ardenne	10,2	18,7	6,5	41,1	23,5
Corse	1,5	5,9	11,1	52,5	28,9
Franche-Comté	2,9	20,5	7,4	45,0	24,2
Île-de-France	0,2	9,6	4,2	70,4	15,7
Languedoc-Roussillon	3,0	9,2	8,2	53,5	26,0
Limousin	3,7	13,5	8,3	45,9	28,6
Lorraine	1,9	17,4	7,0	47,2	26,5
Midi-Pyrénées	2,6	12,4	8,6	51,9	24,5
Nord-Pas-de-Calais	1,3	17,8	6,4	49,5	25,0
Basse-Normandie	3,4	17,0	8,5	46,1	25,0
Haute-Normandie	1,6	20,3	7,1	48,6	22,5
Pays de la Loire	2,9	17,5	8,6	50,7	20,2
Picardie	3,7	18,4	6,9	47,5	23,5
Poitou-Charentes	4,5	14,3	8,0	48,9	24,2
PACA	1,4	10,3	7,0	56,6	24,7
Rhône-Alpes	1,1	17,8	7,7	53,9	19,5
Ensemble des DOM	2,5	7,1	7,6	48,6	34,2
France (DOM + métropole)	2,0	13,8	6,7	56,0	21,5

Source INSEE, 2010.

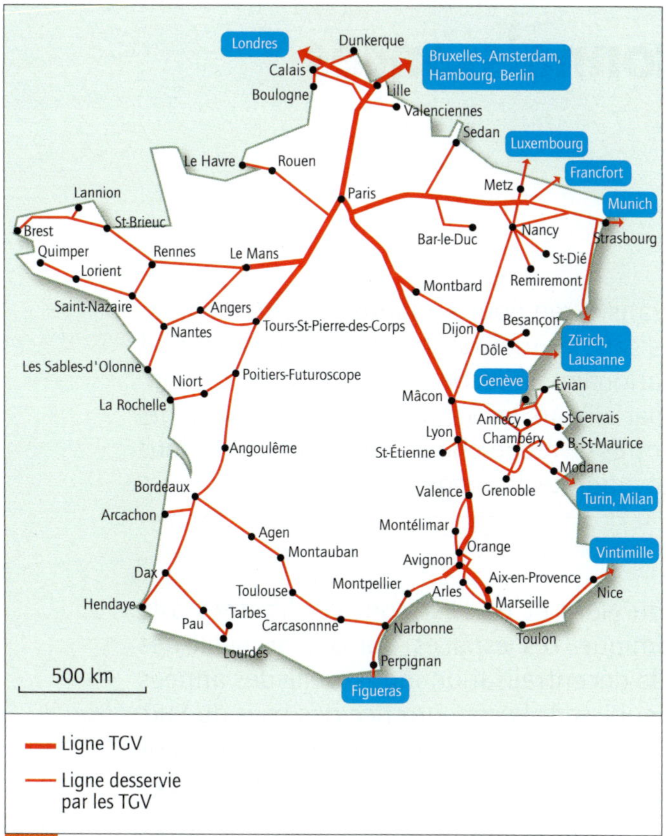

4 Le réseau ferroviaire à grande vitesse.

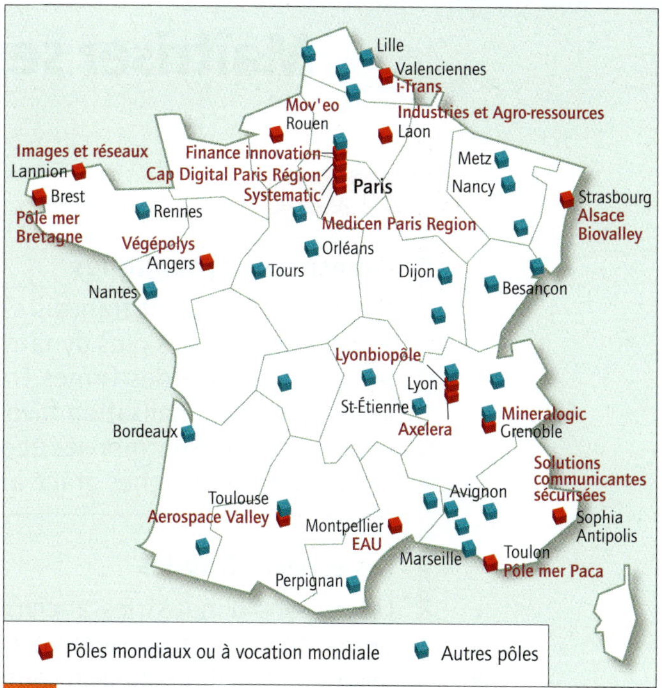

5 Les pôles de compétitivité.

Créés en 2004, les pôles de compétitivité rassemblent sur un même territoire des entreprises, des universités et des organismes de recherche afin de développer des produits ou des procédés innovants et de conquérir des marchés. Ils sont labellisés et aidés par l'État.

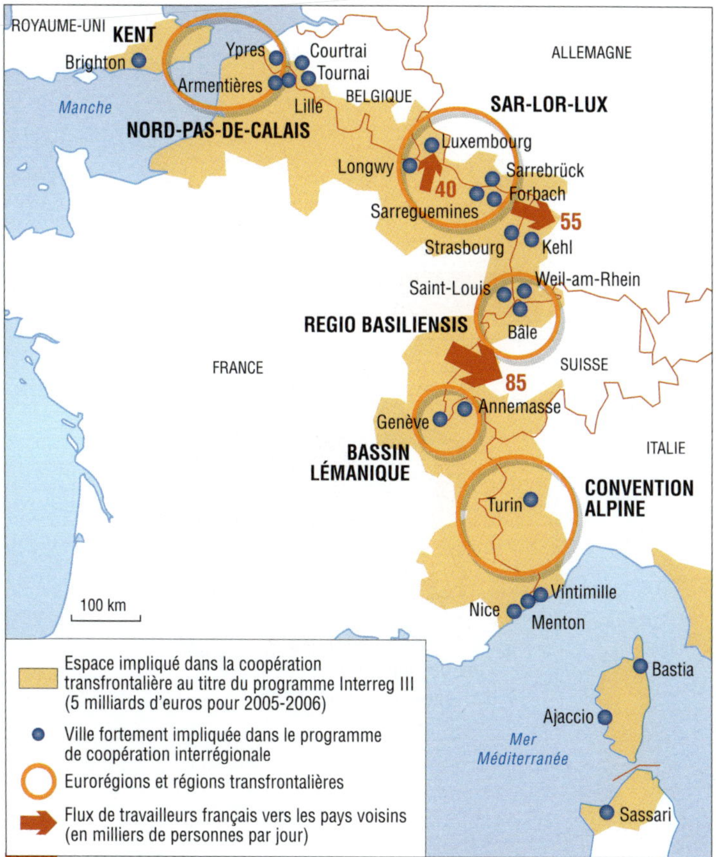

6 Les coopérations transfrontalières.

Étude de la situation

1. Dans quelle classe se situe votre région en ce qui concerne le PIB par habitant (doc. 1) ?
2. Le PIB de votre région a-t-il augmenté plus ou moins vite que la moyenne nationale (doc. 2) ?
3. Quelle branche d'activité est la plus importante dans votre région ? Quelle est la moins importante (doc. 3) ?
4. Quelles villes de votre région sont desservies par le TGV (doc. 4) ?
5. Quels pôles de compétitivité sont implantés dans votre région ? De quelles spécialisations cela témoigne-t-il ? S'agit-il de spécialisations dans des branches à forte valeur ajoutée ou dans des branches plus traditionnelles (doc. 5) ?
6. Des territoires de votre région sont-ils intégrés dans des coopérations transfrontalières (doc. 6) ?

Question BAC

Utiliser les informations d'un document.
Quelles spécialisations régionales font apparaître les documents 3 et 5 ?

Maîtriser ses connaissances

L'essentiel

Les espaces dynamiques

Le système productif français s'est transformé pour s'adapter à la mondialisation. Les espaces les plus dynamiques sont les métropoles car elles concentrent les sièges sociaux des firmes transnationales, la recherche et la haute technologie. L'internationalisation favorise par ailleurs les « clusters », regroupements géographiques d'entreprises et de centres de recherche engagés ensemble dans la conquête de marchés grâce à l'innovation technologique.

Les espaces fragiles

Les régions d'industries anciennes du Nord et de l'Est sont confrontées à la nécessité d'une reconversion économique. Les espaces qui ont accueilli des usines de montage dans le cadre de la décentralisation industrielle des années 1960 sont également fragiles, car ils subissent la concurrence des pays du Sud. Enfin, les régions d'élevage intensif ou d'agriculture de montagne maintiennent difficilement leur compétitivité. Toutefois, ces régions fragiles sont parfois revitalisées par le tourisme.

Les notions clés

Métropole : grande ville dotée de sièges sociaux et d'activités de recherche.

Pôle de compétitivité : entreprises et organismes de recherche rassemblés géographiquement et fonctionnant en réseau afin d'augmenter la compétitivité d'un produit sur le marché national, européen ou mondial.

Reconversion : transformation des activités ou des structures de production d'un espace économique en vue d'une adaptation aux évolutions des marchés.

Le croquis de synthèse

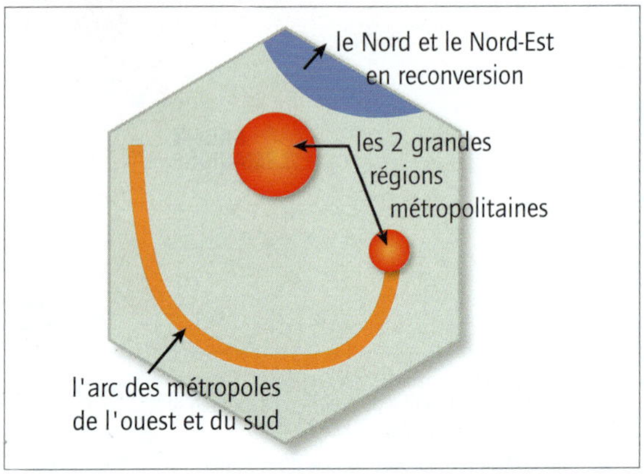

Appliquer ses connaissances

Analyser et commenter un document

1 Analyser le document

1. Quelle est la nature du document ?

2. Comment présente-t-il la ville de Nîmes ?

3. Quel aspect du sujet d'étude ce document éclaire-t-il ?

2 Présenter à l'oral

1. Présenter le document.
Indiquez sa nature et expliquez sa visée.

2. Présenter les informations apportées par le document.
Exposez les atouts de la ville mis en avant par le document

3. Expliquer en quoi le document éclaire le sujet d'étude.
Montrez que l'évolution économique de Nîmes est caractéristique des mutations du système productif français et des nouvelles dynamiques du Sud.

Mettre en évidence une évolution

Une question peut impliquer la mise en évidence d'une évolution. Il peut s'agir d'une question de connaissances ou d'une question sur un document. Elle peut porter sur le sujet d'étude ou sur la situation.

1 Analyser la question

- **La question de connaissances.** Il faut expliquer une transformation en s'appuyant sur ce qui a été vu en classe. Il peut s'agir d'une évolution, d'un changement de société, des conséquences d'une transformation technique.
- **La question sur document.** Cette évolution peut être vue à travers deux images, par exemple, qu'il faut confronter. Celle-ci peut aussi porter sur un graphique qu'il faut alors expliquer et commenter.

Exemples de questions
• Quelles mutations ont connues les régions industrielles traditionnelles depuis les années 1970 ?
• Comment les espaces productifs français se sont-ils transformés pour s'adapter à la mondialisation ?

2 Identifier le thème

- **Ce qui est demandé.** Interrogez-vous pour situer l'analyse : de quel phénomène, de quel territoire devez-vous mettre en évidence l'évolution ?
- **Les bornes chronologiques.** Demandez-vous quelles sont les dates limites de la période concernée. Elles peuvent être précisées dans l'intitulé. Si elles ne le sont pas, utilisez vos connaissances pour vous rappeler la période pendant laquelle le phénomène ou le territoire concernés ont évolué.

3 Analyser l'évolution

- **La tendance générale.** Si vous disposez de valeurs chiffrées, constatez-vous une croissance, un recul ou une stabilité ? S'il s'agit d'une évolution qualitative, y a-t-il eu amélioration ou aggravation ? Peut-on parler de modernisation ?
- **Le rythme et l'ampleur de l'évolution.** A-t-elle été rapide ? lente ? Les transformations ont-elles été considérables ou modérées ?
- **Les phases.** L'évolution a-t-elle été régulière ? Y a-t-il eu des renversements de tendance ou des changements de rythme (accélération, ralentissement) ? À quels moments ?
- **L'explication de l'évolution constatée.** Recherchez tout ce qui vous permet de comprendre les transformations : les facteurs, les acteurs de l'évolution observée.

4 Rédiger la réponse

- **La première phrase.** Elle résume la tendance générale. Elle introduit la réponse.
- **Le paragraphe du développement.** Les phrases suivantes décrivent les différentes phases puis expliquent les facteurs de l'évolution.
- **Le bilan.** La dernière phrase met en évidence l'ampleur des transformations.

Exemple

La question du BAC

Comment ont évolué les catégories professionnelles en France ?

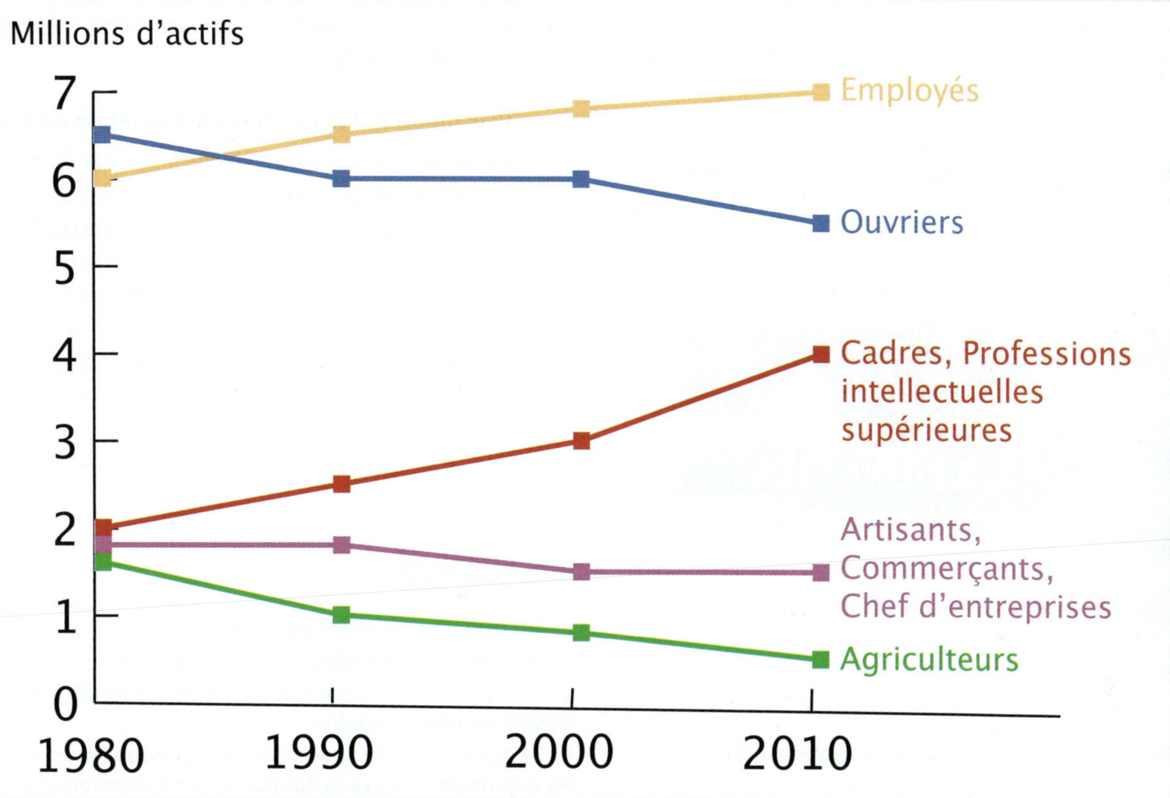

L'évolution des catégories professionnelles en France

La réponse du candidat

La part des différentes catégories professionnelles a évolué en France depuis 1980.

Le nombre des agriculteurs et celui des ouvriers ont beaucoup reculé. Le premier a presque diminué de moitié. Les ouvriers, qui étaient près de 7 millions en 1980, ne sont plus qu'un peu plus de 5 millions en 2010. Ce n'est plus la profession la plus nombreuse. En effet, ce sont aujourd'hui les employés qui sont les plus nombreux. La croissance du nombre d'employés a été très importante, de même que celle des cadres et des professions intellectuelles supérieures. Une seule catégorie est restée presque stable, celle des artisans, commerçants et chefs d'entreprise. Cela s'explique par la hausse de la productivité dans l'agriculture et l'industrie et par la tertiarisation. Elle traduit une montée des qualifications.

Cette évolution des professions représente une mutation très importante : l'entrée progressive de la France dans une économie de la connaissance.

La première phrase reprend la question sous une forme affirmative.

Un paragraphe décrit les différents aspects de l'évolution.

La dernière phrase explique l'évolution.

Le bilan met en évidence l'ampleur des mutations.

Exercices

Exercice 1

❶ **Quels espaces représentent ces deux images ? Quelles sont les limites chronologiques de l'évolution ?**

❷ **En vous appuyant sur ces deux images, montrez que la région de Troyes a opéré une reconversion de son activité depuis le début du XXe siècle.**

❸ **Utilisez vos connaissances, sur l'industrie et la mondialisation, pour expliquer pourquoi cette reconversion a été nécessaire.**

Doc. 1 Un atelier de bonneterie à Troyes dans les années 1960

Doc. 2 Une zone commerciale près de Troyes aujourd'hui

Exercice 2

❶ **Sur quel type d'espace porte ce document ?**

❷ **Sur quelle période porte l'évolution qu'il décrit ?**

❸ **En vous appuyant sur le document, caractérisez l'évolution de l'agriculture des Alpes du Sud.**

❹ **Utilisez vos connaissances pour expliquer sur quelles activités peut aujourd'hui se fonder la revitalisation économique des régions de montagne.**

L'évolution de l'agriculture dans les Alpes du Sud

Depuis le milieu du XIXe siècle, les Alpes du Sud ont subi une importante déprise agricole consécutive à un fort exode rural, mais aussi aux évolutions techniques et économiques de l'agriculture. Elle s'est traduite par une réduction de l'espace cultivé et une moindre utilisation de l'espace pastoral. Cela a entraîné d'importantes transformations du paysage, avec un triplement des surfaces boisées. La diminution du nombre des exploitations agricoles se poursuit.

Philippe Moustier, http://mediterranee.revues.org

Exercice 3

❶ **Sur quelles industries porte ce document ?**

❷ **Quel est l'atout majeur de la France dans ce domaine ?**

❸ **Pourquoi la France n'a-t-elle pas réussi à vendre un réacteur nucléaire à Abou Dhabi ?**

❹ **En utilisant le document et vos connaissances, présentez les enjeux des hautes technologies pour l'économie française.**

Les nouvelles technologies françaises face à la concurrence internationale

Avec l'arrivée de nouveaux concurrents en provenance des pays émergents, la France a perdu une partie de l'avance qu'elle avait en matière de haute technologie industrielle. Parce qu'elle dispose des technologies les plus abouties, la France est persuadée qu'elle a toutes les chances de remporter les grands contrats internationaux. Mais aujourd'hui, avec la concurrence qui grandit, ce n'est plus systématiquement le meilleur produit qui est vendu, mais celui qui offre le meilleur rapport qualité prix. Or la France n'a toujours pas compris cette nouvelle donne. Par exemple, elle a essayé de vendre son réacteur nucléaire ultra-performant et ultra-sécurisé, l'EPR, à Abou Dhabi. Or le réseau électrique de ce pays n'avait pas besoin d'une telle puissance. L'EPR français était donc très cher et trop dépensier pour Abou Dhabi, qui a préféré l'offre d'un groupe coréen.

http://www.lexpansion.com/

Exercice 4

❶ **Quelles sont les limites chronologiques de la carte ?**

❷ **D'après la légende, quelles sont les informations que vous pouvez tirer de l'étude de cette carte ?**

❸ **Quelles régions ont perdu des emplois industriels ?**

❹ **Quelles régions ont créé des emplois industriels ?**

❺ **En vous appuyant sur vos connaissances, expliquez ces différentes dynamiques des régions françaises. Utilisez les notes ci-dessous.**

Notes

- Quelles sont les pertes d'emplois dans l'industrie ? Pourquoi touchent-elles plutôt certaines régions ?
- Ces créations d'emplois se concentrent dans l'industrie. Pourquoi touchent-elles plutôt certaines régions ?

La variation du nombre d'emplois dans l'industrie en France métropolitaine

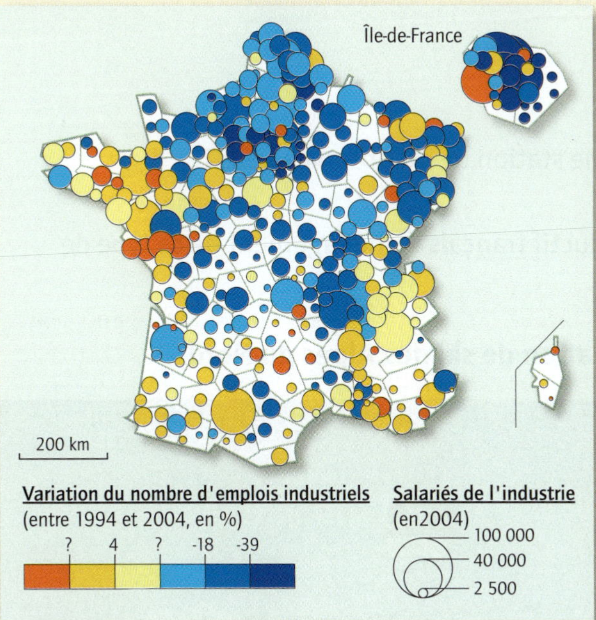

Exercice 5

❶ **Sur quel thème porte le graphique ? Quelles sont les limites chronologiques de la période envisagée ?**

❷ **Dans quels secteurs la population active a-t-elle reculé ?**

❸ **Dans quels secteurs la population active a-t-elle progressé ?**

❹ **Quels facteurs expliquent ces évolutions divergentes ?**

❺ **Rédigez une réponse organisée à la question du bac.**

Question du BAC → *En vous appuyant sur le document, présentez et expliquez l'évolution de la structure de la population active en France.*

L'évolution de la structure de la population active

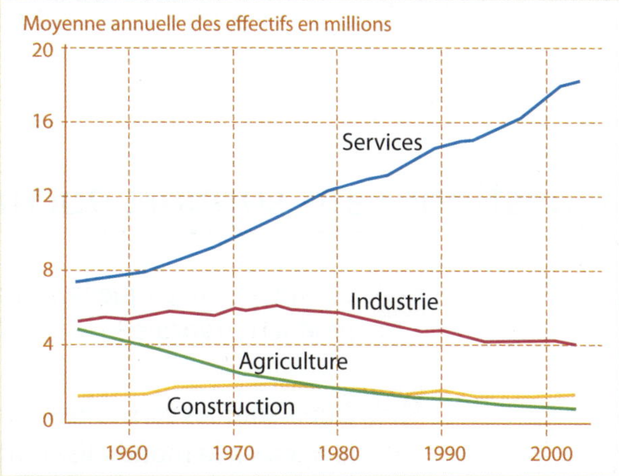

Exercice 6

❶ **Sur quel thème porte le texte ? Quelles sont les limites chronologiques de la période ?**

❷ **Relevez les dates indiquées dans le texte. Quelles phases permettent-elles de distinguer dans la Politique agricole commune européenne ? Notez les caractéristiques de chacune de ces phases.**

❸ **Rédigez une réponse organisée à la question du bac.**

Question du BAC → *En vous appuyant sur le document, présentez la Politique agricole commune et ses conséquences sur les mutations de l'agriculture en France métropolitaine.*

L'évolution de l'agriculture

À partir de 1962, la Politique Agricole Commune (PAC) a favorisé la croissance de la production en fixant des prix garantis pour les agriculteurs. Les rendements ont beaucoup augmenté et la France est devenue largement excédentaire, notamment en céréales et en produits laitiers. Dans ce contexte, le soutien aux prix agricoles coûte de plus en plus cher. Aussi a-t-il fallu réformer la PAC en 1992, puis en 2003. Aujourd'hui, les aides ne sont plus proportionnelles à la production mais versées en fonction des surfaces cultivées. Les revenus des petits exploitants ont donc tendance à diminuer. Par ailleurs, la PAC cherche aujourd'hui à promouvoir une agriculture durable qui préserve l'environnement.

D'après Vincent Adoumié, *Géographie de la France*, Hachette, 2007.

Partie 1 de l'examen

(Vous répondez à toutes les questions)

Questions sans support documentaire

1 Comment s'explique la tertiarisation du système productif français ?

2 Quels sont les territoires français qui s'adaptent le mieux à la mondialisation ?

LE BARÈME DU BAC

Partie 1 : 9 points
Elle porte sur un sujet d'étude, soit d'histoire, soit de géographie.

Partie 2 : 4 points
Elle porte sur l'éducation civique.

Partie 3 : 7 points
Elle porte sur une des situations d'un sujet d'étude en histoire ou en géographie.

Questions avec support documentaire

3 Présentez ce document.

4 Quels éléments caractéristiques d'une station de ski observez-vous ?

5 De quelle évolution du système productif français l'aménagement de ce type de station témoigne-t-il ?

Courchevel, une station de ski des Alpes du Nord

Partie 3 de l'examen

(Vous ne traitez qu'une des deux situations suivantes)

Situation 1 : Une métropole

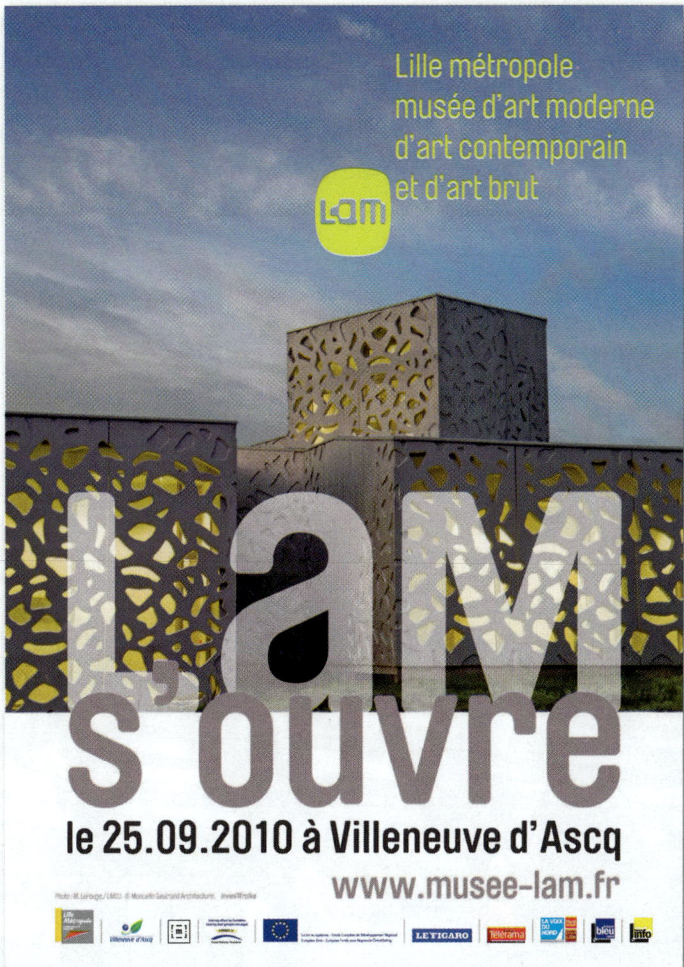

Questions

1. Quelle est la visée de ce document et quelle information apporte-t-il ?

2. Observez les logos. Quels acteurs sont à l'initiative de l'événement concerné ?

3. Expliquez pourquoi l'ouverture du LAM est importante pour l'économie de l'agglomération lilloise.

Situation 2 : La région de l'établissement

Les pôles de compétitivité

Lancés par l'État en 2004, les pôles de compétitivité visent essentiellement à développer la recherche – répondant ainsi à l'un des objectifs de la stratégie définie par l'Union européenne au conseil de Lisbonne en mars 2000, qui cherche à faire de l'économie européenne une économie de la connaissance – pour mieux affronter la concurrence mondiale, notamment celle des pays où le coût de la main-d'œuvre est faible. Les pôles sélectionnés bénéficient d'un important soutien financier de l'État auquel s'ajoutent d'autres aides, notamment de l'Union européenne.

Extrait de Florence Smits, *Géographie de la France*, Hatier, 2007.

Questions

4. En quoi les pôles de compétitivité peuvent-ils permettre au système productif français de mieux affronter la concurrence mondiale ?

5. Quel est le rôle de l'Union européenne ?

6. Présentez un pôle de compétitivité qui se situe dans votre région.

Sujet d'étude

4 Les mobilités de la population

La population se répartit de façon inégale sur le territoire français. Cette répartition évolue en permanence avec les déplacements des populations. Le développement des transports facilite ces mouvements. Les villes, les espaces périurbains et les régions littorales deviennent plus attractifs. Dans le même temps, certaines régions voient leur population diminuer.

1 Quai d'embarquement des ferries pour la Corse dans le port de Nice.
Début juillet, les voyageurs attendent pour faire embarquer leurs véhicules sur les ferries qui assurent la ligne vers la Corse. Plus de 4,5 millions de passagers naviguent chaque année sur les lignes de Corse.

Repères géographiques

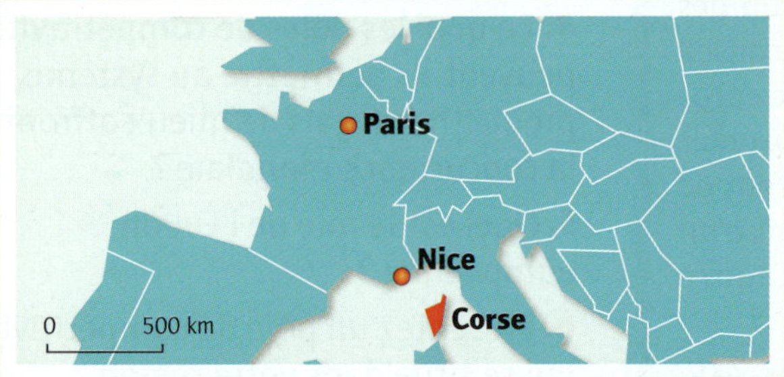

Comment les déplacements de la population influencent-ils l'organisation du territoire français ?

2 **Le périphérique porte de Bercy et l'échangeur de l'autoroute de l'Est.**
1,2 million de véhicules circulent quotidiennement sur les 35 kilomètres d'autoroutes urbaines autour de la capitale.

Entrée dans le thème

1. Comment expliquer l'affluence des véhicules sur le quai d'embarquement ?
2. Relevez les éléments de la photographie qui permettent de caractériser la circulation aux abords de Paris.
3. En quoi ces deux photographies représentent-elles deux aspects de la mobilité de la population en France ?

La répartition et les mobilités de la population en France

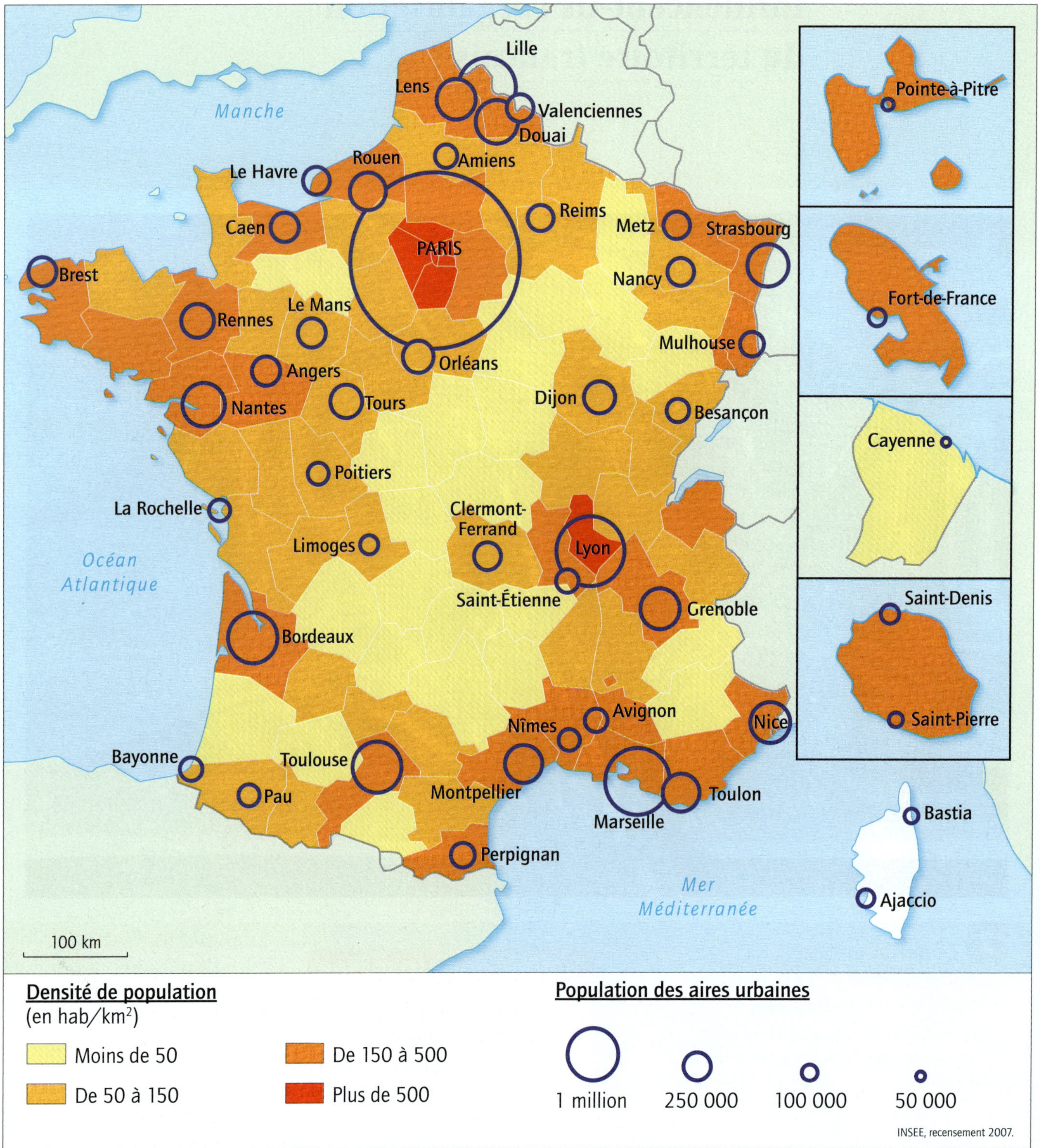

1 **La répartition de la population en France.**

Découverte des cartes

1. D'après la carte 1, où se concentre majoritairement la population française ?

2. D'après la carte 2, quels sont les principaux espaces attractifs en France ?

3. D'après ces deux cartes, quelles sont les dynamiques majeures du peuplement en France ?

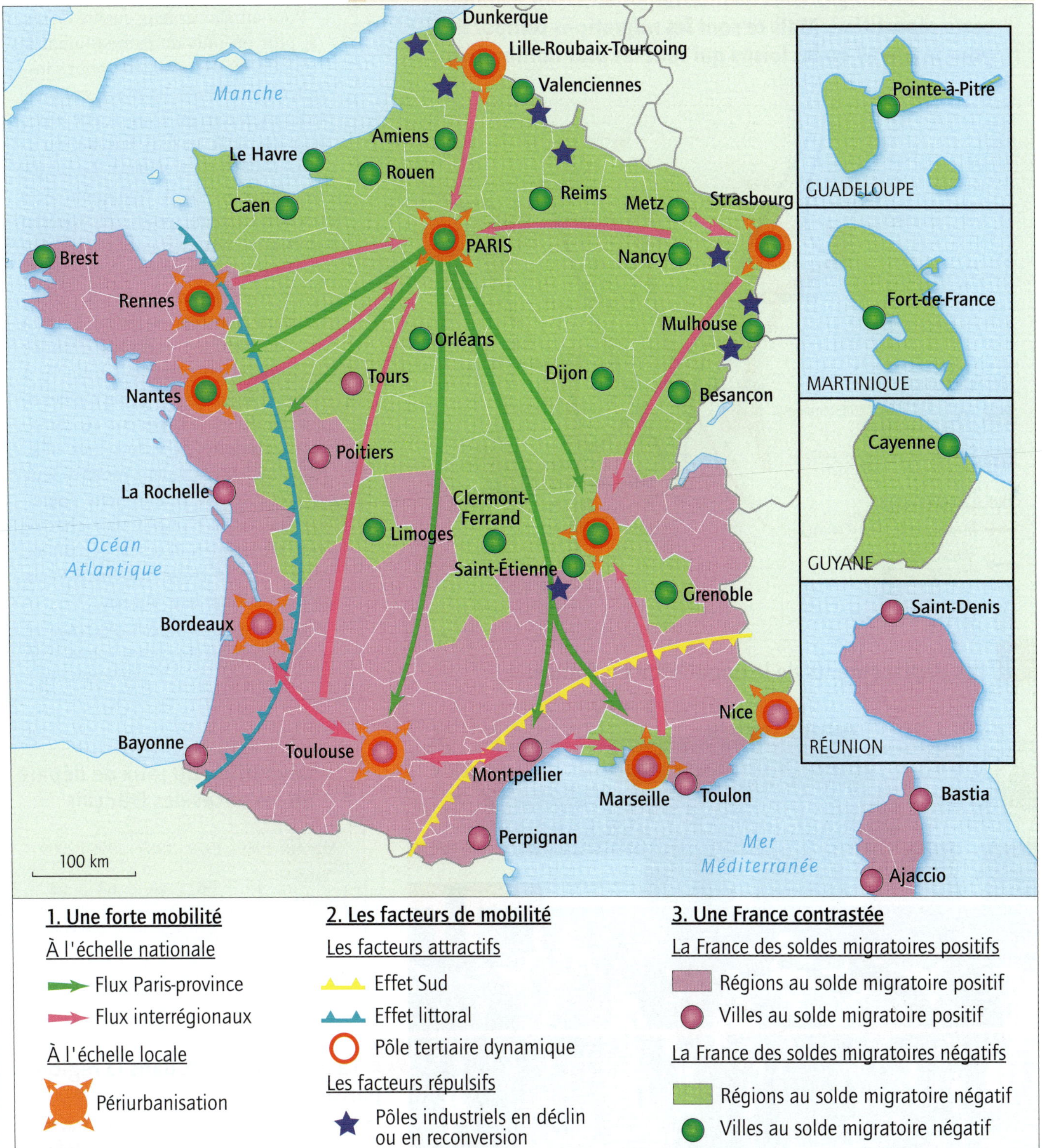

2 **Les dynamiques du peuplement en France.**

Cours 1

Une population de plus en plus mobile

▶ Quelles sont les caractéristiques des déplacements de la population en France ?

La population française se répartit de manière très inégale sur le territoire national. Les migrations résidentielles, locales, interrégionales ou internationales font évoluer cette répartition. Mais ce sont les migrations temporaires pour le travail ou les loisirs qui sont les plus nombreuses.

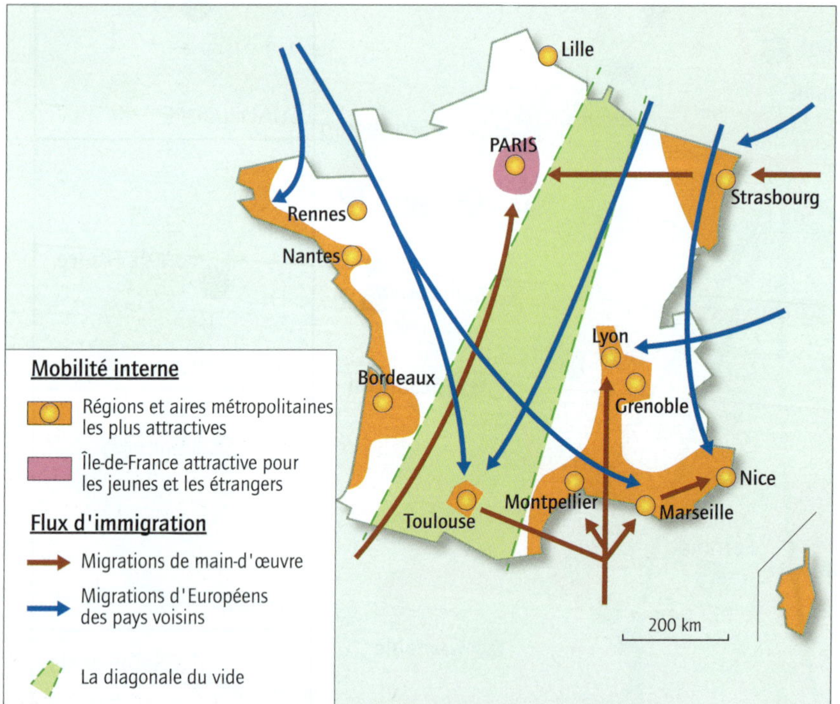

1 Les déplacements de la population en France.

2 Travailler à Paris, vivre en province

Pour améliorer leur qualité de vie, de plus en plus de cadres fuient la capitale, où ils travaillent, pour s'installer en province. Ils effectuent quotidiennement un long trajet entre leur domicile et leur bureau, qu'ils optimisent en travaillant. Le temps de transport peut également être un bon moment pour « récupérer » physiquement et mentalement. On les appelle les « turbo-cadres », parce qu'ils sont majoritairement cadres ou chefs d'entreprise (34 %). Le prix de l'immobilier dans les grandes agglomérations, particulièrement à Paris, et la recherche d'une meilleure qualité de vie expliquent ce choix. Ainsi, grâce au TGV, certaines villes jusqu'ici isolées voient renaître leur attractivité. Ce phénomène sociologique va en s'amplifiant : chaque jour, plusieurs milliers de personnes effectuent le trajet province-Paris pour rejoindre leur bureau.

D'après le site Internet de l'APEC (Agence pour l'emploi des cadres), consultation novembre 2010.

3 L'évolution du taux de départ en vacances des Français

Année	1969	1979	1989	1999	2009
Taux en %	45	56	61	63	63

Chiffres INSEE.

4 La ligne du RER D, dans la région parisienne.

Longue de 160 kilomètres, avec 58 gares traversées et 550 000 voyageurs quotidiens, soit deux fois plus que tous les TGV, la ligne du RER D est la plus fréquentée du réseau francilien.

5 La création de nouvelles résidences.

6 Le quartier chinois à Paris.

La diaspora chinoise représente environ 400 000 personnes.

Questions

L'inégale répartition de la population

1. Comment se répartit la population ? Quels sont les espaces les plus attractifs ? Pourquoi (doc. 1 et 2) ?

Les déplacements de la population

2. Comment expliquer l'affluence sur les réseaux du RER ? Quels problèmes cela pose-t-il (doc. 4) ?

3. Décrivez et expliquez l'évolution du taux de départ en vacances (doc. 3).

4. Quels sont les objectifs de ce document (doc. 5) ?

Les migrations internationales

5. Quels indices de la photographie montrent l'importance des migrations internationales (doc. 6) ?

Question BAC

Utiliser ses connaissances. Quelles sont les caractéristiques des mobilités de la population française ?

L'inégale répartition de la population

Les espaces de faible peuplement. À l'est d'une ligne Le Havre-Montpellier, ils représentent 84 % du territoire et rassemblent 25 % de la population. La désertification se manifeste par le vieillissement de la population, le déclin des moyennes et petites villes, la fermeture des écoles et des commerces.

Les espaces très peuplés. Quatre régions, Île-de-France, Rhône-Alpes, Provence-Alpes-Côte d'Azur et Nord-Pas-de-Calais regroupent 43 % de la population. Huit Français sur dix vivent en ville, c'est l'agglomération parisienne qui domine avec 11,2 millions d'habitants. Les littoraux sont aussi attractifs.

Les déplacements de la population

La mobilité quotidienne. Les déplacements les plus nombreux sont les allers-retours quotidiens entre la résidence et le lieu de travail, ce sont les migrations pendulaires. 61 % des actifs travaillent hors de leur commune. En Île-de-France, 40 millions de déplacements sont effectués chaque jour.

La mobilité touristique. Les déplacements pour les loisirs, à la journée ou pendant le week-end sont en constante augmentation. Cette évolution est accélérée par la réduction du temps de travail.

La mobilité résidentielle. Entre 2004 et 2010, 20 millions de personnes ont déménagé. 2 % de Français ont même changé de région tous les ans. Ce taux est le plus élevé depuis 50 ans. Les motifs varient en fonction de l'âge : mobilité professionnelle pour les actifs ou départ vers des régions plus attractives pour les retraités.

Les migrations internationales

Une migration économique. L'immigration est liée au marché du travail : besoins de l'industrialisation, reconstruction après les deux guerres mondiales. À partir de 1974, avec l'apparition du chômage, la France a fermé ses frontières. Pourtant, des réfugiés, des demandeurs d'asile, des familles de personnes déjà établies en France et des clandestins continuent d'arriver. Mais les flux sont très ralentis et se situent aujourd'hui autour de 200 000 entrées par an.

Une immigration diversifiée. La part des immigrés dans la population française représente 9,6 %. Près de la moitié sont des Européens. Aujourd'hui, la part de la population venue d'Asie, d'Afrique et d'Europe de l'Est s'accroît. Les flux d'immigration convergent vers les régions urbaines et industrielles : l'Île-de-France, Rhône-Alpes et l'Alsace concentrent 60 % des immigrés.

Vocabulaire

Migration : déplacement massif, temporaire ou définitif d'un ensemble de population.

Migrations alternantes : déplacements quotidiens domicile-travail. On parle aussi de « migrations pendulaires ».

Mobilité : déplacement à partir du lieu de résidence, pour différentes raisons (travail, loisir, études), temporaire et de courte durée.

Cours 2 Des territoires inégalement attractifs

▶ Comment les mobilités de la population traduisent-elle l'attractivité des territoires ?

La population française se concentre de plus en plus dans les grandes villes, à la périphérie de celles-ci et sur les littoraux de l'Ouest et du Sud. À l'opposé, certains territoires souffrent d'isolement et peinent à attirer la population.

1 Les mobilités interrégionales de la population française

Cap au Sud ou à l'Ouest, et tous à la mer ! Ce mot d'ordre n'est plus seulement celui des grandes migrations estivales. Il résume aussi les tendances actuelles de la mobilité interrégionale. Le phénomène s'accentue. De multiples facteurs l'expliquent : le nombre important de retraités qui préfèrent vieillir sous un ciel clément, l'amélioration des infrastructures de transport à longue distance et la diffusion de l'Internet qui permet de conserver ses clients parisiens tout en travaillant au soleil.

C'est la région Île-de-France qui enregistre le solde le plus déficitaire. L'agglomération parisienne concentre les maux urbains : difficultés de la vie quotidienne, pollution, coût et rareté des logements, transports de plus en plus longs et congestionnés... Dans ce contexte, même si les 20-30 ans sont toujours attirés par la région parisienne, celle-ci enregistre plus de départs que d'arrivées dans toutes les autres tranches d'âge.

Dans les régions littorales et méridionales, les conséquences négatives du basculement démographique sont réelles. La croissance continue de la population produit une pression à l'urbanisation. Celle-ci rend encore plus difficile la préservation de ce qui reste de zones côtières naturelles.

Jean-Louis Andréani, *Le Monde*, 2008.

2 Campagne de communication de la ville de Montpellier.

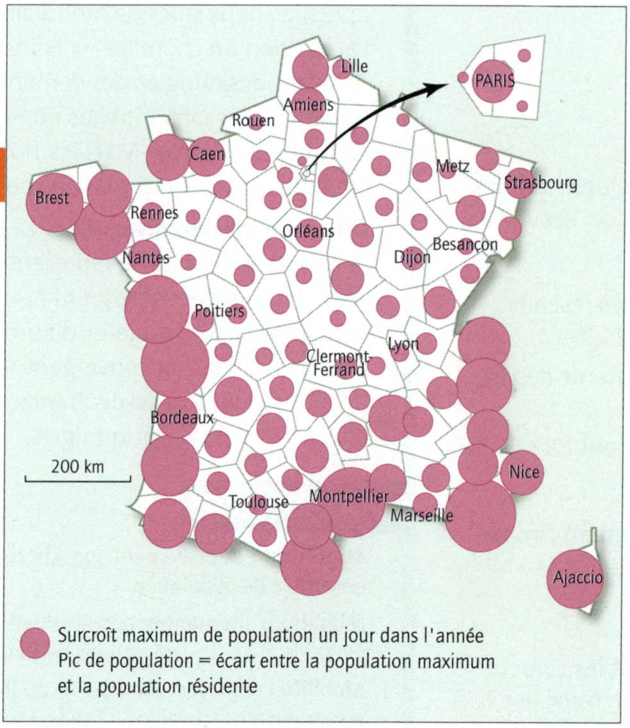

3 Le pic de population par département.
La carte montre l'écart maximal de population entre les résidents et ceux qui viennent pour le travail ou les loisirs (ce jour n'est pas le même suivant les départements, les pics de fréquentation varient en fonction de la localisation).

Questions

La ville, espace attractif

1. Quel est l'objectif des auteurs du document 2 ?

2. Identifiez l'aéroport, les espaces urbanisés et agricoles sur la photographie. Comment expliquer la construction de ces nouveaux lotissements (doc. 4) ?

Les régions attractives

3. Vers quelles régions les Français ont-ils tendance à s'installer ? Pourquoi (doc. 1) ?

4. Quelles sont les régions les plus convoitées par les touristes ? À quelles saisons (doc. 3) ?

Les zones rurales en évolution

5. Comment la publicité cherche-t-elle à donner une vision attractive du Cantal (doc. 5) ?

Question BAC

Décrire une situation géographique. En illustrant votre réponse par des exemples précis, expliquez en quoi les mobilités de la population mettent en évidence l'attractivité de certains territoires en France.

4 **Nouveaux lotissements à Thillay dans le Val-d'Oise.**

5 **Publicité pour l'installation en milieu rural.**

La ville, espace attractif

L'attraction des grandes villes. Aujourd'hui, 82% de la population française vit en ville. L'agglomération parisienne séduit moins qu'autrefois car elle concentre toutes les difficultés d'une urbanisation massive. Les grandes villes méridionales et littorales attirent de plus en plus de monde.

La périurbanisation en pleine croissance. Les zones urbanisées s'étalent, au point que la distinction entre villes et campagnes devient difficile. Cette périurbanisation est particulièrement active autour des métropoles qui offrent un éventail de services étendu. La distance qui sépare ces communes périurbaines du centre urbain est de plus en plus importante.

Les régions attractives

Les espaces littoraux. La littoralisation de la population s'accentue : 7 millions de personnes ont changé de région au profit du Sud ou de l'Ouest du territoire. Ces espaces tirent parti d'un cadre de vie agréable et d'un environnement économique favorable sous l'impulsion des nouvelles technologies.

Les régions touristiques. La France est parcourue de flux saisonniers qui convergent principalement vers les littoraux du Sud et de l'Ouest du pays ainsi que vers les massifs montagneux. Certains départements peuvent ainsi doubler leur population comme les Hautes-Alpes ou la Corse en été. Cette affluence pose souvent des problèmes d'engorgement des infrastructures de transport et d'hébergement.

Les zones rurales en évolution

Un monde à l'écart. Le rural isolé concerne 5 millions de personnes, sur 37 % du territoire. Certains cantons sont menacés d'un dépeuplement irréversible. La rationalisation financière conduit à la fermeture de services publics et ces zones à l'écart souffrent d'enclavement. Elles sont les dernières équipées lors de la mise en place de nouveaux réseaux (téléphone mobile, autoroutes, voies ferrées).

Une attractivité renouvelée. Jusqu'alors centrées sur une production agricole, de nouvelles fonctions apparaissent dans les campagnes. Les espaces non productifs (étendues lacustres, haute montagne, forêts) sont devenus des zones de loisirs et d'activités sportives. L'habitat rural séduit des acheteurs à la recherche d'espace et de tranquillité. Les collectivités locales mettent en place des stratégies pour attirer des populations jeunes et revitaliser leur économie.

Vocabulaire

Périurbanisation : phénomène d'urbanisation en périphérie extérieure d'une agglomération.

Espaces attractifs : espaces qui attirent pour des raisons économiques ou des conditions de vie favorables.

Littoralisation : processus de concentration des hommes et des activités sur les bords de mer.

Enclavement : isolement d'un espace.

Situation 1 La France en été

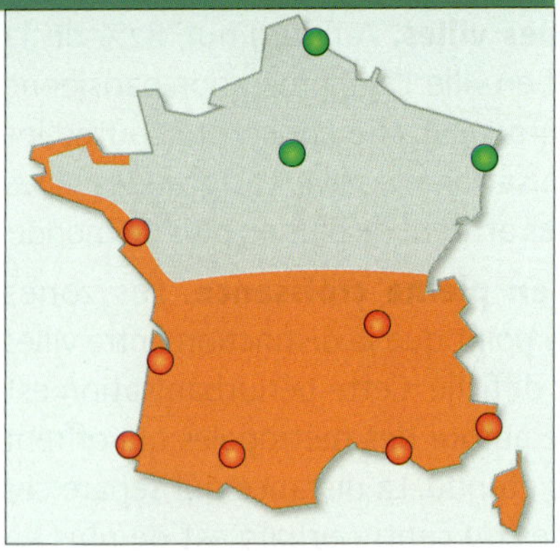

Quelles sont les conséquences des mobilités estivales en France ?

La situation Chaque été, 40 millions de Français se déplacent pour les vacances et provoquent la saturation des infrastructures de transport. Les villes et plus globalement la moitié Nord du pays sont les grands foyers émetteurs, les Alpes et les littoraux méditerranéen et atlantique sont les grands foyers récepteurs. Ce flux massif estival génère des contraintes auxquelles les communes touristiques doivent s'adapter.

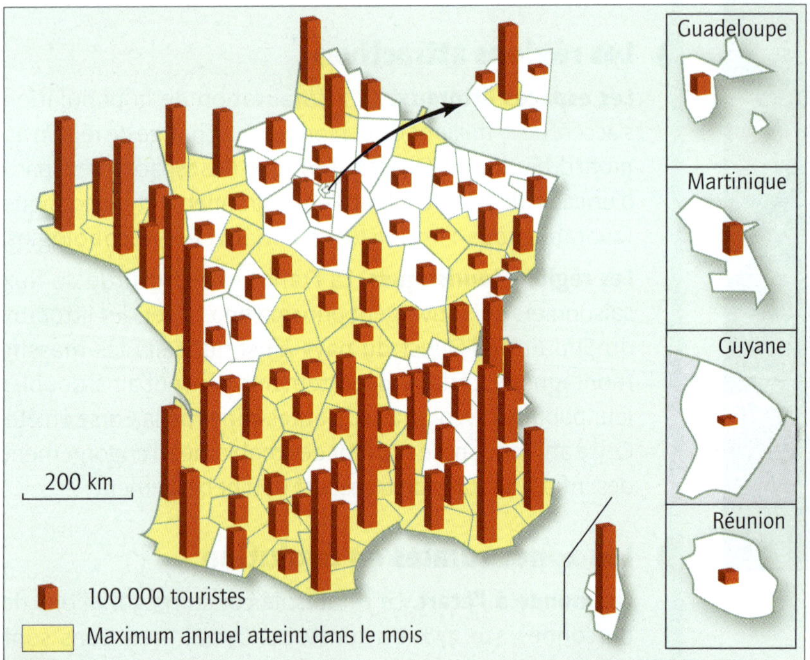

1 Nombre de touristes présents dans les départements français au mois d'août.

2 Les migrations touristiques.

3 La fermeture des entreprises au mois d'août

Le mois d'août, c'est le temps du repos pour les employés et de la révision pour les machines. Les Français restent les champions du monde des vacances, avec 37,5 jours de congés annuels en moyenne. En 2010, ils sont 21 % à disposer d'au moins un mois de vacances d'été, 18 % à prendre trois semaines et 43 % seulement quinze jours. Les prévisions de Bison futé ont classé « noir » ce premier jour du mois d'août. La France des usines s'arrête au mois d'août, mais pour des durées plus courtes qu'autrefois et avec de nombreuses exceptions. Cette année, la plupart des usines d'assemblage de PSA et de Renault sont fermées tout le mois d'août. L'augmentation des cadences nécessite de mettre non seulement les hommes, mais aussi les machines en vacances. Dans d'autres secteurs, comme le bâtiment et les travaux publics, l'arrêt estival est moins net qu'avant. Pour l'intérim, le mois d'août est même, hors automobile, un des plus gros mois de l'année, avec en moyenne 10 % d'activité supplémentaire, quand les conditions météo permettent de faire les travaux extérieurs.

Jean-Claude Bourbon, *La Croix*, 30 juillet 2010.

Bison futé, la mascotte de l'information en temps réel sur les conditions de circulation.

Ce personnage familier créé en 1976 apparaît comme la sentinelle des routes et informe sur la densité du trafic.

4 **Chamonix, le téléphérique en juillet.** Le mont Blanc est le 3e site touristique le plus visité de France. Le téléphérique de l'aiguille du Midi transporte chaque été plus de 260 000 passagers.

5 **Paris Plage en juillet.** Chaque été, la circulation automobile est interrompue sur la voie sur berge rive droite de la Seine pour accueillir des activités ludiques et sportives, des plages de sable et d'herbe...

6 **Le forum annuel des emplois saisonniers à La Grande-Motte, dans le Languedoc-Roussillon.**

7 **La desserte des plages à Cap-Breton, dans les Landes.**

Étude de la situation

1. Quels sont les espaces les plus attractifs en été ? Pourquoi (doc. 1) ?

2. Comment peut-on caractériser les migrations touristiques estivales (doc. 2 et 3) ?

3. Quel est le principal problème évoqué par les documents 4 et 5 ? Quelle solution propose la municipalité de Cap-Breton pour y remédier (doc. 4 et 7)?

4. Sur quels espaces se met en place l'opération Paris Plage ? Comment cela est-il rendu possible (doc. 5) ?

5. Quel est l'objectif du forum des métiers de La Grande-Motte ? Comment l'expliquer (doc. 6) ?

6. À partir de vos réponses, expliquez quels sont les aspects et les conséquences des mobilités estivales en France.

Question BAC

Utiliser ses connaissances pour expliquer un document. Quelles évolutions mettent en évidence les documents 3 et 5 sur les départs en vacances des Français ?

Situation 2

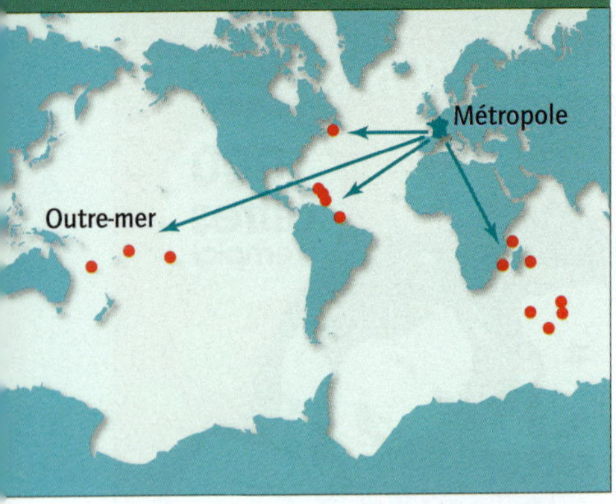

Les migrations entre la métropole et l'outre-mer

▶ Comment s'organisent les déplacements entre la métropole et l'outre-mer ?

La situation Les migrations de la population entre la métropole et l'outre-mer sont en augmentation et s'effectuent aussi bien dans un sens que dans l'autre. Les motivations de ces déplacements sont souvent professionnelles, touristiques, mais aussi familiales pour les ressortissants de l'outre-mer.

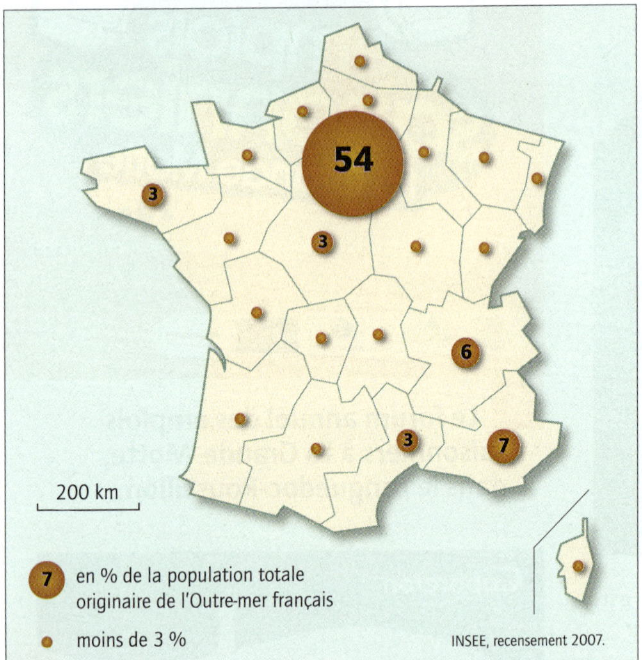

1 Les ressortissants de la France d'outre-mer en métropole.

Au dernier recensement de 2007, près de 400 000 natifs d'outre-mer habitent en métropole.

2 L'évolution des dynamiques migratoires de l'outre-mer français

Comme par le passé, le départ de jeunes vers la métropole demeure le trait majeur des migrations intéressant l'outre-mer. L'émigration de natifs des DOM s'est intensifiée depuis les années 2000, surtout pour les Antillais, mais aussi pour les Guyanais. En revanche il en va différemment pour les Réunionnais : l'accroissement des départs à 19-23 ans reste faible. Le départ des jeunes reste fortement lié à la recherche d'emplois.

Le second trait saillant des mobilités entre l'outre-mer et la métropole est la forte croissance des installations de métropolitains dans les DOM. Ce sont la Guadeloupe et surtout la Réunion qui attirent essentiellement ces nouveaux migrants métropolitains. La migration des métropolitains vers les DOM tire profit de contrats de travail pré-établis, principalement pour les hommes très qualifiés.

La troisième grande caractéristique est constituée par des migrations-retours variables selon le département. Dans la tranche d'âge, 59-68 ans, on observe une forte progression des taux de retour vers les Antilles et vers la Réunion, beaucoup moins vers la Guyane.

D'après Claude-Valentin Marie et Jean-Louis Rallu, « Migrations croisées entre DOM et métropole », *Espaces populations sociétés*, 2004.

Affiche du film *L'avenir est ailleurs*.
Le documentaire relate la migration des Antillais vers la métropole. Certains deviennent postiers, douaniers, aides-soignants, agents RATP...

3 Enquête sur les intentions de retour au pays pour la retraite des personnes nées dans les DOM

Intentions exprimées	Retraite dans le DOM de naissance	Retraite en métropole	Ne sait pas
% des intentions exprimées	87%	7%	6%

Source : Insee, 2009.

4 Page d'informations Internet sur le Passeport mobilité.

5 La clientèle touristique métropolitaine en outre-mer

Dom ou collectivité d'outre-mer	Nombre de touristes	% de touristes originaires de métropole
Guadeloupe	575 000	76 %
Martinique	696 000	79 %
Guyane	40 000	87 %
Polynésie française	211 000	29 %
Nouvelle-Calédonie	100 651	27 %
Mayotte	32 000	25 %
Saint-Pierre-et-Miquelon	26 932	9,5 %

Source : Insee et ministère chargé de l'outre-mer, 2009.

6 L'attrait de la Guadeloupe pour les métropolitains

S'installer en Guadeloupe, c'est fuir le stress, la grisaille, le métro, le froid, les embouteillages, habiter au bord de la mer. Qui n'a rêvé un jour, ne serait-ce que furtivement, de tout recommencer de l'autre côté de l'Atlantique ? Le taux de chômage aux Antilles reste élevé (27 %), mais certains secteurs souffrent d'une réelle pénurie de main-d'œuvre. De même, des secteurs entiers de l'économie locale accusent un net retard de développement que les pouvoirs publics tentent de réduire grâce à des incitations fiscales. Il existe donc de réelles opportunités pour monter sa propre société. Nombreux sont ceux, seuls, en couple ou en famille qui ont sauté le pas, avec plus ou moins de succès. Ils ont réalisé leur rêve en reprenant un hôtel, en achetant un voilier ou en aménageant une superbe maison créole.

Destination Guadeloupe, n° 29, 2007.

7 Campagne de promotion sur les bus parisiens.

8 Une du magazine *Destination Guadeloupe*.

Étude de la situation

1. Dans quelles régions les ressortissants d'outre-mer sont-ils les plus nombreux ? Comment l'expliquer (doc. 1) ?

2. Quels sont les motifs principaux des migrations entre la métropole et l'Outre-mer (doc. 2 et 3) ?

3. Quel est l'objectif du Passeport mobilité ? À qui s'adresse-t-il (doc. 4) ?

4. Quelles raisons expliquent les déplacements des métropolitains vers l'outre-mer (doc. 5, 6, 7 et 8) ?

5. Classez les territoires en deux grandes catégories selon la fréquentation touristique. Comment expliquer les variations entre ces deux catégories (doc. 5) ?

6. À partir de vos réponses, expliquez comment s'organisent les migrations entre la métropole et l'outre-mer.

Question BAC

Présenter les informations d'un document. En vous appuyant sur le document 1, décrivez les principales tendances des migrations entre la métropole et l'outre-mer.

Maîtriser ses connaissances

L'essentiel

Une population de plus en plus mobile

La population française se distribue de manière très inégale sur le territoire national. La mobilité de la population y est croissante. Les mobilités quotidiennes et résidentielles s'expliquent le plus souvent par les nécessités professionnelles. Les migrations touristiques participent également à l'image d'une France en mouvement. Les flux d'immigration, essentiellement liés au marché du travail, sont surtout dirigés vers les régions urbaines et industrielles : Île-de-France, Rhône-Alpes et Alsace.

Des territoires inégalement attractifs

Les mobilités de la population reflètent l'attractivité des territoires. La population française se concentre de plus en plus dans les grands espaces urbains, à la périphérie de ceux-ci et sur les littoraux de l'Ouest et du Sud. Cette attractivité s'exprime à travers les changements de résidences et dans les migrations touristiques. À l'opposé, des territoires souffrent d'enclavement, comme dans certains départements ruraux, du Massif central par exemple, et cherchent à attirer la population.

Les chiffres clés

75 millions : nombre de touristes étrangers en France en 2010.

2 % : pourcentage des Français changeant de région chaque année.

70 % : pourcentage des actifs travaillant hors de leur commune de résidence.

Les notions clés

Mobilité : déplacement temporaire et de courte durée à partir du lieu de résidence, pour différentes raisons (travail, loisir, études).

Migrations alternantes : déplacements quotidiens domicile-travail. On parle aussi de « migrations pendulaires ».

Littoralisation : processus de concentration des hommes et des activités sur les littoraux.

Périurbanisation : phénomène d'urbanisation en périphérie extérieure d'une agglomération.

Le croquis de synthèse

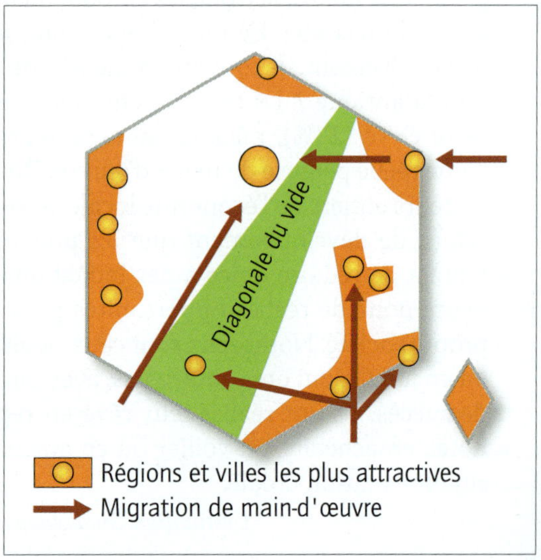

Appliquer ses connaissances

Analyser et commenter un document

Campagne de communication de la ville du Havre

Pour rompre avec la vision négative d'une ville industrielle et portuaire, la municipalité, le Grand Port maritime du Havre, la chambre de commerce et d'industrie et la communauté de l'agglomération havraise se sont associés. Une ambitieuse campagne de communication valorise les atouts de la ville pour le développement économique, l'emploi et met en valeur l'attractivité de son bassin de vie.

Site Internet de promotion de la ville du Havre, *http://www.jevisailleurs.com/* 2010.

1 Analyser le document

1. Quel est l'objectif du document ?
2. Quels atouts de la ville du Havre sont mis en valeur ?
3. Expliquez en quoi cette campagne de communication peut influencer la mobilité de certaines populations.

2 Présenter à l'oral

1. Présenter le document.
Évoquez le type de document et son origine.
2. Décrire le document.
Que voit-on sur le document ? Qu'est-ce que cela montre ?
3. Interpréter le document.
Expliquez en quoi cette campagne est un exemple qui illustre le sujet d'étude.

Introduire un schéma dans sa réponse

Vous pouvez introduire dans votre réponse un schéma pour appuyer et compléter votre argumentation. Le schéma se place à l'intérieur de votre paragraphe. Il complète votre texte en apportant des éléments supplémentaires et enrichit votre démonstration.

1 Choisir un type de schéma

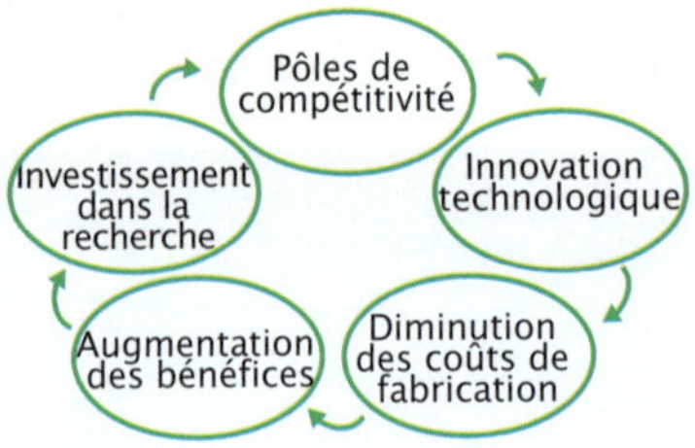

• **Le schéma circulaire.** Il convient pour expliquer un phénomène cyclique. La dernière étape se confond avec la première, il représente principalement des cycles économiques ou climatiques.

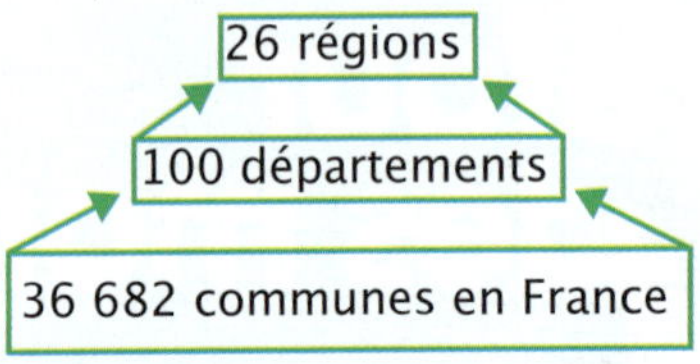

• **Le schéma pyramidal.** Il convient pour représenter une organisation hiérarchique, par exemple l'organigramme d'une société. Il est organisé verticalement, en bas les composants les plus nombreux (la base), et en haut le composant le plus important.

• **Le schéma linéaire.** Il présente un enchaînement de causes et de conséquences (horizontalement ou verticalement).

2 Réaliser le schéma

• **La recherche d'informations.** Sélectionnez les informations qui figureront dans votre schéma. Attribuez une forme géométrique et une couleur à chaque information. La même figure géométrique (rond, carré...) doit représenter des éléments de même type. Les couleurs ont une signification, par exemple une couleur plus foncée exprime un phénomène plus marqué.

• **La mise en relation des informations.** Indiquez par des flèches les enchaînements entre les causes et les conséquences.

• **La présentation.** Présentez de façon claire et agréable. Évitez de surcharger votre croquis par un trop grand nombre d'informations, tracez les traits à la règle.

3 Insérer le schéma dans sa réponse

• **L'introduction.** Reprenez la question dans une phrase affirmative. Fournissez brièvement la réponse à la question posée. Rédigez ensuite un texte organisé pour votre réponse en intégrant des informations issues de vos connaissances ou de la documentation.

• **L'introduction du schéma.** Le schéma vient appuyer et compléter votre réponse, il doit être relié à celle-ci par une formulation du type : « Comme nous pouvons le voir sur le schéma », « Comme le montre le schéma »...

• **La phrase bilan.** Réaffirmez la réponse à la question sous une forme succincte.

Exemple

La question du BAC

En vous appuyant sur vos connaissances, montrez en quoi certains espaces ruraux français autrefois répulsifs redeviennent attractifs pour la population.

La réponse du candidat

La répartition de la population dans l'espace français n'est pas figée. C'est ainsi que certains espaces ruraux autrefois répulsifs sont devenus attractifs. Plusieurs facteurs expliquent cette inversion de tendance.

L'introduction de la réponse reprend la question posée.

Les campagnes en France ont longtemps gardé une image négative, à cause du phénomène d'exode rural. Celui-ci a en partie « vidé » de sa population certaines zones rurales à l'écart du développement économique. Mais ce phénomène tend aujourd'hui à s'inverser et les campagnes accueillent de nouveaux résidents.

Le développement répond à la question posée.

La dégradation du cadre de vie urbain ramène certaines populations vers les campagnes. Cette installation caractérise bien sûr les retraités, mais aussi les néo-ruraux à la recherche d'un cadre de vie plus agréable. Les réseaux de transports et de communication facilitent ces transformations des espaces ruraux. Le développement du tourisme rural permet également de développer une activité économique dans ces campagnes autrefois désertées. Ce phénomène peut s'illustrer par un schéma simple.

Le schéma est mis en relation avec la réponse.

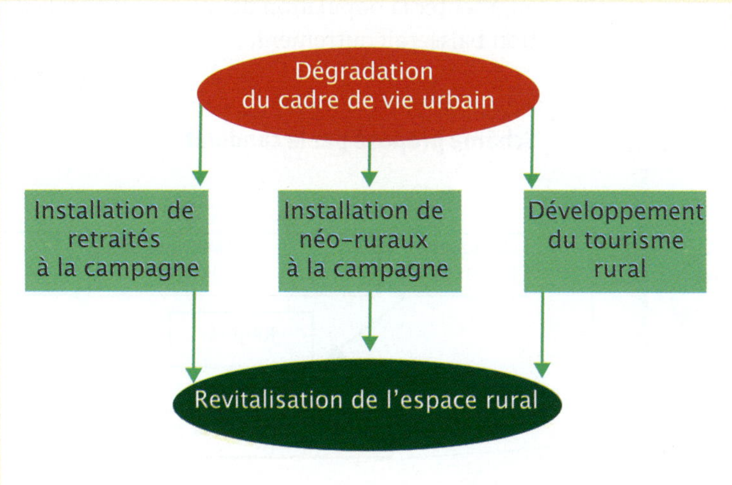

Le schéma : il illustre la réponse sous une forme graphique. Les flèches établissent une relation entre les informations.

Le retour de ces populations vers les campagnes permet ainsi la revitalisation de certains espaces ruraux. Toutefois, ce phénomène n'est pas généralisable à la France entière. En effet, certaines régions rurales continuent à perdre de la population.

La phrase bilan rappelle la réponse sous une forme succincte.

Exercices

Exercice 1

● **Analysez chacune des questions suivantes et choisissez un type de schéma pouvant illustrer la réponse.**

– Montrez comment la négociation dans les entreprises permet de mieux gérer les conflits liés à la délocalisation.
– Expliquez quelles sont les principales causes et conséquences du phénomène de périurbanisation en France.
– Expliquez l'organisation et les fonctions respectives des départements et des régions.

Exercice 2

❶ **Analysez la question posée. Que doit expliquer le candidat ?**
❷ **Quel type de schéma illustre sa réponse ?**
❸ **Pourquoi le schéma choisi ne convient-il pas ?**
❹ **Quel type de schéma serait plus adapté ?**
❺ **En recherchant vos informations dans les pages de cours ainsi que sur Internet, entraînez-vous à réaliser le schéma qui conviendrait.**

Question du BAC → *Décrivez les principales tendances des migrations entre la métropole et l'outre-mer. Vous exposerez dans votre réponse les causes expliquant ces phénomènes migratoires.*

Schéma proposé par le candidat

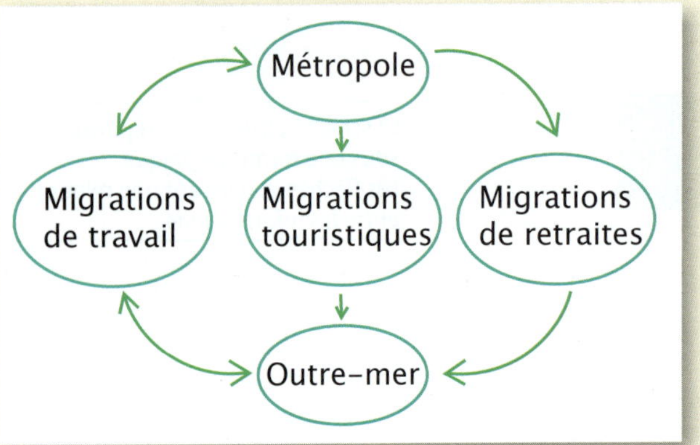

Exercice 3

❶ **Analysez la question posée.**
❷ **Quel type de schéma a choisi le candidat pour illustrer sa réponse ?**
❸ **Le candidat n'a pas terminé son schéma. Reproduisez-le et complétez-le à l'aide des éléments fournis.**

Question du BAC → *En vous appuyant sur le document, expliquez la relation entre les flux migratoires dans les régions de l'Ouest français et le vieillissement de la population.*

Les flux migratoires de population dans l'ouest de la France

Les régions de l'ouest de la France sont attractives pour nombre de retraités (spécialement la Bretagne et le Poitou-Charentes). Certains jeunes actifs sont également attirés par le cadre de vie, mais l'offre insuffisante du marché du travail ne permet pas de contrecarrer un solde migratoire des jeunes globalement négatif. Les jeunes sont plus nombreux à partir de ces régions qu'à s'y installer, notamment pour poursuivre leurs études vers d'autres régions, à Paris en particulier. La poursuite de ces tendances accélère le vieillissement de ces régions déjà relativement âgées par rapport à la moyenne nationale et tend à réduire le solde naturel qui serait observé en l'absence de migrations. Malgré tout l'excédent migratoire contribue à augmenter la population de ces régions, où la population baisserait autrement.

Enquête INSEE, 2009.

Schéma proposé par le candidat

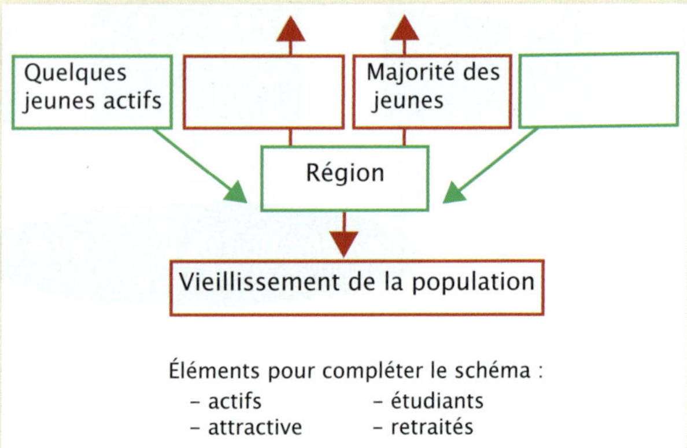

Exercice 4

❶ **Analysez la question posée.**
❷ **Expliquez pourquoi le schéma proposé par le candidat pour illustrer sa réponse est incomplet.**
❸ **Reproduisez et complétez ce schéma.**

Question du BAC → *En vous appuyant sur vos connaissances, expliquez les causes de l'attractivité des régions méridionales en France.*

Schéma proposé par le candidat

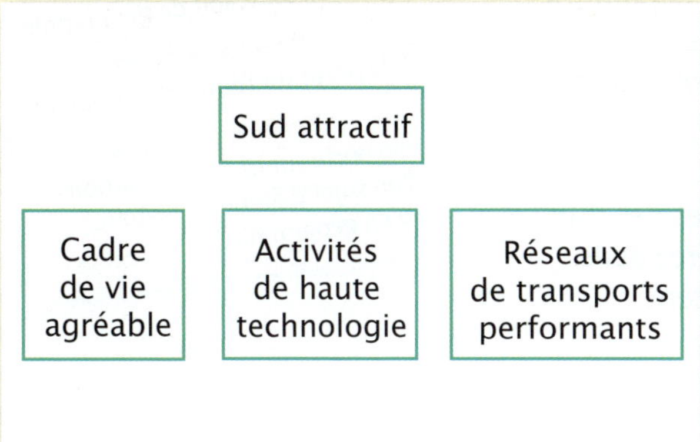

Exercice 5

❶ **Analysez la question posée.**
❷ **Reproduisez la trame du schéma proposé.**
❸ **Complétez-le avec les éléments fournis.**

Question du BAC → *Décrivez les principales transformations des structures de l'industrie française face aux impératifs de la mondialisation.*

Trame du schéma

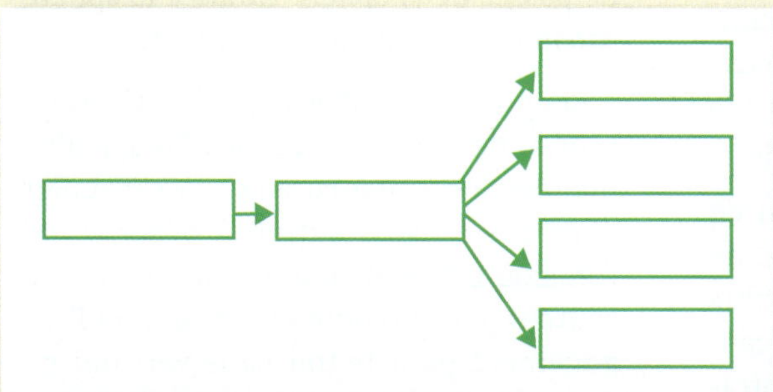

Éléments pour compléter le schéma

- mondialisation ;
- concentration des entreprises ;
- investissements étrangers en France ;
- investissements français à l'étranger ;
- adaptation nécessaire de l'industrie française ;
- accords de coopération.

Exercice 6

❶ **Analysez la question posée.**
❷ **Réalisez un schéma pour illustrer la réponse du candidat.**
❸ **Rédigez une phrase destinée à introduire le schéma dans la réponse, puis rédigez une phrase bilan.**

Question du BAC → *Rédigez un paragraphe argumenté dans lequel vous montrerez l'influence croissante des métropoles dans l'espace français.*

Réponse du candidat

Depuis vingt ans, de nouvelles dynamiques territoriales sont en marche sur le territoire français.

De plus en plus d'hommes vivent dans des villes de plus en plus nombreuses et de plus en plus grandes. Les quartiers centraux des affaires se modifient, avec des immeubles de plus en plus hauts. Des réseaux de communications rapides se mettent en place, les banlieues pavillonnaires s'étendent de plus en plus loin, les villes de second ordre perdent leur autonomie et sont absorbées par les zones d'influence des métropoles. Celles-ci concentrent les pouvoirs économiques, décisionnel, financier et culturel. Dominant cet ensemble, Paris, en compétition avec Londres, étend ses pouvoirs sur l'ensemble de la mégalopole européenne.

Exercice 7

❶ **Analysez la question posée.**
❷ **Rédigez un texte organisé pour répondre à la question.**
❸ **Réalisez un schéma adapté pour illustrer votre réponse.**
❹ **Insérez le schéma dans votre réponse.**
❺ **Rédigez une phrase bilan.**

Question du BAC → *À l'aide du document et en vous aidant de vos connaissances, décrivez et expliquez le phénomène de périurbanisation en France. Votre réponse abordera les facteurs à l'origine de cet étalement urbain, ainsi que ses conséquences.*

L'étalement urbain autour de Nantes et Saint-Nazaire

Les hypermarchés poussés comme des champignons, un boulevard périphérique aussi long que celui de Paris, des quatre voies en direction des quatre points cardinaux, des bourgades ensommeillées devenues des villes, des lotissements à la place des champs... Jusqu'où la ville va-t-elle s'étaler ? Les surfaces urbanisées ont triplé autour de Nantes, de Saint-Nazaire et sur le littoral. C'est ce qu'on appelle l'étalement urbain ou la périurbanisation, qui pose une série de nouveaux problèmes aux acteurs de l'aménagement du territoire.

D'après *Place publique*, revue urbaine de Nantes-Saint-Nazaire, N° 5.

Partie 1 de l'examen

(Vous répondez à toutes les questions)

> **LE BARÈME DU BAC**
>
> **Partie 1 : 9 points**
> Elle porte sur un sujet d'étude, soit d'histoire, soit de géographie.
>
> **Partie 2 : 4 points**
> Elle porte sur l'éducation civique.
>
> **Partie 3 : 7 points**
> Elle porte sur une des situations d'un sujet d'étude en histoire ou en géographie.

Questions sans support documentaire

1 Décrivez et expliquez les mobilités de la population en France métropolitaine. Votre réponse prendra en compte les déplacements à l'échelle locale, régionale et nationale ainsi que les motivations de ces déplacements.

2 Décrivez les principales caractéristiques des flux d'immigration en France. Vous préciserez dans votre réponse les facteurs qui influencent la répartition des étrangers en France.

Questions avec support documentaire

3 Qui est l'auteur du document ? Quels sont ses objectifs ?

4 Rédigez un paragraphe dans lequel vous expliquerez, en vous appuyant sur des exemples concrets, l'évolution de l'attractivité des espaces ruraux en France.

Les ruraux de demain

Le processus d'exode rural en France s'est enclenché dès le XIXe siècle et s'est accéléré après 1945, avec en particulier la mécanisation de l'agriculture. La main-d'œuvre agricole, alors sous-employée, a migré vers les villes pour satisfaire la demande d'une industrie en plein essor.

Aujourd'hui, 75 % de la population vit en ville, mais une grande majorité de Français a des racines rurales. Cet afflux massif de population en quelques décennies est à l'origine d'une forte concentration urbaine. Cette urbanisation massive s'accompagne d'une dégradation du cadre de vie : insécurité, pollution, bruit, augmentation du prix du foncier qui pousse aujourd'hui certains citadins à entreprendre une démarche de retour vers les campagnes. Par ailleurs le développement des moyens de transport individuels et celui des réseaux routiers permettent de passer de la sphère rurale à la sphère urbaine beaucoup plus aisément.

Les possibilités offertes par le télétravail, le désir de retrouver une vie plus agréable incitent les « néo-ruraux » à s'installer dans des espaces autrefois désertés. Si l'on ajoute à ce phénomène le retour aux sources pour nombre de retraités et l'engouement pour le tourisme vert qui ne cesse de grandir, il est possible d'affirmer qu'une nouvelle ruralité se dessine dans les campagnes françaises.

D'après une enquête de l'institut de sondages BVA/Ipsos, 2010.

Partie 3 de l'examen

(Vous ne traitez qu'une des deux situations suivantes)

Situation 1 : La France en été

1 Le port de Saint-Martin dans l'île de Ré en été.

Questions

1. Quelles sont les activités identifiables sur la photographie ?

2. Quelles informations nous délivre ce document sur l'activité de Saint-Martin-de-Ré en été ?

3. Après avoir rappelé les principales caractéristiques des déplacements de population en été, expliquez en quoi cette photographie est représentative de ces mobilités.

Situation 2 : Les migrations entre la métropole et l'outre-mer

2 Le quartier de Belleville dans le 20e arrondissement parisien.

Questions

1. Que nous apprennent les enseignes des commerces identifiables sur la photographie ?

2. Comment expliquer la présence de tels commerces dans un quartier de Paris ?

3. Rappelez les principales caractéristiques des migrations de l'outre-mer vers la métropole en montrant qu'elles peuvent en partie expliquer la présence de quartiers tels que celui de Belleville.

Sujet d'étude

5 L'Union européenne et ses territoires

L'Union européenne est une construction politique et économique. Les États ne participent pas tous aux mêmes projets, et l'Union européenne n'est pas un ensemble géographique uniforme. Elle intègre des territoires différents dans une dynamique de coopération.

1 Le pont Rion-Antirion en Grèce.
Le pont, inauguré en 2004, est situé à l'intersection de deux axes importants : l'axe qui relie les trois plus grandes villes du pays et l'axe des ports de l'ouest. À l'échelle des transports européens, il concerne les flux Italie-Turquie.
L'Union européenne a financé la moitié de sa construction.

Repères géographiques

Comment construire un ensemble commun à tous les Européens ?

2 Le Parlement européen à Strasbourg.
Les 736 députés, élus tous les cinq ans par les électeurs des 27 États membres, représentent 500 millions de citoyens. Ils se rassemblent pour développer la cohésion des territoires et construire des lois communes. Des centaines d'interprètes traduisent donc en temps réel les débats dans les 23 langues officielles de l'union.

Entrée dans le thème

1. Quels indices permettent d'évaluer la taille du pont ? Pourquoi l'Union européenne s'est-elle sentie concernée par sa construction ?
2. Pourquoi les débats du Parlement sont-ils traduits en 23 langues ?
3. En quoi la construction européenne est-elle une réalité ?

Les territoires de l'Union européenne

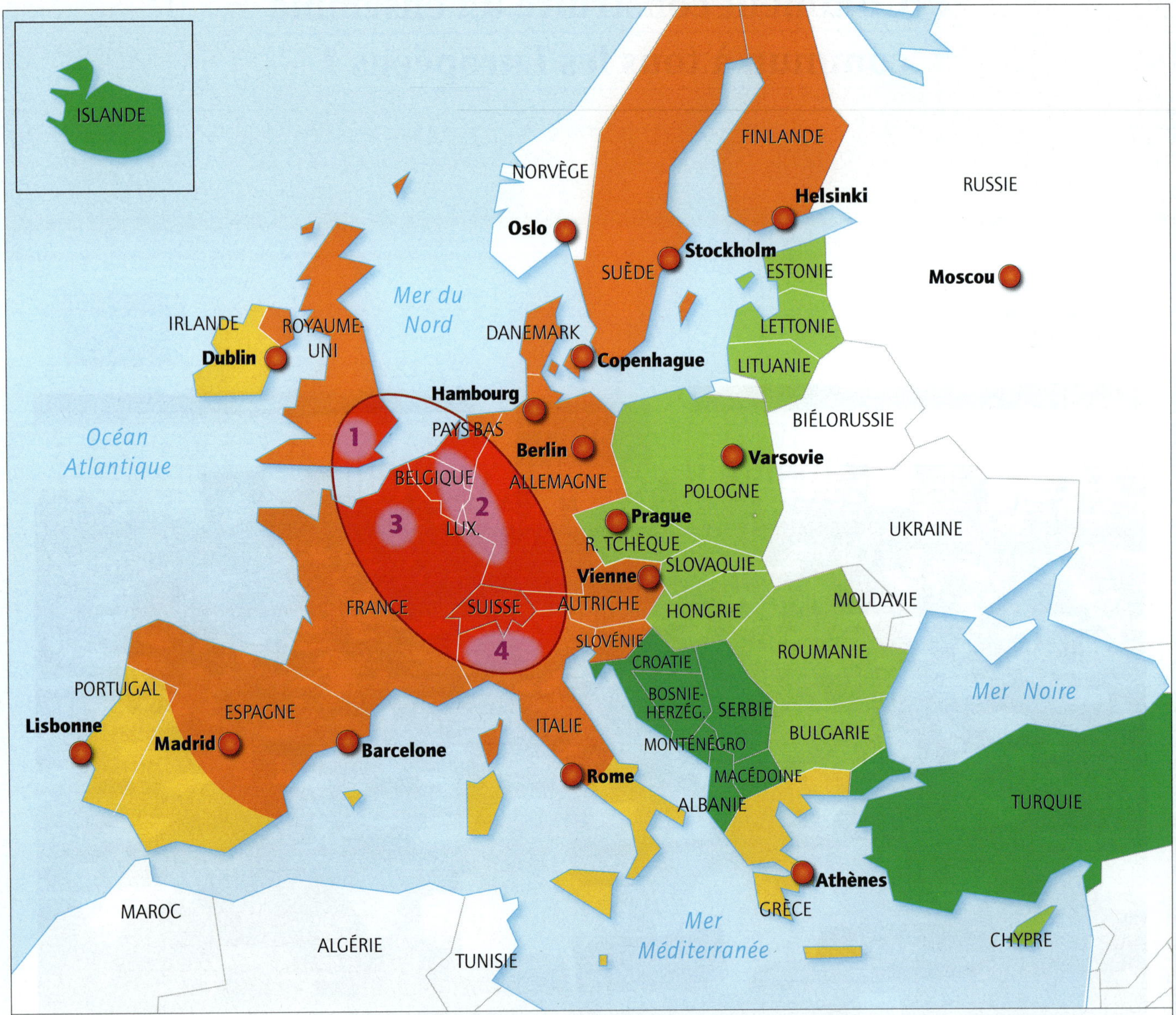

1. Les centres

- Espace central à partir duquel s'organise le territoire européen
- Grandes métropoles : relais du centre
- Régions centrales, cœur de l'espace central :
  - 1 Région londonienne
  - 2 Allemagne rhénane
  - 3 Île-de-France
  - 4 Italie du Nord

2. Les espaces organisés par le centre

- Régions développées, solidement intégrées au centre
- Périphéries anciennes intégrées, affaiblies par la crise depuis 2008
- Périphéries nouvelles, à développer prioritairement
- Périphéries en attente, cherchant à se rattacher au centre

1 **L'organisation du territoire européen.**

Découverte des cartes

1. Quels sont les contrastes géographiques et économiques de l'Union européenne ?
2. Quels sont les différents territoires de l'Union européenne ?
3. D'après ces cartes, indiquez comment l'Union intègre ses périphéries.

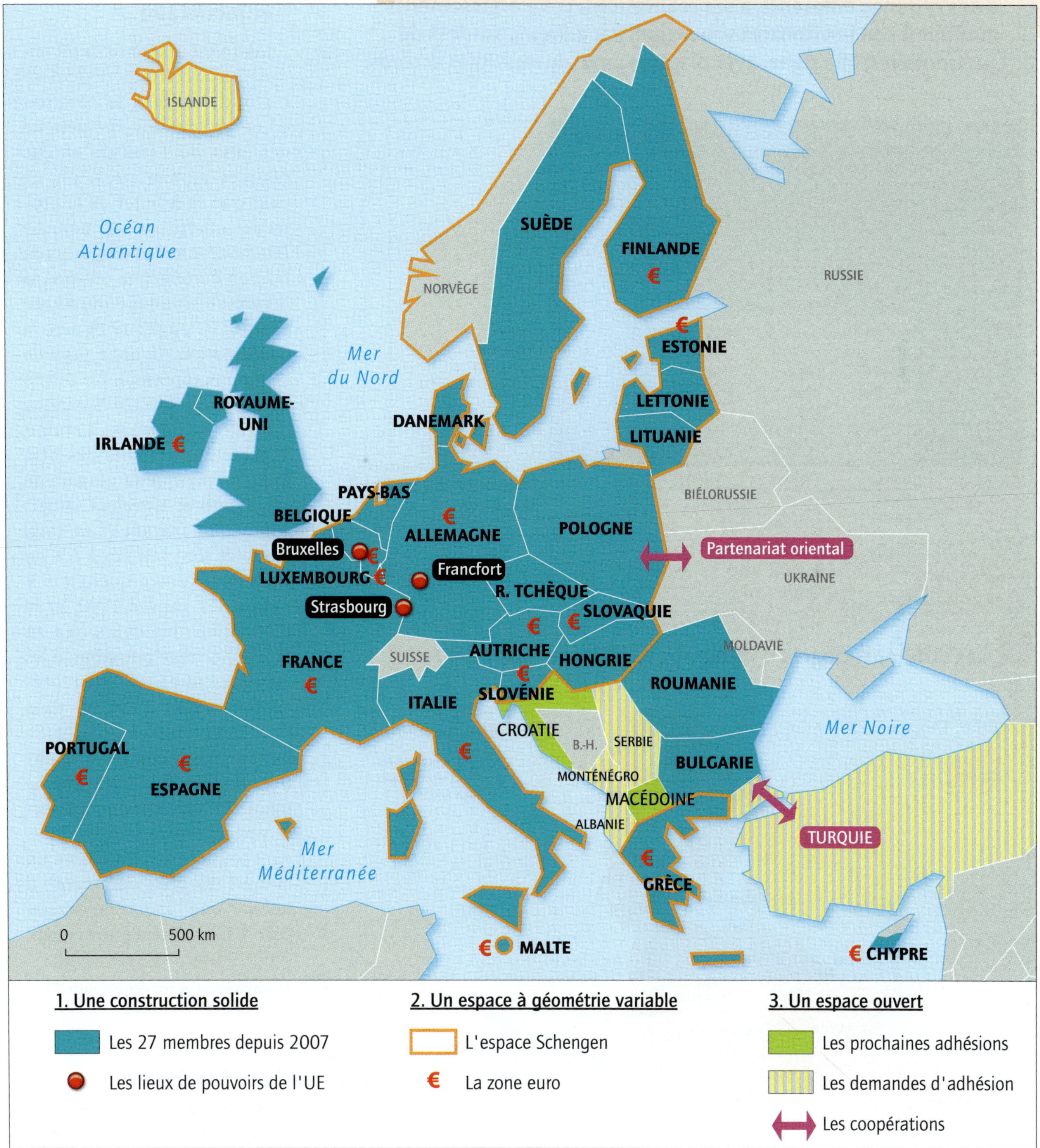

2 **L'Union européenne et ses territoires depuis 2011.**

Cours 1 L'Union européenne : un espace à géométrie variable

▶ Comment, à partir de sa diversité, l'unification de l'Europe progresse-t-elle ?

Les 27 États actuels de l'Union européenne participent, à des rythmes différents, à ses réalisations. Les élargissements modifient son territoire et son action. Par ailleurs, au-delà de ses frontières, elle signe, avec d'autres pays, de multiples accords.

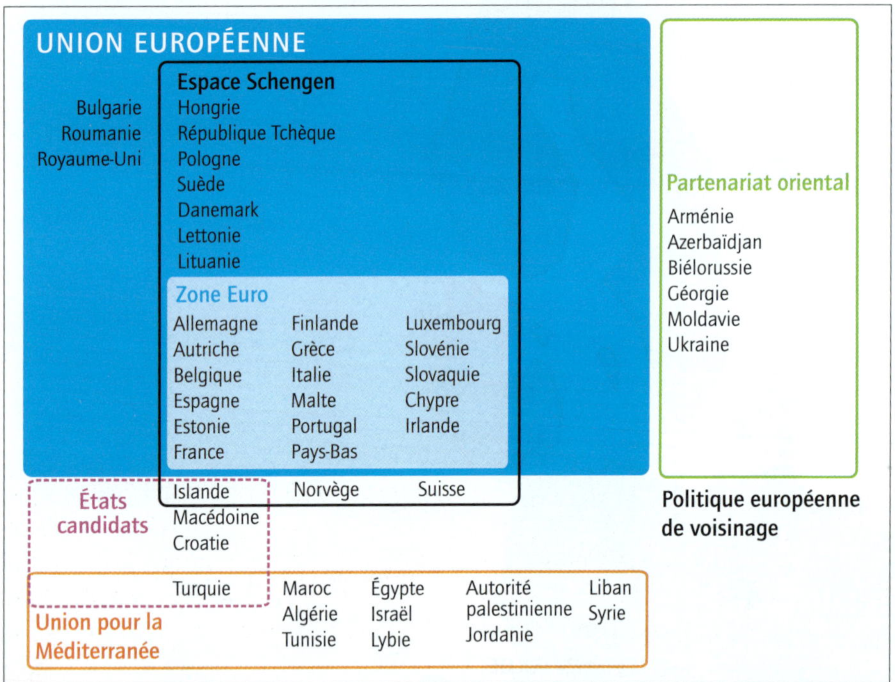

1 Les différents degrés d'intégration à l'Union européenne.

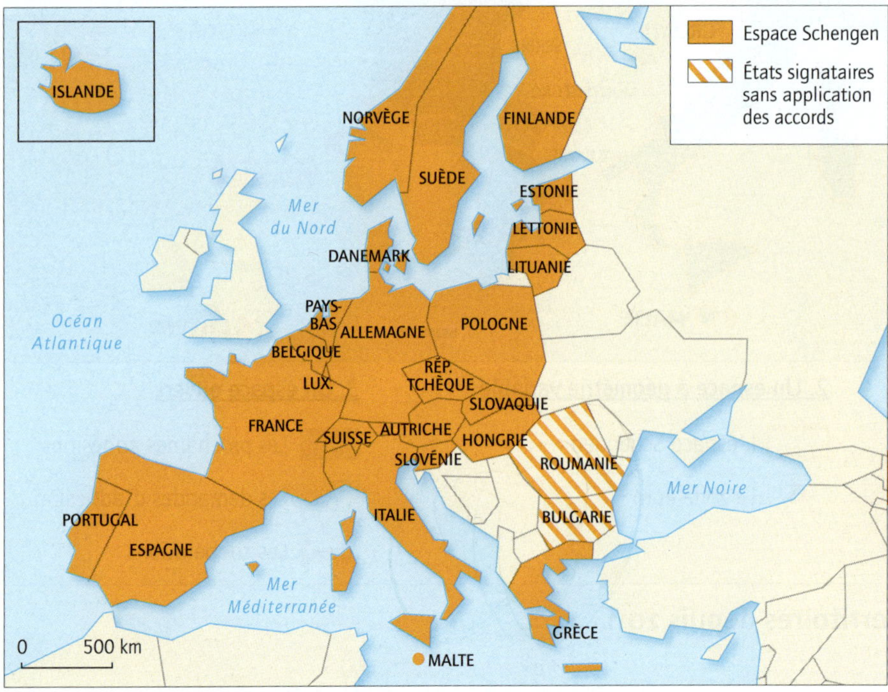

3 L'espace Schengen.

Les contrôles aux frontières intérieures sont supprimés. La sécurité du territoire des États membres est assurée aux frontières extérieures de l'Union, par une coopération douanière et une réglementation commune pour les visas, le droit d'asile et l'immigration.

2 L'Union économique et monétaire

L'euro est une réussite incontestable. En cette période d'incertitude et dans le contexte d'une progression inquiétante des prix de l'énergie et des denrées alimentaires, on ne peut que se féliciter de la protection offerte par une monnaie internationale. Les dirigeants de l'Union européenne ont pris la décision historique d'introduire l'euro le 1er janvier 1999, avec la participation de onze pays de l'Union européenne. Au même moment, ils ont créé la Banque centrale européenne. L'euro a apporté une stabilité des prix à un niveau que la plupart de ses membres n'avaient jamais connu auparavant. Les taux d'intérêt sont tombés à 5 % en moyenne, contre quelque 9 % durant les années 1990, et la disparition des coûts liés au taux de change ont stimulé les échanges internes, qui représentent aujourd'hui un tiers du produit intérieur brut de la zone euro, contre un quart dix ans plus tôt. De la même manière, l'investissement direct étranger représente maintenant un tiers du PIB contre un cinquième précédemment. Il indique que l'attrait de la zone euro a augmenté d'une manière significative.

Commission européenne, juin 2008.

4 Le programme Erasmus

Au cours d'une année, près de 200 000 étudiants reçoivent une bourse pour étudier ou se former à l'étranger. « Le programme Erasmus est une véritable réussite de l'Union européenne, comme le prouvent les deux millions d'étudiants qui, depuis son lancement, en 1987, ont effectué une partie de leurs études ou un stage à l'étranger. Au-delà des individus partant à l'étranger, ce sont aussi leurs établissements d'enseignement et la société dans son ensemble qui profitent au plus haut point de la mobilité transnationale. »

Commissaire européen à l'Éducation, juin 2010.

François Dimberton, 2011.

5 Des partenariats prudents.

Les relations de l'Union européenne avec ses voisins privilégient aujourd'hui les accords de partenariats aux démarches d'adhésion.

Questions

L'Europe de la monnaie unique

1. Quels sont les États de l'Union européenne hors de la zone euro (doc. 1) ?

2. Quelles sont les principales réussites de l'euro (doc. 2) ?

L'Europe de la libre circulation

3. Quelles sont les différentes situations des États européens dans l'espace Schengen (doc. 1 et 3) ?

4. Quel est l'intérêt de l'espace Schengen pour les Européens ou pour les étrangers (doc. 3) ?

Des partenariats extérieurs

5. Quelle est la politique actuelle de l'Union européenne vis-à-vis de ses voisins (doc. 1 et 5) ?

6. Expliquez le succès du programme Erasmus. Quels sont les enjeux de ces échanges (doc. 4) ?

Question BAC

Utiliser ses connaissances. Expliquez comment la diversité des projets permet l'avancée de l'Union européenne vers son unité.

L'Europe de la monnaie unique

Le rapprochement des économies européennes. Depuis 1999, les États européens qui choisissent la monnaie unique s'engagent à construire des budgets équilibrés avec un endettement limité. Les économies solides allemande ou française garantissent la valeur de la nouvelle monnaie. Dans les pays en retard, elle accélère le rattrapage des prix et des salaires. Aujourd'hui, 17 États de l'Union européenne ont comme monnaie l'euro.

L'accélération des échanges. La circulation d'une monnaie unique accélère les échanges économiques au sein de l'Union européenne. La part des exportations mondiales en euros progresse face à la domination du dollar. Toutefois, depuis 2008, la crise économique révèle des disparités au sein de la zone euro. La Grèce ou l'Irlande doivent en urgence réduire leurs dépenses publiques.

L'Europe de la libre circulation

L'espace Schengen. 22 États de l'Union européenne, rejoints par la Suisse, l'Islande et la Norvège, ont aboli toutes leurs frontières pour une frontière extérieure unique. Cet accord, appelé « traité Schengen » établit des règles communes pour les visas ou les demandes d'asile.

La surveillance des frontières. Plus de 70 millions de ressortissants étrangers entrent dans l'Union européenne chaque année pour le travail ou du tourisme. Depuis les accords de Schengen, c'est dans les aéroports qu'ils franchissent le plus souvent la frontière. L'Agence européenne pour la protection des frontières coordonne près de 1 800 postes aux frontières extérieures de l'Union.

Des partenariats extérieurs

Les accords de voisinage. L'Union européenne engage peu à peu des relations avec ses voisins afin de promouvoir la prospérité, la stabilité et la sécurité à ses frontières. La politique européenne de voisinage compte 16 partenaires en Afrique du Nord, au Proche-Orient, dans le Caucase et en Europe de l'Est.

Les territoires d'outre-mer. Issues de l'histoire, des terres lointaines sont associées à l'Europe. Comme la Polynésie française, ou les îles Caïmans britanniques, leurs ressortissants sont citoyens européens. Toutefois, ces territoires ne font pas partie de l'Union européenne, mais ils bénéficient d'accords dans les domaines économiques et commerciaux.

Vocabulaire

Mesures de convergences : décisions qui visent à harmoniser les règles budgétaires comme les taux de dépenses publiques ou d'endettement acceptés.

Politique européenne de voisinage : développée dans le but d'éviter de nouvelles divisions entre l'Union européenne et ses voisins. Elle vise à renforcer la prospérité, la stabilité et la sécurité de tous.

Cours 2

Les débats qui construisent l'Europe

▶ Quels choix construisent l'Europe de demain ?

Une citoyenneté européenne se dessine dans les débats qui accompagnent la construction de l'Union européenne.

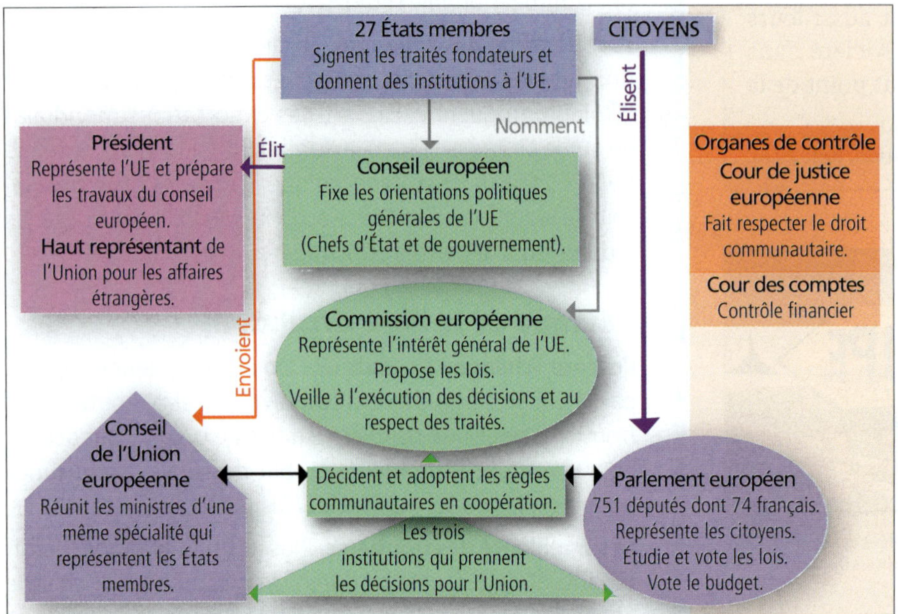

1 **Les institutions de l'Union européenne.**

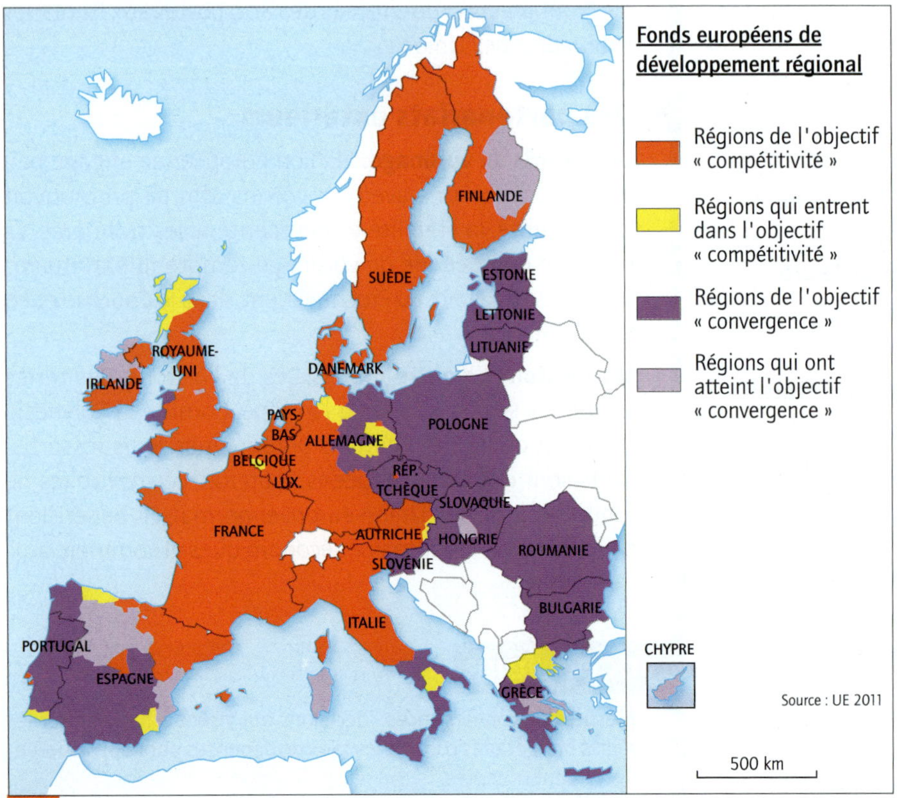

3 **Les aides adaptées aux régions.**

L'Union aide les régions en difficulté avec pour objectif un rattrapage économique.

2 **Les raisons de l'élargissement**

Depuis le Conseil européen de Copenhague en 1993, des valeurs déterminent l'adhésion à l'Union.

« L'élargissement constitue un des outils politiques les plus puissants dont dispose l'Union européenne. La force d'attraction qu'exerce l'UE a permis aux pays d'Europe centrale et orientale de passer de régimes communistes à de véritables démocraties modernes. Plus récemment, l'UE a inspiré de profondes réformes en Turquie, en Croatie et dans les Balkans occidentaux. Il est dans l'intérêt de tous les citoyens européens d'avoir pour voisines des démocraties stables et des économies de marché prospères. Pour l'UE, il est essentiel qu'un processus d'élargissement mené avec discernement répande la paix, la stabilité, la prospérité, la démocratie, les droits de l'homme et l'état de droit dans toute l'Europe. »

Communication de la Commission, *Document de stratégie pour l'élargissement*, novembre 2005.

4 **L'Europe et l'Union européenne**

	UE + autres pays d'Europe	UE seule
Population	740 M	500 M
Nombre de pays	49	27
Superficie	23 M de km²	4,3 M de km²
Espérance de vie	75 ans	78 ans

Chiffres UE, 2010.

5 **Les retards de certaines agricultures.**
En Roumanie, il est encore fréquent d'utiliser la traction animale dans l'agriculture. Ce secteur représente près de 7 % du PIB du pays et emploie un quart de la population active. Les rendements restent très bas et la pauvreté touche près de 20 % de la population.

Questions

Les États dans l'Union européenne

1. Quelle institution fixe les orientations politiques de l'Union européenne (doc. 1) ?

2. Quel est le rôle du président du Conseil européen (doc. 1) ?

3. Parmi les trois institutions qui prennent les décisions, laquelle représente les gouvernements de chaque État (doc. 1) ?

L'entrée de nouveaux États

4. Combien de pays européens ne sont pas membres de l'Union européenne ? Combien d'habitants comptent-ils (doc. 4) ?

5. Quels critères un pays doit-il respecter pour devenir membre de l'Union européenne (doc. 2) ?

La correction des déséquilibres

6. Quelles régions reçoivent les aides de l'Union européenne (doc. 3) ?

7. Quelles indications montrent que des régions progressent (doc. 3) ?

8. La Roumanie a rejoint l'Union en 2007. Quel écart de développement dans l'Union européenne ce document révèle-t-il (doc. 3 et 5) ?

Question BAC

Expliquer les enjeux d'un débat. Montrez que l'intégration d'États très différents a des répercussions sur les choix de l'Union européenne.

Les États dans l'Union européenne

Fédéralisme ou affirmation des États nations ? Soit les États se fondent dans un État fédéral, comme aux États-Unis, et l'Union choisit alors un véritable gouvernement ; soit chacun conserve sa souveraineté, et les États prennent les décisions ensemble.

Une organisation qui privilégie les États. Le choix d'une Europe fédérale n'a pas été retenu. Le Conseil européen, qui réunit les chefs d'État et de gouvernement, fixe les orientations politiques. Les questions de défense, de choix économiques ou de politique étrangère restent aux mains des États souverains.

L'entrée de nouveaux États

L'élargissement de l'Union européenne. La Croatie, la république de Macédoine et l'Islande poursuivent les procédures d'adhésion. La Turquie, qui partage une de ses frontières avec la Grèce et la Bulgarie, ne reçoit pas l'accord de tous les pays européens à son entrée dans l'Union.

Le choix d'un approfondissement de l'Union. L'Union veut construire un ensemble dans lequel tous les citoyens se reconnaissent. Elle s'appuie sur des acquis communautaires et l'ensemble des lois édifiées depuis 1958. Par ailleurs, pour qu'un nouveau pays soit admis, l'unanimité des membres est exigée.

La correction des déséquilibres

Les écarts entre les régions. Par vagues successives, les grandes aires géographiques du continent ont étendu le noyau initial de l'Union européenne. Ces élargissements représentent des défis. Les superficies des États et leur peuplement diffèrent. La Pologne compte près de 40 millions d'habitants alors que les îles de Chypre ou de Malte moins d'un million. De plus, les économies affichent des écarts importants que l'Union doit réduire.

Le renforcement de la cohésion. La réduction des inégalités entre régions impose la distribution d'aides. Le Fonds européen de développement régional (FEDER) finance des infrastructures, des projets pour les régions les plus en retard. Le rattrapage est une priorité pour les économies d'Europe centrale et orientale. L'intégration de régions périphériques comme celles de Bulgarie ou de Roumanie est rapide.

Vocabulaire

Institutions européennes : assemblées qui constituent le pouvoir politique de l'Europe. La Commission européenne et le Conseil de l'Union européenne siègent à Bruxelles, le Parlement européen à Strasbourg, la Cour de justice et la Cour des comptes à Luxembourg.

FEDER : créé en 1975, il vise à renforcer la cohésion économique et sociale en corrigeant les déséquilibres régionaux.

Acquis communautaires : la législation adoptée dans tous les domaines, sécurité commune, commerce, fiscalité... Chaque État adhérent doit s'y soumettre.

Situation 1

Les frontières de l'Union européenne

▶ Quels sont les enjeux aux frontières extérieures de l'Union européenne?

La situation L'Union européenne continue de s'étendre. Ses frontières extérieures se déplacent vers l'Est et le Sud. Elle est désormais au contact de la Russie, de la Turquie et de la rive sud de la Méditerranée.

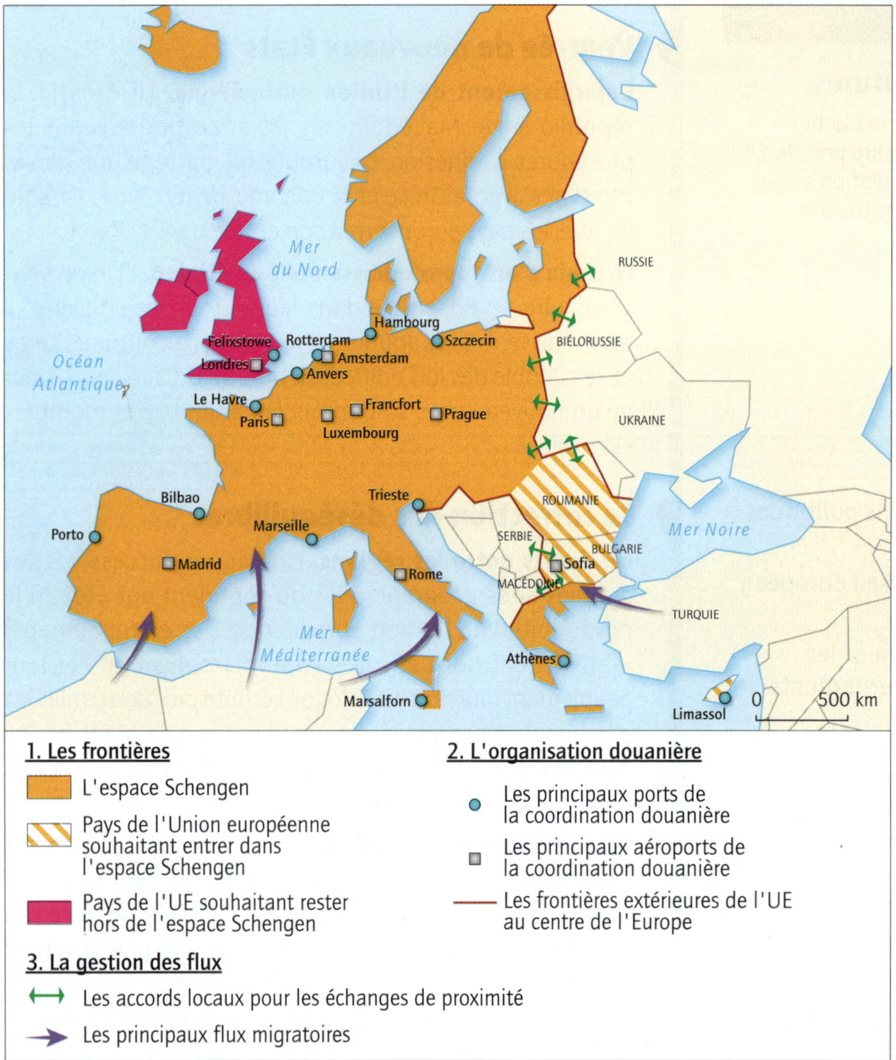

1 Les frontières de l'Union européenne.

2 L'attraction de l'Union européenne

Des dizaines de milliers de jeunes Moldaves sont venus faire leurs études en Roumanie, poussés par le désir d'Europe. Ils réclament un passeport roumain, considéré comme la clé pour entrer dans l'espace Schengen. La Moldavie est un ancien territoire roumain annexé par l'Union soviétique après la Seconde Guerre mondiale. Les deux tiers des quatre millions de Moldaves sont roumanophones, l'autre tiers est russophone. Devenue pays indépendant après l'effondrement de l'Union soviétique en 1991, la Moldavie s'est appauvrie après 2001. L'adhésion de la Roumanie à l'Union européenne en 2007 l'a rendue très attractive pour la jeune génération de Moldaves roumanophones. Depuis, plus de 800 000 demandes de passeport ont été déposées au consulat roumain de Chisinau, la capitale moldave.

Mirel Bran, *Le Monde*, 9 août 2009.

3 **Une porte d'entrée dans l'Union européenne.**
Les aéroports représentent 665 postes de contrôle douanier, les frontières maritimes 871, les frontières extérieures terrestres 246.

4 **Les frontières surveillées du sud de l'Europe.**

5 **L'arrivée de réfugiés.**

124 réfugiés arrivent illégalement sur une plage corse en 2010. Par an, sur 70 millions de ressortissants de pays tiers entrés dans l'Union, près de 300 000 personnes sans visa sont refoulées aux frontières de l'Union.

Étude de la situation

1. Quelles sont les différentes portes d'entrée dans l'Union européenne (doc. 1 et 3) ?

2. Au contact de quels pays se trouvent les frontières extérieures de l'Union (doc. 1) ?

3. Quel est l'intérêt de l'espace Schengen (doc. 1 et carte p. 174) ?

4. Pourquoi l'Union européenne est-elle attractive pour la Moldavie (doc. 2) ?

5. Comment s'organisent les relations transfrontalières entre l'est de l'Union et ses voisins (doc. 1 et 2) ?

6. Que représentent les détroits méditerranéens pour les échanges (doc. 4) ?

7. Quels moyens l'Union mobilise-t-elle pour surveiller ses frontières ? Pourquoi (doc. 1, 4 et 5) ?

Question BAC

Utiliser les informations d'un document.
En vous appuyant sur le document 2, expliquez comment les frontières extérieures de l'Union européenne créent des espaces attractifs et stimulent les flux transfrontaliers.

Situation 2

Un grand projet européen : *Ariane*

▶ Comment expliquer la réussite de la coopération dans la mise au point d'*Ariane* ?

La situation Un satellite sur deux dans le monde est envoyé dans l'espace par la fusée *Ariane*. La coopération d'une dizaine d'États européens, dont la France, explique ce succès. 150 industriels participent au projet qui associe des partenaires comme le Canada ou la Russie.

1 Les États associés dans la société Arianespace

L'Agence Spatiale Européenne participe au programme d'Arianespace, avec 30 pays, dont certains non membres de l'Union européenne comme le Canada, la Turquie, l'Ukraine, la Norvège et la Suisse.

Arianespace, créée en 1980, était alors la première société de lancement de satellites au monde. Aujourd'hui, la société compte 24 actionnaires venant de 10 États européens (CNES 34 %, EADS-Astrium 30 % et des sociétés industrielles européennes participant au programme Ariane 5). Au 1er octobre 2010, Arianespace avait lancé 283 satellites, soit plus de 50 % des satellites commerciaux actuellement en service dans le monde. Le siège de la société se trouve à Evry près de Paris, un établissement en Guyane au Centre Spatial, et des Bureaux à Washington DC (États-Unis), Tokyo (Japon) et Singapour.

D'après le communiqué de presse d'Arianespace Evry, le 11 octobre 2010.

2 Un site adapté au lancement.

Le Centre Spatial Guyanais bénéficie de conditions exceptionnelles pour le lancement des satellites de tous les types vers toutes les orbites. Situé à 5 degrés de latitude Nord, sa proximité de l'équateur donne aux lanceurs un surcroît d'énergie grâce à l'effet de fronde dû à la rotation de la Terre, qui est ici plus important que sur toutes les autres bases de lancement terrestre dans le monde. Cette énergie supplémentaire permet d'envoyer dans l'espace des charges utiles plus importantes à moindre coût, ce qui rallonge d'autant la durée de vie opérationnelle des satellites. De plus, son ouverture sur l'océan Atlantique autorise des lancements directs sur toutes les inclinaisons orbitales, comme les orbites adaptés aux satellites géostationnaires ou l'orbite de la Station Spatiale Internationale. Enfin, le Centre est situé à l'écart des zones peuplées, des zones à risque de cyclones et de séismes.

Arianespace, 2009.

La grande flèche indique la trajectoire de la fusée au-dessus de l'océan Atlantique. Au départ de Kourou, pour rejoindre l'espace, la fusée ajoute à sa vitesse celle de la rotation de la Terre.

3 Le pas de tir

À gauche, les installations pour le lanceur lourd *Ariane 5* (assemblage final, lancement et contrôle). À droite, les installations du lanceur moyen *Soyuz* (préparation, lancement, contrôle).

Arianespace, brochure « Bienvenue en Guyane », 2009.

4 Le satellite européen *Envisat*.

Lancé par *Ariane 5* en 2002, c'est un satellite d'observation de la Terre. Il permet des mesures scientifiques de l'atmosphère, des océans, des surfaces émergées et des glaces.

5 Le décollage réussi pour Ariane 5

CAYENNE, Guyane française, 27 juin (Reuters) –
Le lanceur européen Ariane 5-ECA a décollé à 18h41 locales (21h41 GMT) depuis le Centre spatial guyanais à Kourou. Ariane 5 s'est élevée dans le ciel couvert de Kourou avant de poursuivre sa route vers l'espace. Vingt-six minutes et 39 secondes après le décollage, le lanceur européen a mis sur orbite le satellite de télécommunications Arabsat pour des services de télécommunications pour le Moyen-Orient et l'Afrique du Nord, et six minutes plus tard, un satellite de communication et d'observation océanique et météorologique pour le compte d'un organisme coréen. La mission s'est achevée sous les applaudissements nourris de la salle de contrôle Jupiter, au Centre spatial guyanais, car le lancement, initialement prévu mercredi, a connu deux reports du fait de problèmes de pressurisation.

Dépêche de l'agence Reuters, 27 juin 2010.

Étude de la situation

1. Quels sont les objectifs de la société Arianespace ? Quels sont les principaux acteurs du projet (doc. 1 et 5) ?

2. La politique spatiale européenne dispose d'atouts importants. Lesquels (doc. 1, 2 et 3) ?

3. Décrivez les principaux aménagements du Centre spatial guyanais. À quels types de lanceurs sont-ils destinés (doc. 3) ?

4. Quels sont les avantages du site (doc. 2 et 3) ?

5. À quel projet européen correspond l'envoi du satellite Envisat (doc. 4) ?

Question BAC

Expliquer un document. À l'aide des documents 1 et 3, expliquez comment le projet Ariane s'appuie sur une coopération européenne.

Maîtriser ses connaissances

L'essentiel

L'Union européenne : un espace à géométrie variable

En effet, l'Union européenne n'est pas un ensemble géographique uniforme, il est façonné par une grande diversité de langues et de cultures, de niveaux de développement économique. Son élargissement conduit à proposer différents niveaux d'intégration.

Les 27 États actuels s'associent à des rythmes différents aux réalisations de l'Europe : l'euro est la monnaie de dix-sept États, les hommes circulent et s'installent librement dans vingt-cinq États de l'espace Schengen. D'autre part l'Union européenne coopère avec les États situés à ses frontières extérieures afin de garantir un espace de paix et de développement.

Les débats qui construisent l'Europe

Ses institutions s'adaptent pour permettre les décisions à 27 tout en tenant compte de la volonté des États. Ceux-ci conservent l'essentiel du pouvoir mais apprennent à travailler ensemble et les citoyens de chaque pays deviennent peu à peu des citoyens européens. Les élargissements successifs obligent à tisser de nouvelles relations, à trouver de nouveaux équilibres. Des espaces en retard s'intègrent grâce aux aides versées et aux échanges. De nombreuses mesures concrètes, comme la politique agricole, donnent une cohésion à cet ensemble.

Les notions clés

Frontière : les contrôles aux frontières entre les pays signataires des accords Schengen ont disparu. Les frontières terrestres extérieures demeurent et sont des espaces surveillés. Les aéroports et les ports sont les portes d'entrée principales pour l'Union européenne.

Espace Schengen : ensemble des pays européens qui ont supprimé leurs frontières intérieures et qui dans cet espace, assurent la libre circulation des hommes.

Zone euro : territoires européens où l'euro est la monnaie en circulation. Elle est contrôlée par la banque centrale européenne dont le siège est à Francfort.

Le croquis de synthèse

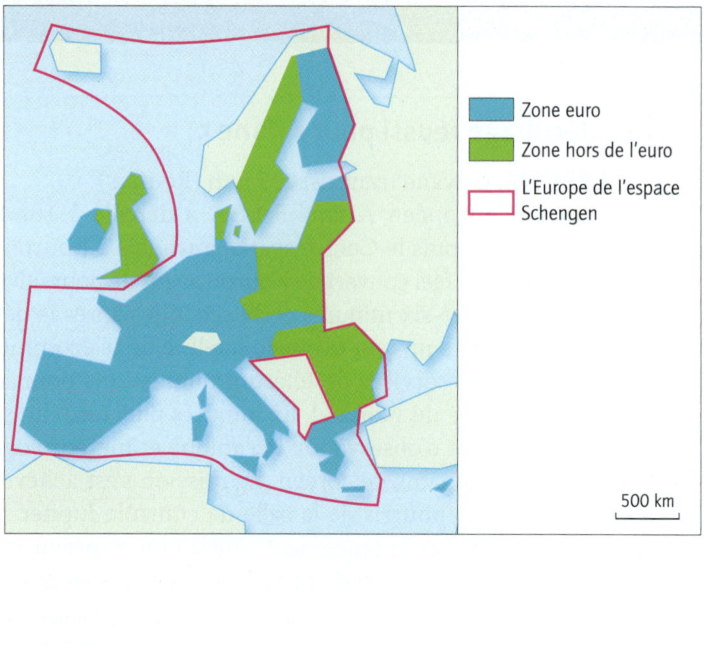

Appliquer ses connaissances

Analyser et commenter un document

L'Europe la nuit

L'image satellite fait surgir les lumières des villes et des métropoles.

1 Analyser le document

1. Quelle est la nature du document ? Quel est son objectif ?

2. Quels espaces la carte permet-elle de comparer ?

3. Expliquez les fractures géographiques, démographiques et économiques mises en évidence par la carte.

2 Présenter à l'oral

1. Présenter le document.
Évoquez le type de document et son origine.

2. Décrire le document.
Ce que l'on voit et ce qu'il montre.

3. Interpréter le document.
Expliquez en quoi le document est un exemple qui éclaire le sujet d'étude.

Utiliser un changement d'échelle

Une question peut demander de justifier un aménagement ou l'organisation d'un paysage à l'échelle d'une région, de l'Europe, ou du monde. La réponse doit alors utiliser différents niveaux d'échelle pour expliquer la situation.

1 Étudier la question posée

- **Ce qui est demandé.** Sur quel sujet d'étude porte la question ? Quelles échelles la question demande-t-elle de mettre en relation ?
- **Ce qu'il faut expliquer.** La question demande-t-elle d'expliquer une situation locale à partir d'une réalité globale, ou les enjeux plus vastes d'un problème local ?

Exemples de questions

- Expliquez la dimension européenne de la ligne TGV Paris-Strasbourg.
- Quelles sont les conséquences locales, nationales et européennes de la construction du viaduc de Millau ?

2 Analyser le ou les documents

- **Les documents.** Pour les documents cartographiques, repérez l'échelle, lisez la légende. Pour les textes comme pour les cartes, repérez les références à l'espace étudié : local, national, régional, mondial. Localisez chaque document.

– L'échelle locale montre un espace à grande échelle, elle permet d'étudier avec précision une petite portion de territoire.

– L'échelle européenne, ou des grandes régions du monde situe les problèmes dans un cadre plus large, pour mieux en comprendre les enjeux.

– Les documents à plus petite échelle représentent de vastes espaces, comme les continents ou la terre.

- **Le changement d'échelle.** Au brouillon, notez les informations qui montrent l'organisation d'un espace. Observez quelle peut être l'impact d'une décision locale.

3 Rédiger la réponse à la question

- **L'introduction.** Reformulez la question en présentant le thème du ou des documents.
- **Le premier paragraphe.** Développez l'étude d'une situation géographique à l'échelle locale à l'aide d'éléments trouvés dans les documents.
- **Le second paragraphe.** Complétez l'analyse en changeant d'échelle, précisez ce que permet de comprendre le document à plus petite échelle.
- **La phrase bilan.** Récapitulez l'essentiel de la réponse en quelques mots.

Exemple

La question du BAC

Quelles sont les implications locales de la Politique agricole commune européenne ?

1 Les prairies humides préservées en région Basse-Normandie

Les exploitants agricoles des marais du Cotentin et du Bessin adoptent des techniques agricoles respectueuses de l'environnement. Ils perçoivent une aide financière qui compense les coûts supplémentaires occasionnés. Sur un coût total de 2,4 millions d'euros, l'Europe a participé à hauteur de 1,3 million d'euros. Avec le fond européen agricole pour le développement rural (FEADER), l'Europe investit dans les zones rurales.

Feader Exemples août 2010.

2 L'agriculture et les territoires pour l'Union européenne

Une dimension a émergé avec plus de force que par le passé : l'importance territoriale de l'agriculture ou plutôt des agricultures européennes.

La Politique Agricole Commune doit nous permettre de préserver l'équilibre de nos territoires et le lien entre territoires et productions. [...] Les citoyens européens comprennent parfaitement la nécessité d'une politique publique ciblée sur l'agriculture au service de la société.

Les soutiens publics doivent :

-promouvoir une agriculture compétitive et durable;

-inscrire les exploitations dans la durée;

-accompagner les exploitations sur le chemin d'une agriculture toujours plus durable;

-ancrer les exploitations et l'emploi sur leur territoire, y compris là où il est plus difficile d'exercer le métier d'agriculteur.

Dacian Cioloş, Membre de la Commission Européenne responsable pour l'Agriculture et le Développement Rural, 22 juillet 2010.

La réponse du candidat

La Politique agricole commune de l'Union européenne permet la mise en valeur d'espaces agricoles fragiles comme le cas des prairies humides.

L'introduction met en évidence le thème et l'échelle des documents.

Un agriculteur français fauche une prairie humide dans les marais du Cotentin. Son équipement est adapté à l'environnement, la multiplication des roues répartit le poids des engins et évite de trop marquer le sol. Le fourrage obtenu est destiné au bétail. Cette agriculture respecte l'environnement, elle façonne un paysage rural soigné en évitant le retour de la friche.

Le premier paragraphe expose la situation locale.

Pour l'avenir, l'Union européenne avance vers le choix d'une agriculture respectueuse des territoires, de l'équilibre des sociétés qui s'y développent et de l'environnement. Cela conduit la politique agricole commune à aider financièrement des agricultures moins rentables mais plus durables.

Le second paragraphe, en changeant d'échelle, explique l'impact de la situation.

Si les agricultures ne sont destinées qu'à produire, des espaces ruraux seront délaissés. Pour l'Union européenne l'agriculture est indispensable à la vie d'un territoire, elle soutient donc des formes d'agricultures différentes.

Le bilan récapitule l'essentiel de la réponse.

Exercices

Exercice 1

● **Étudiez chacune des questions suivantes en repérant les changements d'échelles nécessaires à la compréhension des situations.**

– Quels enjeux représente la construction d'un pont autoroutier en Grèce pour l'Union européenne ?

– Pourquoi les agriculteurs français appréhendent-ils la réforme de la Politique agricole commune ?

– À quelle décision européenne les dispositifs de surveillance autour de l'île de Malte répondent-ils ?

– Relevez dans le document, les pays de l'Union européenne qui participent au projet d'Arianespace.

Exercice 2

❶ **Analysez la question du bac.**

❷ **Relevez dans la légende les éléments que la carte permet de comparer.**

❸ **Relevez et classez les éléments nécessaires pour répondre à la question du bac.**

Question du BAC → *Analysez tout d'abord les disparités de l'Union européenne. Expliquez ensuite quels sont les défis qu'elle doit relever. Développez enfin l'exemple d'un projet qui illustre une Union « à géométrie variable » ?*

Les disparités de l'Union européenne

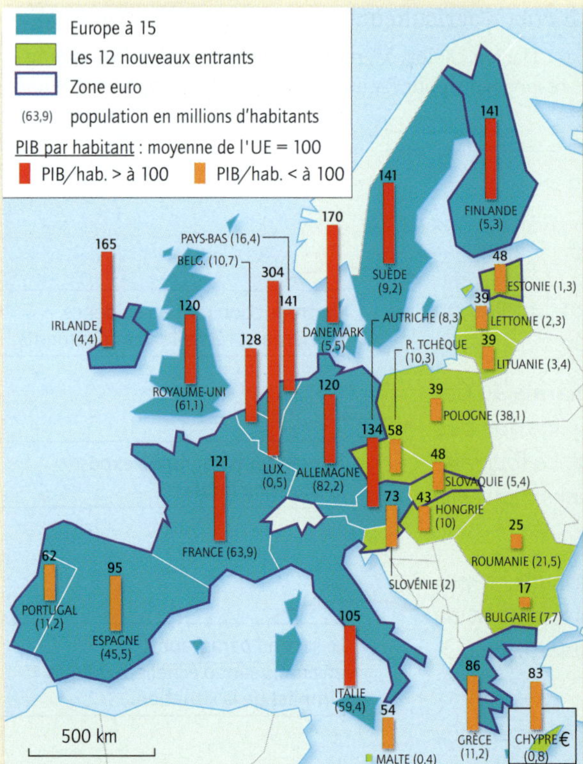

Source : commission européenne, eurostat.
Carte alternatives économiques, 2009.

Exercice 3

❶ **Analysez la question posée.**

❷ **Répondez à la question du bac.**

Question du BAC → *Expliquez les étapes de l'élargissement européen. Dans un premier temps décrivez les étapes à partir du document. Expliquez ensuite à partir de vos connaissances les raisons des élargissements depuis 1995.*

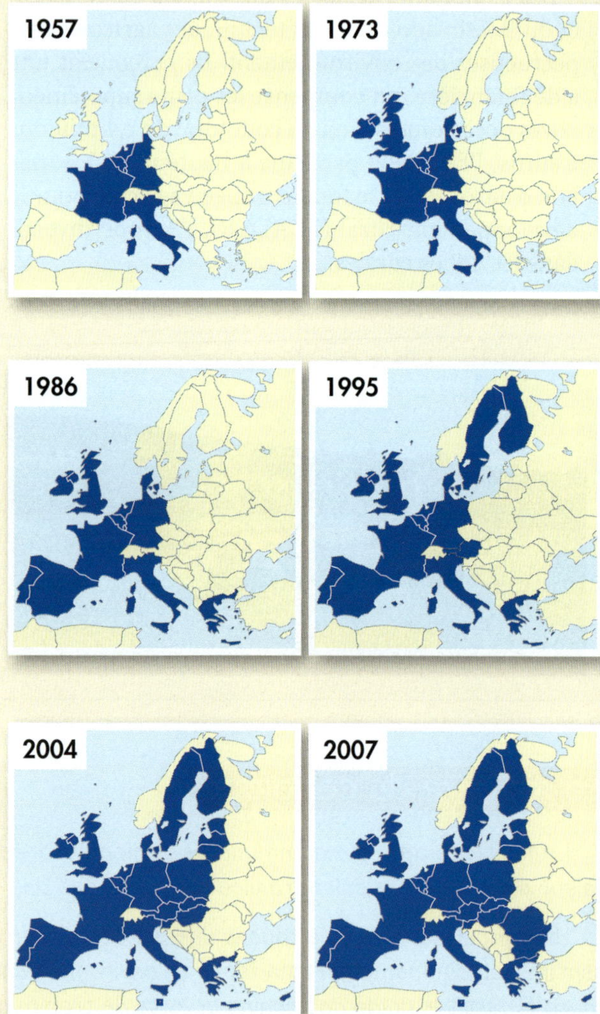

Exercice 4

Précisez tout d'abord au brouillon les objectifs de la réalisation d'un espace européen de la recherche ; Repérez les pays les plus proches des objectifs européens de 3 % du PIB consacrés à la recherche. Rédigez ensuite votre réponse à la question posée. Votre réponse doit comporter une phrase d'introduction, deux parties et une phrase bilan.

Question du BAC → *Montrez que les pays de l'Union européenne appliquent les dispositions du traité de Lisbonne avec des rythmes différents. Vous classerez les pays européens en trois catégories en fonction de la part de leur budget consacrée à la recherche.*

Doc. 1 Les budgets recherche-développement de l'Union européenne

Les états de l'Union européenne ont décidé en 2009 de consacrer 3 % de leur PIB à la recherche développement.

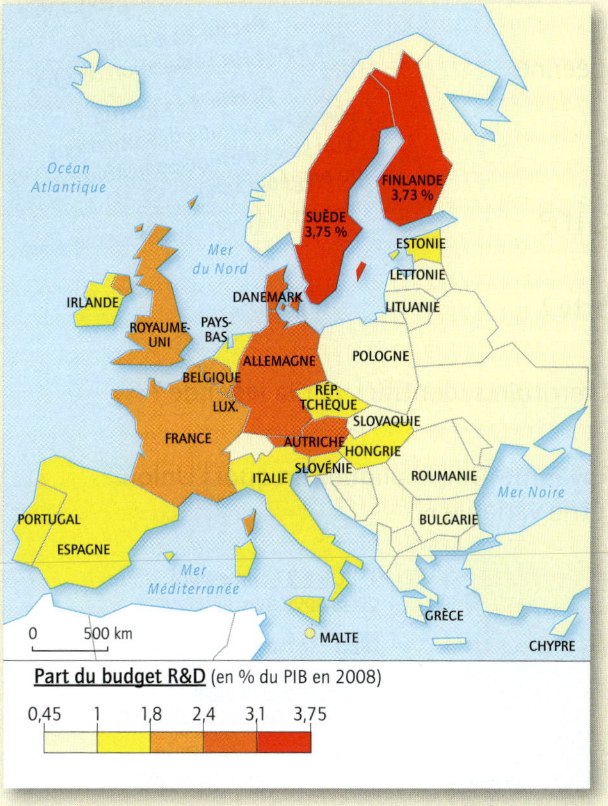

Doc. 2 Article 179 du traité de Lisbonne

1. L'Union a pour objectif de renforcer ses bases scientifiques et technologiques, par la réalisation d'un espace européen de la recherche dans lequel les chercheurs, les connaissances scientifiques et les technologies circulent librement, et de favoriser le développement de sa compétitivité [...]

2. À ces fins, elle encourage dans l'ensemble de l'Union les entreprises, y compris les petites et moyennes entreprises, les centres de recherche et les universités dans leurs efforts de recherche et de développement technologique de haute qualité; elle soutient leurs efforts de coopération [...].

Traité de Lisbonne, 2008, appliqué depuis le 1er décembre 2009.

Exercice 5

En vous aidant des deux documents et de vos connaissances, répondez à la question du bac en construisant une réponse organisée.

Question du BAC → *La construction de l'A 380 est un grand projet européen. Montrez qu'elle associe à l'échelle locale des sites de production très spécialisés, à l'échelle européenne un projet industriel et une volonté politique, et à l'échelle mondiale des partenariats technologiques et financiers.*

Doc. 1 Le premier vol de l'A 380 à Toulouse.

C'est un avion construit par Airbus en Europe et assemblé à Toulouse. Il transporte de 555 à 845 passagers. En complémentarité des sites de production, le projet associe d'autres partenaires industriels dans les pays suivants : Italie, Suisse, Pays-Bas, Australie et Japon.

Doc. 2 Les partenaires industriels de l'airbus A380.

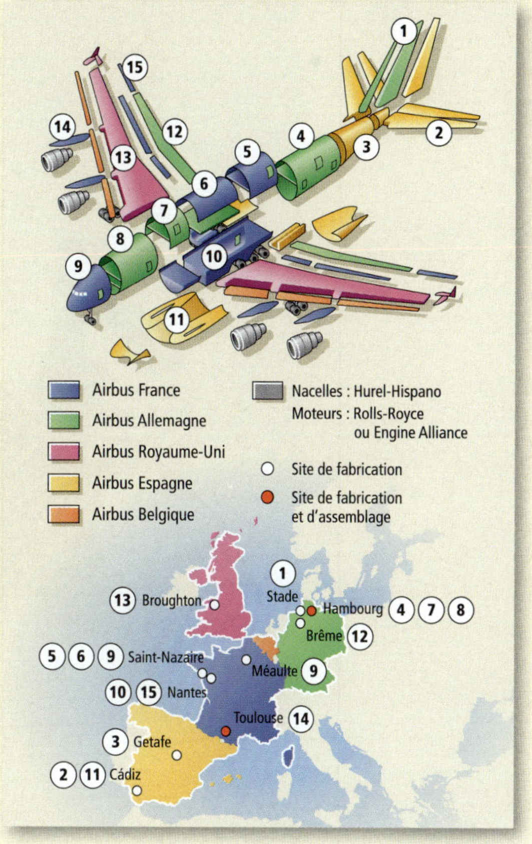

Partie 1 de l'examen

(Vous répondez à toutes les questions)

LE BARÈME DU BAC

Partie 1 : 9 points
Elle porte sur un sujet d'étude, soit d'histoire, soit de géographie.

Partie 2 : 4 points
Elle porte sur l'éducation civique.

Partie 3 : 7 points
Elle porte sur une des situations d'un sujet d'étude en histoire ou en géographie.

Questions sans support documentaire

1 Quelles actions permettent de résorber les disparités au sein de l'Union européenne ?

2 Quels débats au sein de l'Union européenne l'élargissement suscite-t-il ?

Questions avec support documentaire

3 Quel est l'espace représenté par la carte ?

4 Quelles sont les caractéristiques des territoires identifiés par la légende ?

5 En vous appuyant sur l'exemple du Royaume-Uni, expliquez en quoi l'Union européenne est un espace « à géométrie variable ».

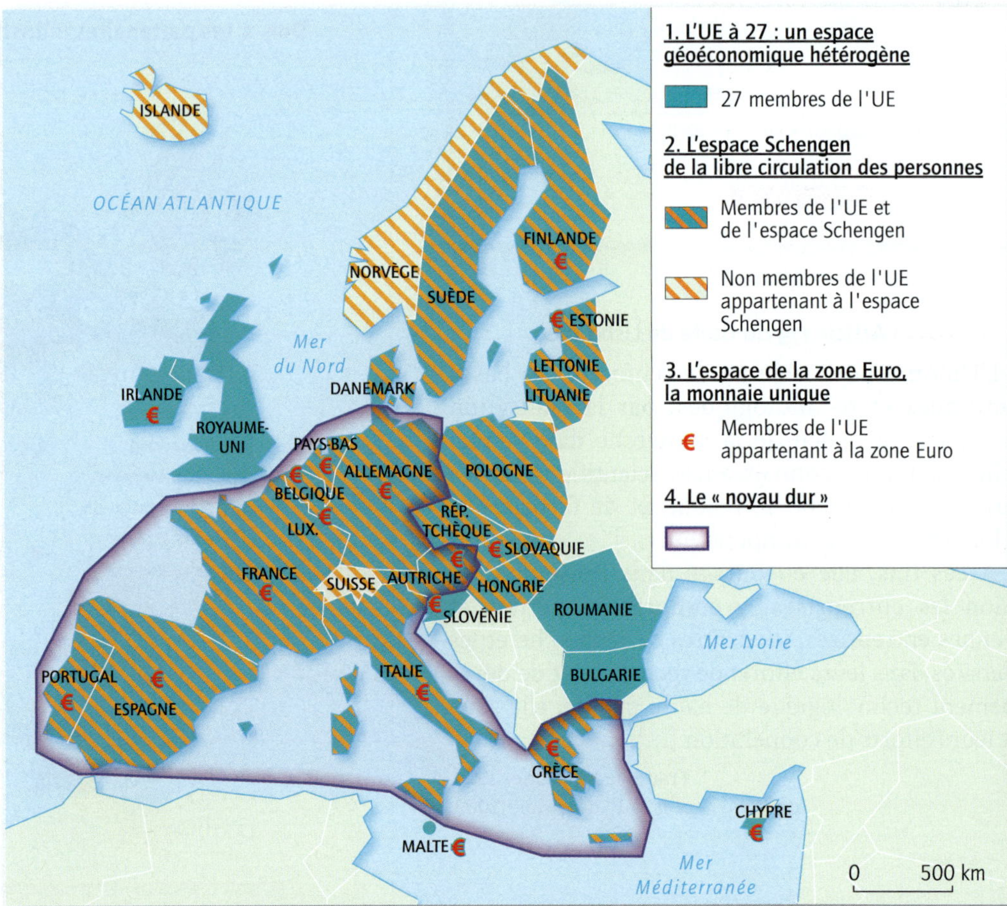

Partie 3 de l'examen

(Vous ne traitez qu'une des deux situations suivantes)

Situation 1 : Les frontières de l'Union européenne

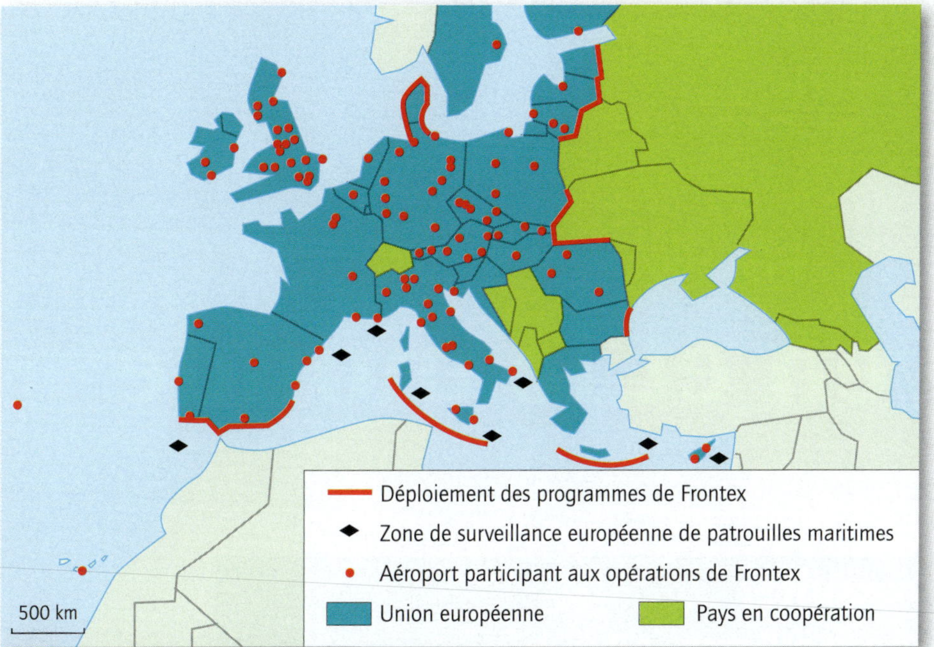

La surveillance des frontières européennes

Questions

1. Qui contrôle les frontières extérieures de l'Union européenne?

2. Quels sont les espaces particulièrement surveillés ? Comment ?

3. Rappelez les caractéristiques de l'espace Schengen pour les citoyens européens ou pour les étrangers munis d'un visa. Pourquoi l'Union européenne est-elle vigilante à ses frontières extérieures ?

Situation 2 : Un grand projet européen *Ariane*

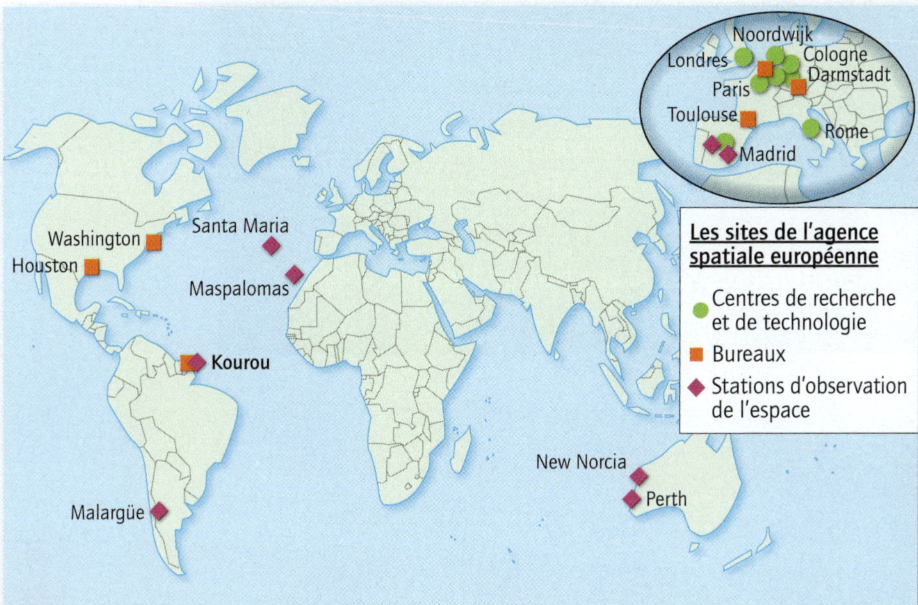

Les sites de l'Agence spatiale européenne

Questions

1. Comment l'Agence spatiale européenne est-elle organisée ?

2. Dans quels pays les centres de recherche et de technologie de l'agence sont-ils implantés ? Expliquez pour quelles raisons ?

3. Avec le programme Ariane, l'agence spatiale européenne offre à l'Europe un accès indépendant à l'espace. Expliquez cette affirmation.

Le citoyen et le monde

Les sites à consulter

1. Droits de l'homme et action internationale
→ *Pour obtenir des informations sur l'ONU et les droits de l'Homme :*
http://www.un.org/fr/

2. Citoyenneté, science et éthique
→ *Pour comprendre les lois sur le clonage*
http://www.gouvernement.fr/gouvernement/la-bioethique

3. Citoyenneté et environnement
→ *Pour s'informer sur la protection des citoyens :*
http://www.cnil.fr/
→ *Pour consulter des données sur le développement durable :*
http://www.developpement-durable.gouv.fr/

4. Citoyenneté et travail
→ *Pour avoir des renseignements sur le contrat de travail :*
http://www.travail-emploi-sante.gouv.fr/

Éducation civique

Éducation civique

Éducation civique

Droits de l'homme et action internationale

▶ L'ONU joue un rôle essentiel pour faire reconnaître les droits de l'homme et préserver la paix entre les nations. Dans le monde, les organisations non gouvernementales humanitaires agissent dans le même sens.

A L'ONU et les droits de l'homme

1. Les objectifs des Nations unies

Le logo des Nations unies

« Nous, peuples des Nations unies, [sommes] résolus à préserver les générations futures du fléau de la guerre qui deux fois en l'espace d'une vie humaine a infligé à l'humanité d'indicibles souffrances,
À proclamer à nouveau notre foi dans les droits fondamentaux de l'homme, dans la dignité et la valeur de la personne humaine, dans l'égalité de droits des hommes et des femmes, ainsi que des nations, grandes et petites [...] ».

Extraits de la charte des Nations unies, 26 juin 1945.

2. Les droits de l'homme

Article 1er. Tous les êtres humains naissent libres et égaux en dignité et en droits. Ils sont doués de raison et de conscience et doivent agir les uns envers les autres dans un esprit de fraternité.
Article 2. Chacun peut se prévaloir de tous les droits et de toutes les libertés proclamés dans la présente Déclaration, sans distinction aucune, notamment de race, de couleur, de sexe, de langue, de religion, d'opinion politique ou de toute autre opinion. [...]
Article 3. Tout individu a droit à la vie, à la liberté et à la sûreté de sa personne.
Article 4. Nul ne sera tenu en esclavage ni en servitude ; l'esclavage et la traite des esclaves sont interdits sous toutes leurs formes.
Article 5. Nul ne sera soumis à la torture, ni à des peines ou traitements cruels, inhumains ou dégradants.

ONU, Déclaration universelle des droits de l'homme de 1948.

3. Les interventions de l'ONU

Les affrontements religieux, ethniques, internes aux États, ont fait plus de victimes, au cours de la dernière décennie, que les conflits entre les États. Des pandémies, comme le sida, tuent plus en Afrique que les armes.
Sous le drapeau de l'ONU, quinze opérations de maintien de la paix sont en cours à travers le monde, mobilisant près de 100 000 casques bleus.

D'après Daniel Vernet, *Le Monde*, 14 septembre 2005, actualisé en 2011.

4. L'aide alimentaire

Le programme alimentaire mondial (*world food programme*) a pour objectif de lutter contre la faim dans le monde. Au Soudan en octobre 2010, des réfugiés qui ont fui les combats au sud du Darfour disposent de rations alimentaires distribuées par les Nations unies. L'aide est réalisée en partenariat avec la FAO (Organisation des Nations unies pour l'alimentation et l'agriculture).

L'intervention de l'ONU au Darfour en 2010.

Questions

1. Quels sont les deux premiers objectifs de l'ONU ? De quelles organisations l'ONU dispose-t-elle pour les réaliser ?
2. Montrez la dimension universelle des droits de l'homme.
3. Expliquez pourquoi les interventions de l'ONU se sont diversifiées.
4. **Question bac.** Mettez en relation différentes interventions de l'ONU et les droits de l'Homme auxquelles elles correspondent.

B L'ingérence humanitaire

En 2008, la Birmanie est frappée par un cyclone. Les militaires au pouvoir refusent l'aide d'urgence humanitaire. Le ministre français des Affaires étrangères et européennes affirme à nouveau le devoir d'ingérence humanitaire face à l'horreur de la situation.

À la question « Faut-il les laisser mourir ? », nous avons jadis clairement répondu par la négative. Durant quarante ans, les *French doctors*[1] ont franchi les frontières au péril de leur vie ou de leur liberté pour secourir les victimes des catastrophes naturelles ou des conflits armés. La diplomatie française a fait voter par l'Assemblée générale de l'ONU des textes unanimes qui proclament le principe de libre accès aux victimes des « catastrophes naturelles et autres situations d'urgence du même ordre » en faveur des organismes de secours (résolution du 8 décembre 1988 et résolution du 10 décembre 1990). Depuis, le principe a été repris par le Conseil de sécurité des Nations unies dans plus de trois cents textes relatifs à une vingtaine de conflits. Chaque fois, il a affirmé sa compétence en matière de droits de l'homme et son exigence d'en faire assurer le respect, au besoin par la force ou la justice pénale internationale.

D'après B. Kouchner, Le Monde, 19 mai 2008.

1. Médecins sans frontières, Médecins du monde.

Questions

5. Décrivez les situations qui expliquent la nécessité de « l'ingérence humanitaire ».

6. Que signifie le « libre accès aux victimes » ? Comment le droit d'ingérence s'est-il peu à peu imposé ?

7. Question bac. Le code pénal français punit la « non-assistance à personne en danger ». Montrez que le devoir d'ingérence humanitaire s'inspire du même principe au niveau international.

C Le rôle des ONG

Amnesty International est un mouvement mondial regroupant 2,8 millions de membres et militants, qui se mobilisent dans plus de 150 pays et territoires pour mettre un terme aux violations des droits humains.

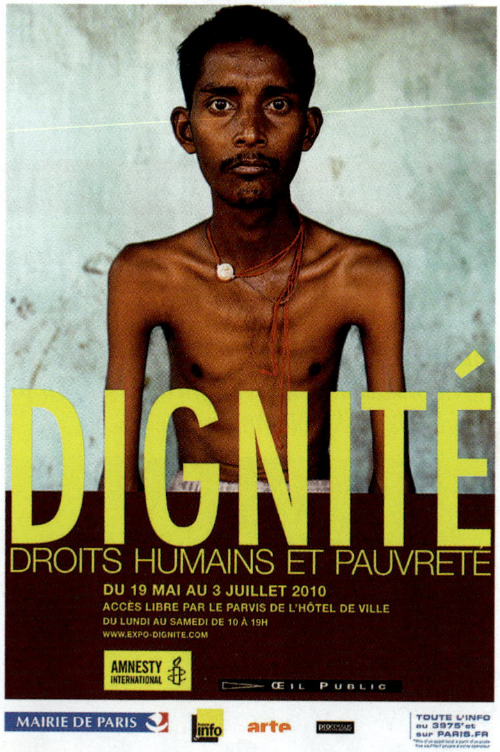

Questions

8. Les ONG (organisations non gouvernementales) interviennent dans des domaines aussi divers que le développement, l'éducation, la santé ou les droits de l'homme. Dans quel domaine l'ONG Amnesty International agit-elle?

9. Comment les ONG sont-elles organisées ?

10. Question bac. Expliquez, en vous appuyant sur un exemple, quel est le rôle des ONG.

Ce qu'il faut retenir

A L'ONU et les droits de l'homme

La Charte des Nations unies ainsi que la Déclaration universelle des droits de l'homme sont signées par les États membres de l'ONU. L'ONU intervient pour défendre des valeurs universelles avec quinze institutions spécialisées, comme l'UNESCO pour la culture, la FAO pour l'alimentation ou le HCR pour les réfugiés. Le Conseil de sécurité, limité à 15 membres, décide des opérations de maintien de la paix ou des interventions d'urgence humanitaire.

B L'ingérence humanitaire

La souveraineté nationale est un principe reconnu internationalement. Aucun État n'a le droit d'entrer sur le territoire d'un autre État. Cependant, depuis 1988, l'ONU reconnaît la légitimité de l'ingérence humanitaire. Dans certaines situations de détresse humaine, l'ONU autorise l'intervention sur un territoire national d'organisations ou de contingents. Même si un gouvernement refuse, le droit international permet de porter secours aux populations victimes.

C Le rôle des ONG

Les organisations non gouvernementales sont des associations dont l'activité est orientée vers la solidarité internationale. Elles agissent dans le dessein de défendre les différents droits de l'homme (civils, politiques, socio-économiques ou culturels) inscrits dans la Déclaration universelle des droits de l'homme de 1948. Indépendantes des États, leurs projets mobilisent des millions de bénévoles.

Citoyenneté, science et éthique

▶ Les technologies du vivant utilisées pour la procréation médicalement assistée modifient le cycle naturel de la reproduction. De nombreux couples peuvent ainsi réaliser leur désir d'avoir un enfant. Mais quelles limites donner à ces techniques qui risquent de modifier l'Homme ou son rapport à la vie ?

A La procréation médicalement assistée

En France, le premier bébé éprouvette, Amandine, naît en février 1982. Chaque année, près de 20 000 enfants naissent après une assistance médicale à la procréation, soit 2,4 % de la totalité des naissances en France. Un couple sur cinq consulte un médecin pour des difficultés à avoir un enfant. On compte 6 % de couples infertiles.

1. La manipulation du vivant encadrée par la loi

1994 – Premières lois de bioéthique[1], elles fixent des principes de base : respect de la dignité de l'individu, interdiction de la location ou de la vente de tout ou partie du corps humain, anonymat et gratuité du don.

Code de la santé publique, loi n° 94-654. Code civil, loi 94-653.

2004 – Loi qui interdit le clonage, reproductif ou utilisé comme traitement médical, ainsi que la recherche sur les cellules souches embryonnaires[2].

Code de la santé publique, loi n° 2004-800.

2010 – Révision des lois bioéthiques. Discussion sur l'assistance médicale à la procréation[3] et le diagnostic prénatal[4], les droits de la personne et les caractéristiques génétiques, le don et l'utilisation des éléments et des produits du corps humain, les recherches sur l'embryon, les cellules souches et le clonage à des fins médicales.

Rapport d'information à l'Assemblée nationale, n° 2235.

2. L'assistance médicale à la procréation

Un don d'ovules peut-il être payant ?
Selon la loi, les femmes qui donnent leurs ovules pour aider des couples à avoir un enfant ne peuvent pas recevoir d'argent en échange de leur geste. Mais c'est une démarche pénible, pouvant présenter des risques. Une indemnisation des frais médicaux engagés existe déjà. Il s'agit d'éviter que ce don devienne une forme de revenu.

Que faire des embryons en surnombre ?
Les cellules reproductrices qui se rencontrent et fusionnent dans un tube donnent naissance à plusieurs embryons. Certains sont transférés dans l'utérus de la mère, d'autres peuvent être congelés. Il faut indiquer à la recherche médicale si elle peut ou non utiliser ces embryons.

Une femme peut-elle porter un enfant pour un autre couple ?
Cette pratique acceptée au Royaume-Uni est strictement interdite en France et dans la plupart des pays, pour des raisons de respect de la personne et du corps humain.

Notes extraites des états généraux de la bioéthique, 2009.

1. **Bioéthique :** réflexion morale liée aux recherches biologiques.
2. **Cellules souches embryonnaires :** cellules issues d'un embryon de quelques jours capables de produire tous les types de cellules humaines (sanguines, nerveuses, musculaires).
3. **Procréation :** naissance.
4. **Diagnostic prénatal :** recherche d'éventuelles anomalies sur l'embryon.

Questions

1. Montrez l'importance du recours aux techniques de procréation médicalement assistée.
2. Quelles interrogations éthiques ces différentes techniques soulèvent-elles ?
3. Quelles règles encadrent l'assistance médicale à la procréation ?
4. Quels sont les arguments de la France pour interdire les « mères porteuses » ?
5. **Question bac.** Face aux expérimentations sur les cellules vivantes, quel doit être le rôle du citoyen?

B Le clonage

En 1996, le biologiste Ian Wilmut et son équipe de l'institut Roslin, en Écosse, créent le premier animal issu du clonage d'une cellule adulte : la brebis Dolly. Le travail mené dans les laboratoires donne maintenant naissance à des clones de vache, de souris, de chat, de cheval.

L'interdiction du clonage animal en Europe

La Commission européenne a proposé d'interdire pendant cinq ans le clonage animal destiné à l'alimentation humaine en Europe. « Il n'y a aucun besoin du clonage pour l'alimentation en Europe », a soutenu le commissaire à la santé qui souhaitait répondre aux inquiétudes des consommateurs. Le commissaire s'est dit préoccupé par la mauvaise image du clonage, car « il nuit aux nouveaux aliments et nous devons les dissocier si nous ne voulons pas avoir de problèmes », a-t-il expliqué. La proposition vaut également pour les importations de clones et la vente de leur viande ou de leur lait. Mais elle est temporaire et ne va pas aussi loin que le souhaitent les gouvernements et les députés européens.

Le Monde, 19 octobre 2010.

Manifestation contre le clonage des animaux.

Questions

6. Qu'est-ce que le clonage ? Dans quel domaine est-il utilisé ?
7. Quels sont les arguments de l'Union européenne pour interdire le commerce d'animaux clonés ?
8. **QUESTION BAC.** Pour quelles raisons une société doit-elle encadrer le clonage ?
Dans votre réponse, expliquez, dans un premier temps, les dangers du clonage et dans un deuxième temps, montrez en quoi chaque citoyen est concerné.

Ce qu'il faut retenir

A La procréation médicalement assistée

On appelle « procréation médicalement assistée » l'utilisation de différentes techniques permettant aux couples non fertiles d'avoir des enfants. Cette pratique pose des questions morales concernant l'utilisation à plus long terme des gamètes prélevés ou des embryons en surnombre. D'autre part, les parents en attente d'enfants et les médecins sont confrontés au risque de naissances multiples et au tri des embryons à implanter.

B Le clonage

Le clonage est la création d'un organisme qui est la copie génétique d'un autre organisme. Les deux organismes partagent donc exactement le même ADN. Cloner des animaux sélectionnés pour produire des individus aux performances élevées est une pratique déjà engagée aux États-Unis et interdite en Europe. En France, les lois sur la bioéthique interdisent le clonage reproductif humain, ainsi que le clonage à but médical.

Citoyenneté, informatique et éthique

▶ Internet et les technologies de la communication transforment la société. Les informations, en nombre croissant, circulent de plus en plus rapidement. Comment garantir la liberté d'informations et d'expression des citoyens ? Et la protection de leur vie privée ?

A La liberté d'informer et de communiquer

1. La multiplication du nombre d'informations

En novembre 2010, plus de 250 000 documents confidentiels de la politique étrangère des États-Unis sont diffusés par le site WikiLeaks et relayés par la presse mondiale. Les animateurs de ce mouvement pensent que les citoyens ont le droit de savoir ce que font les dirigeants de la société. Ils revendiquent une totale transparence de la vie politique.

Slogan du Site : « Aidez WikiLeaks à rendre les gouvernements transparents ! »

Source : Page de présentation du site WikiLeaks.

2. Les règles de la communication sur les réseaux sociaux

Licenciés pour des propos sur Facebook : la justice valide Le licenciement de trois salariés d'une entreprise d'ingénierie de Boulogne-Billancourt, qui avaient dénigré[1] leur hiérarchie sur Facebook, a été jugé fondé vendredi par le conseil des prud'hommes.

Agence de presse, 19 novembre 2010.

1. **Dénigré :** critiqué.

Elles se « lâchent » sur Facebook, elles sont licenciées. Trois travailleuses sociales de Périgueux ont été licenciées pour « faute lourde » après des propos tenus sur leur mur Facebook jugés « injurieux ».

Agence de presse, 22 septembre 2010.

3. La protection des informations en entreprises

« Dans mon entreprise, notre administrateur réseau demande à chaque employé de lui donner accès à son PC pour y avoir des droits d'administrateur afin de gérer les mises à jour, vérifier l'antivirus, etc.

D'un point de vue légal, est-ce que l'on est en droit de refuser l'accès pour ne pas divulguer ses dossiers personnels ? »

Réponse

« Non, vous ne pouvez pas refuser. Le PC de votre entreprise appartient à votre entreprise et est, à ce titre, géré par elle. Le fait d'avoir des documents personnels sur votre poste n'est qu'une tolérance. L'administrateur réseau est habilité par sa fonction à intervenir sur votre ordinateur pour s'assurer de la bonne marche de celle-ci, du bon fonctionnement de l'antivirus, etc. À la suite d'une récente jurisprudence, il a même le droit en présence du salarié, ou en présence d'un représentant du personnel, si le salarié n'est pas là, de vérifier le contenu des répertoires marqués comme « personnels », pour vérifier, par exemple, que le salarié respecte bien son obligation de loyauté envers son employeur ou qu'il ne stocke pas de fichiers interdits (piratage, pédophilie, etc.). »

Questions

1. Montrez que, sur Internet, la loi s'applique comme dans les autres secteurs de la société.
2. Quelles règles s'appliquent dans l'entreprise ?
3. Quel est l'objectif de ceux qui divulguent des documents confidentiels d'un État sur Internet ?
4. **QUESTION BAC.** Dans le domaine de l'information, quels principes un citoyen doit-il respecter dans son milieu professionnel ?

B La protection des citoyens

1. Le traitement des données personnelles

Article 8 - Il est interdit de collecter ou de traiter des données à caractère personnel qui font apparaître, directement ou indirectement, les origines raciales ou ethniques, les opinions politiques, philosophiques ou religieuses ou l'appartenance syndicale des personnes, ou qui sont relatives à la santé ou à la vie sexuelle de celles-ci.

Article 10 - Aucune décision de justice impliquant une appréciation sur le comportement d'une personne ne peut avoir pour fondement un traitement automatisé de données à caractère personnel destiné à évaluer certains aspects de sa personnalité.

Article 38 - Toute personne physique a le droit de s'opposer, pour des motifs légitimes, à ce que des données à caractère personnel la concernant fassent l'objet d'un traitement.
Elle a le droit de s'opposer, sans frais, à ce que les données la concernant soient utilisées à des fins de prospection, notamment commerciale, par le responsable actuel du traitement ou celui d'un traitement ultérieur.

Loi informatique et liberté, n° 78-17, 1978-2011.

2. L'éducation à la vigilance

La Commission Nationale de l'Informatique et des Libertés propose des jeux à destination de la jeunesse afin d'informer des risques liés à la diffusion de données personnelles sur Internet. L'informatique doit respecter l'identité humaine, les droits de l'homme, la vie privée et les libertés.
De nombreux actes de la vie quotidienne (téléphoner, utiliser sa carte bancaire ou surfer sur internet...) génèrent des traces porteuses d'informations sur notre identité.

Sur Internet, sur la route, dans les transports : découvre en image comment tu es tracé !

Sur Internet

Sur la route

Dans les transports

CNIL, « *Tes traces... suivons-les !* »
www.jeunes.cnil.fr/alerte-aux-traces

Questions

5. Quels risques la diffusion d'informations personnelles sur Internet représente-t-elle ?

6. Comment certaines technologies peuvent-elles limiter la liberté des individus ?

7. QUESTION BAC. Quel est l'objectif principal de la loi informatique et liberté ?

Ce qu'il faut retenir

A La liberté d'informer et de communiquer

La loi informatique et libertés protège les personnes des dangers liés aux fichiers et à l'exploitation de données personnelles. Les citoyens bénéficient de droits à faire valoir comme l'accès aux données personnelles, la rectification des données inexactes ou l'opposition à la collecte d'informations.

B La protection des citoyens

Les libertés fondamentales sont protégées comme se déplacer anonymement ou préserver une vie privée. Les technologies sont à réglementer quand leur usage restreint la liberté – quand elles permettent par exemple, la localisation des individus, la multiplication des fichiers ou l'identification par la biométrie.

Citoyenneté et environnement

▶ La biodiversité et les OGM suscitent des controverses. Ces sujets complexes qui portent sur les relations entre progrès techniques, environnement et santé sont souvent traités avec beaucoup de partialité par les médias. Ils nécessitent pourtant une information qui dépasse les messages culpabilisants et simplistes.

A La biodiversité en danger

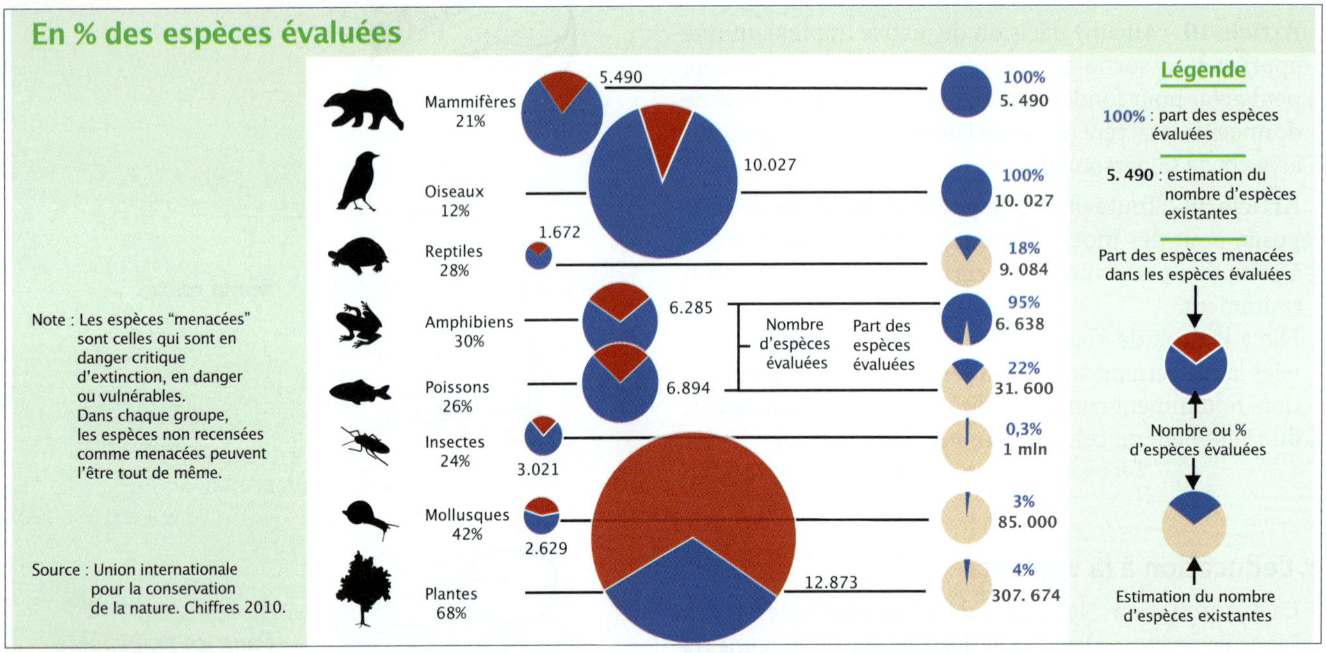

Questions

1. Quelles sont les deux espèces les mieux connues ? les moins bien connues ?
2. Quelles sont les quatre espèces les plus menacées ?
3. **Question Bac.** Recherchez un cas où la défense de la biodiversité a modifié un projet de construction ou de travaux publics, d'infrastructures... Exposez-le devant la classe.

B Le point de vue d'un scientifique sur les OGM

Philippe Joudrier a présidé, pendant quatre ans, le comité d'experts chargé d'observer les OGM.

Depuis l'origine du débat sur les Organismes Génétiquement Modifiés (OGM), de nombreuses données scientifiques continuent à s'accumuler qui, toutes, démontrent que les dangers potentiels, mis en avant par certains, sont non seulement infondés, mais qu'en plus ils restent toujours potentiels, c'est-à-dire non avérés[1].

Dans le même temps, des études, faisant le bilan de leur utilisation, montrent que les plantes résistantes à certains insectes, ou tolérant certains herbicides, ou ayant une teneur améliorée en vitamines, apportent des bénéfices réels pour l'agriculteur, pour l'environnement (moins de pesticides, faune et flore moins affectées, meilleure empreinte écologique) et pour le consommateur.

Avec vingt ans d'existence des OGM dont treize années à grande échelle, il n'est pas possible d'authentifier un seul cas de préjudice envers l'Homme ou la vie sauvage. [...] Néanmoins, ce sont toujours les mêmes arguments qui ressortent sans arrêt lors des débats sur les OGM avec des formules chocs destinées à frapper l'imagination et à faire peur.

Philippe Joudrier, *OGM : Pas de quoi avoir peur !* Le Publieur, 2010.

1. **Non avérés :** incertains, infondés.

Questions

4. Quel constat l'auteur dresse-t-il de vingt ans de culture des plantes OGM ?
5. **Question Bac.** Recherchez dans la presse des articles sur les OGM. Dans leur ensemble, présentent-ils un point de vue favorable ou défavorable aux cultures OGM ? Relevez les différents arguments.

C Le débat sur les OGM

Affiche de Greenpeace, 2010. Monsieur Baroso, président de la Commission européenne, autorise la mise en culture de la pomme de terre « Amflora », génétiquement modifiée. Il propose aussi que, désormais, les interdictions de culture des plantes OGM ne soient plus prises au niveau européen, mais au niveau de chacun des pays membres de l'Union européenne.

Communiqué de Greenpeace, 2010.

Greanpeace l'affirme depuis des années : dès lors que des organismes génétiquement modifiés (OGM) sont cultivés en plein champ, la contamination génétique est inévitable et incontrôlable. Ceci est d'autant plus vrai lorsque la plante en question est du colza ! La preuve en est faite, aux États-Unis, où sont cultivés près de deux millions d'hectares de colza transgénique. Une récente étude dévoile ainsi que 86 % des plants de colza prélevés le long des routes du Dakota du Nord (près de la frontière canadienne) sont porteurs d'au moins un gène de résistance à un herbicide total ! Ce que cette découverte signifie, c'est que plus personne n'a la main sur les mutations de ces OGM, capable de s'hybrider[1] à l'infini et sans aucun contrôle. À l'heure actuelle, il est impossible de prédire les conséquences environnementale, sanitaire et économique de tels croisements spontanés.

Greenpeace, *OGM incontrôlables : le cauchemar continue aux États-Unis*, site Greenpeace France, 2010.

1. **Hybrider :** le fait de croiser de variétés, des espèces différentes.

Questions

6. Que dénonce l'affiche de Greenpeace ?

7. Quel est, pour Greenpeace, le principal danger de la culture « en plein champ » du colza OGM ?

8. Question Bac. En quoi les points de vue exposés dans les documents B et C s'opposent-ils ? Relevez et expliquez les arguments de chaque document.

Ce qu'il faut retenir

A La biodiversité

Le terme « biodiversité » désigne la variété des milieux naturels et des formes de vie. Sur les 50 millions d'espèces animales et végétales que compte la Terre, plusieurs milliers disparaissent chaque année. Mais, à cause des activités humaines, leur taux d'extinction peut être de 100 à 1 000 fois supérieur au rythme naturel.

B Les OGM

Les organismes génétiquement modifiés sont des organismes vivants dont l'Homme change le patrimoine génétique. Par exemple, une plante comprend entre 25 000 et 30 000 gènes et l'Homme modifie ses propriétés en introduisant de un à dix gènes étrangers. Le but est de développer sa résistance et de l'adapter à l'environnement local. Les plantes OGM, principalement le soja, le maïs, le colza et le coton, occupent près de 10 % de la surface cultivée mondiale, dans 25 pays dont 15 en développement.

C Le débat sur les OGM

Les opposants aux cultures OGM affirment qu'elles modifient l'équilibre naturel des écosystèmes, menacent la biodiversité et peuvent un jour avoir des conséquences néfastes sur la santé des hommes. Les partisans des cultures OGM inscrivent ces dernières dans l'histoire de la sélection des semences, soulignent les solutions apportées à des problèmes agricoles locaux et constatent l'absence de dangers scientifiquement établis.

Citoyenneté et environnement

▶ Les déchets, qu'ils soient d'origine nucléaire ou domestique, posent de nombreux problèmes si l'on se place dans une perspective de développement durable. Leur gestion interroge aussi sur la responsabilité du citoyen aux plans individuel et collectif dans les dispositifs mis en place.

A Les déchets domestiques des Français

La composition de la poubelle des ménages français

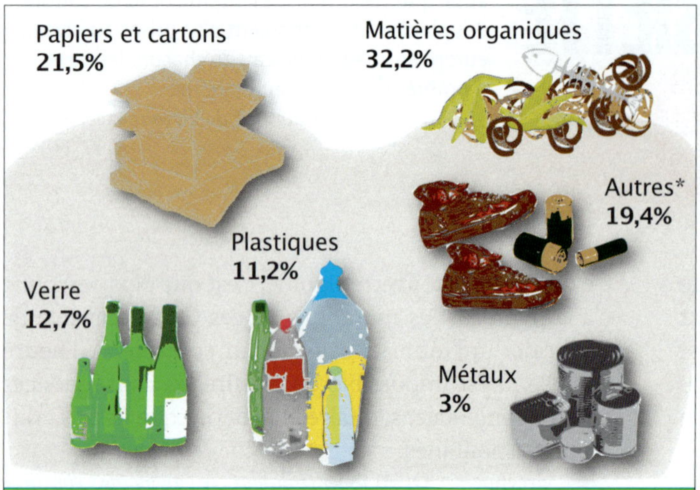

Déchets des ménages: composition de la poubelle
Source MODECOM
*: textiles, combustibles et incombustibles divers, matériaux complexes, déchets dangereux des ménages.

Questions

1. Quelle part représentent les papiers, cartons, verres, plastiques, métaux dans les poubelles ?

2. Dans quelles conditions s'effectue le ramassage des ordures ménagères dans votre commune de résidence ?

3. QUESTION BAC. En quoi la gestion des déchets concerne-t-elle tous les citoyens ? Vous expliquerez d'abord le problème posé par les déchets, vous expliquerez ensuite quels gestes quotidiens sont de la responsabilité de chaque citoyen.

B L'allègement des poubelles, un engagement citoyen

Afin d'atteindre les objectifs du Grenelle de l'environnement[1] qui visent à produire moins de déchets, à en recycler beaucoup plus, tout en diminuant le recours au stockage et à l'incinération, un effort est à produire dans trois domaines.

• **Limiter le gaspillage des ressources.** Le gisement concerné par des gestes simples de prévention (tels le compostage domestique, le Stop-Pub, la limitation des impressions bureautiques...) représente 39 % de l'ensemble des ordures ménagères, soit environ 150 kilos par habitant et par an. On relève notamment dans ce gisement 7 kilos de produits alimentaires non consommés, encore emballés.

• **Favoriser le compostage.** Concernant les déchets organiques (matières putrescibles et papiers-cartons) jusqu'à 52 % des ordures ménagères résiduelles, soit 164 kilos par habitant par an, pourraient être valorisées en combinant compostage domestique et filières collectives de gestion biologique (compostage ou méthanisation). La part des seuls déchets putrescibles représente aujourd'hui 125 kilos par an, soit 40 % de la poubelle grise[2].

• **Ne pas négliger le tri sélectif.** Un engagement plus marqué des Français, un meilleur respect des consignes de tri, ainsi que le développement de nouvelles technologies de valorisation, pourraient permettre d'extraire des poubelles grises jusqu'à 100 kilos par habitant par an de déchets tels que papiers, cartons, plastiques, métaux... Le verre représente encore 20 kilos par habitant par an dans les ordures ménagères résiduelles.

Agence de l'environnement et de la maîtrise de l'énergie (ADEME), communiqué de presse du 23 juin 2009.

1. En 2007, lors du Grenelle de l'environnement, l'État et des acteurs du développement durable se sont engagés à privilégier 268 solutions respectueuses de l'environnement.
2. Nom donné à la poubelle qui contient les déchets résiduels des ménages.

Questions

4. Par quels engagements individuels les Français pourraient-ils réduire leur production de déchets ?

5. Que deviennent les ordures ramassées dans le cadre d'un tri sélectif ?

6. QUESTION BAC. D'après ce communiqué de presse, quel est l'intérêt du recyclage des déchets ? Vous répondrez en citant des éléments précis.

C L'énergie nucléaire dans le monde

1. Les réacteurs nucléaires dans le monde

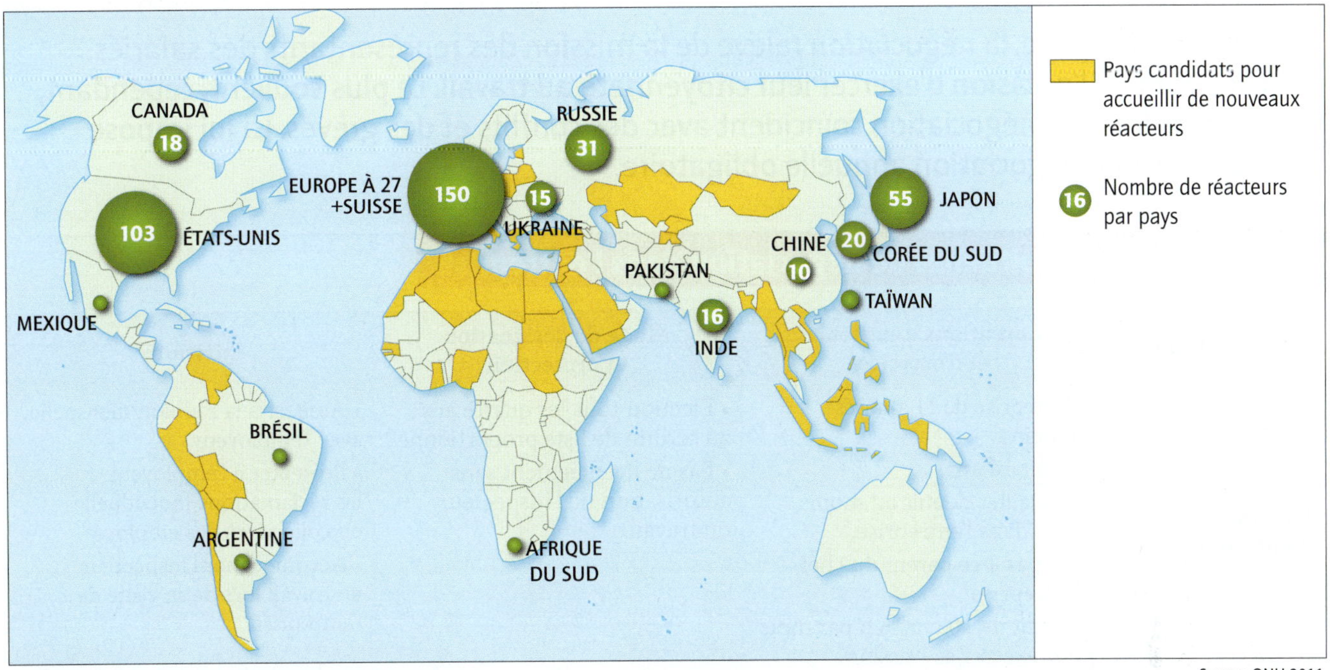

Source ONU 2011.

2. Les déchets radioactifs

	Type A	Type B	Type C
Provenance	Gants et petits matériels des centrales, des laboratoires de recherche, des hôpitaux	Filtres ayant contenu de l'uranium, boue des usines de retraitement	« Déchets vitrifiés » de combustion de l'uranium dans le cœur des réacteurs
Radioactivité	faible	moyenne	forte
Durée de vie	300 ans	de 10 000 à 90 000 ans	de 10 000 à 90 000 ans
% dans l'ensemble	90 %	9 %	1 %

Questions

7. Où sont situés les réacteurs en activité ? et ceux en projet ? Que constatez-vous ?

8. Où est situé le réacteur nucléaire le plus proche de votre établissement ? Quelles sont les consignes en cas d'incident ?

9. Question Bac. Pourquoi, dans le choix du nucléaire, peut-on parler de « responsabilité collective » ?

Ce qu'il faut retenir

A Les déchets domestiques des Français

Chaque Français produit annuellement 590 kilos de déchets. Les deux tiers se retrouvent dans les poubelles et les conteneurs de tri, le dernier tiers dans les déchetteries. La composition des poubelles n'a pas fondamentalement changé depuis dix ans, seuls les textiles sanitaires (couches, lingettes) sont en forte augmentation.

B L'allègement des poubelles, un engagement citoyen

Le volume global de déchets des Français a été multiplié par deux en quarante ans. Il représente annuellement près de 40 millions de tonnes. Un tiers est orienté vers un cycle de recyclage. Le tri sélectif entre peu à peu dans les habitudes des Français, mais pour atteindre un des objectifs fixés par le Grenelle de l'environnement, 45 % de déchets recyclés en 2015, il faut qu'il devienne un acte individuel et naturel.

C L'énergie nucléaire dans le monde

Une trentaine de pays exploitent aujourd'hui 440 réacteurs nucléaires dans le monde et 450 autres pourraient être construits d'ici 2030. Le choix du nucléaire et l'augmentation du nombre de producteurs pèsent sur les générations futures en raison de la nocivité et de la longévité des déchets.

Citoyenneté et travail : négociation et droit de grève

▶ Dans l'entreprise, la négociation relève de la mission des représentants des salariés. C'est pour eux l'occasion d'exercer leur citoyenneté au travail. Le plus souvent, cependant, les temps forts de négociation coïncident avec des conflits et des grèves. La loi impose désormais une négociation annuelle obligatoire.

A Les instances habituelles de négociation dans l'entreprise

Institutions	Conditions d'existence et d'exercice	Mode de désignation et protection	Missions
Délégué du personnel	• Entreprise de 11 salariés au moins. • Avoir 18 ans. • Travailler depuis au moins un an dans l'entreprise. • Ne pas être parent du chef d'entreprise. • Crédit de 10 h à 15 h par mois pour exercer sa mission.	• Élection tous les quatre ans au scrutin de liste proportionnel. • Pas de licenciement sans autorisation de l'inspecteur du travail.	• Assister à la réunion mensuelle avec l'employeur. • Présenter à l'employeur les réclamations individuelles ou collectives des employés. • Accompagner l'inspecteur du travail lors de sa visite de l'entreprise.
Délégué au Comité d'entreprise	• Entreprise de 50 salariés au moins. • Avoir 18 ans. • Travailler depuis au moins un an dans l'entreprise. • Ne pas être parent du chef d'entreprise. • Crédit de 20 h par mois pour exercer sa mission.	• Élection tous les quatre ans au scrutin de liste proportionnel. • Pas de licenciement sans autorisation de l'inspecteur du travail.	• Assister à la réunion mensuelle avec l'employeur. • Donner un avis sur les questions touchant aux conditions de travail, aux salaires, à l'égalité homme/femme, aux plans de licenciements… • Gérer des activités sociales et culturelles : sports, vacances, sorties…
Comité d'hygiène, de sécurité et des conditions de travail	• Entreprise de 50 salariés au moins. • Être déjà élu puisque ce sont les délégués du personnel et du comité d'entreprise qui élisent en leur sein les délégués au CHSCT.	• Élu pour deux ans renouvelables. • Pas de licenciement sans autorisation de l'inspecteur du travail.	• Assister à la réunion trimestrielle avec l'employeur. • Analyser les risques professionnels. • Vérifier le respect de toutes les règles de sécurité. • Analyser les circonstances et les causes de chaque accident du travail.
Délégué syndical	• Entreprise de 50 salariés au moins. • Avoir 18 ans. • Travailler depuis au moins un an dans l'entreprise. • Avoir obtenu 10 % des voix au premier tour d'élections professionnelles. • Crédit de 10 h à 15 h par mois pour exercer sa mission.	• Désignation par un syndicat sans durée déterminée. • Pas de licenciement sans autorisation de l'inspecteur du travail.	• Représenter son syndicat. • Défendre les intérêts de ses collègues de travail. • Participer aux négociations avec la direction de l'entreprise.

Questions

1. Des possibilités de négociation existent en entreprise. Pour qui ? À quel moment ?

2. Quelle facilité et quelle protection la loi offre-t-elle aux négociateurs institutionnels ?

3. Question Bac. Quelles procédures de négociation existent dans les entreprises ? Par qui les salariés sont-ils représentés ?

B La négociation annuelle obligatoire

La négociation collective dans l'entreprise

La loi du 3 décembre 2008 conditionne le bénéfice de certains allègements de cotisations sociales au respect de la négociation annuelle obligatoire sur les salaires, la durée effective et l'organisation du travail. Chaque année également – dans le cadre d'une négociation distincte ou non de celle portant sur les salaires effectifs et la durée du travail – l'employeur doit engager une négociation sur les objectifs d'égalité professionnelle entre les femmes et les hommes. S'agissant de la négociation sur les mesures relatives à l'insertion professionnelle et au maintien dans l'emploi des travailleurs handicapés, la périodicité est portée à trois ans.

En dehors de la négociation annuelle obligatoire, employeurs et syndicats ont toute liberté pour négocier sur des thèmes qu'ils choisissent : formation professionnelle, congés[1]...

Ministère du Travail, de l'Emploi et de la Santé, ministère des Solidarités et de la Cohésion sociale.

1. Pour qu'un accord soit valide, il doit être signé par un ou des syndicats ayant recueilli au moins 30 % des suffrages au premier tour des élections professionnelles.

Questions

4. Pour les salariés, quel délégué est le négociateur privilégié ?

5. Quels sujets doivent systématiquement être abordés lors de cette négociation annuelle ?

6. Question Bac. Dressez la liste des syndicats de salariés. Lesquels sont implantés dans les entreprises où vous effectuez vos périodes de formation en milieu professionnel ?

C L'exercice du droit de grève

Les motifs des grèves à caractère national, en décembre 2009

Les grèves en décembre

Depuis le 2 décembre
Certains musées et monuments nationaux (Louvre, BNF...).
Revendication : suppressions d'emplois à venir.

À partir du 10 décembre
RER A (grève illimitée)
Revendications : prime pérenne de 120€/ mois, prime variable de 30€/mois.

À partir du 12 décembre 20 heures
SNCF : conducteurs et contrôleurs de train
Revendications : conditions de travail, réorganisations et restructurations internes.

Le 13 décembre au soir
Routiers (grève nationale illimitée)
Revendications : hausse des salaires et des frais de déplacement, 13e mois, mutuelle.

Le 15 décembre
Enseignants
Revendication : projet de formation des enseignants.

« Les grèves en décembre 2009 », *20 Minutes*, 8 décembre 2009.

Questions

7. Regroupez les motifs de grève selon les types de revendications.

8. Question Bac. La grève relève-t-elle du libre exercice d'un droit reconnu par la constitution ou d'une démarche non autorisée ? Répondez en argumentant votre réponse sur des éléments précis.

Ce qu'il faut retenir

A Les instances habituelles de négociation dans l'entreprise

La représentation des travailleurs est assurée par des délégués de terrain élus au suffrage universel direct. La mise en place de ces derniers est conditionnée par les effectifs de l'entreprise. Pour pouvoir négocier en toute liberté, les délégués disposent de facilités et d'une protection contre un licenciement abusif.

B La négociation annuelle obligatoire

Dans la pratique, si les négociations collectives ont toujours existé dans les entreprises, leurs contenus et leurs périodicités variaient au gré des circonstances. La loi de 2008 pose le principe d'une négociation annuelle obligatoire, fixe les thèmes à aborder et désigne les délégués syndicaux comme interlocuteurs privilégiés de la direction.

C L'exercice du droit de grève

En France, la grève n'est plus un délit depuis 1864. Mais la Constitution de la Ve République a fait de la cessation concertée du travail pour obtenir la satisfaction de revendications professionnelles un droit à part entière. Dans les services publics, l'entrée en grève est soumise à un préavis de 48 heures.

Citoyenneté et travail : emploi et flexibilité

▶ Le contrat de travail qui lie l'employeur et le salarié leur offre une sécurité réciproque. Mais avec le chômage et dans le contexte d'ouverture européenne et mondiale, l'emploi est aujourd'hui marqué par de nombreuses contraintes.

A Le contrat de travail

Les deux grands types de contrat de travail

	Contrat de travail temporaire	Contrat à durée indéterminée
Durée de la période d'essai	Un jour par semaine de travail, avec un maximum d'un mois si le contrat est supérieur à six mois.	Deux mois pour les ouvriers et les employés, trois mois pour les agents de maîtrise et les techniciens et quatre à six mois pour les cadres.
Durée maximale du contrat	18 mois.	---
Durée du travail	Doit être indiquée.	Doit être indiquée.
Possibilité de licenciement	En cas de faute grave.	En cas de faute grave et pour raisons économiques après un entretien préalable.
Indemnité de licenciement	S'il n'y a pas de faute, paiement intégral du salaire jusqu'à la fin prévue du contrat.	S'il n'y a pas de faute, indemnité de 10 % du salaire annuel par année de présence.
Droits aux congés payés	Deux jours et demi ouvrables par mois de travail.	Deux jours et demi ouvrables par mois de travail.
Compensations diverses	Indemnité de précarité égale à 10 % du salaire brut total.	Primes d'ancienneté.

Questions

1. Pour quelles caractéristiques n'existe-t-il pas de réelle différence entre les deux types de contrat ?
2. Comment s'expliquent les différences entre les indemnités de licenciement ?
3. **Question Bac.** Quels sont les différents types de contrat existants ? Expliquez leurs différences.

B L'introduction de flexibilité dans l'emploi

1. La pyramide théorique des textes

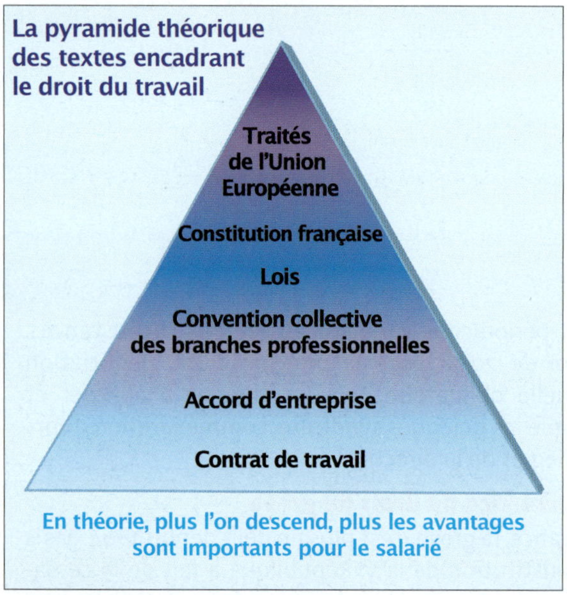

2. Les flexibilités et le marché du travail

- La flexibilité des salaires en fonction de la performance et de la concurrence.
- La flexibilité des emplois du temps sur une journée ou sur année en fonction des besoins.
- La flexibilité des emplois en utilisant des travailleurs intérimaires, des sous-traitants ou en recourant aux licenciements.
- La flexibilité législative permettant, depuis la loi d'août 2008, qu'un accord d'entreprise sur le temps de travail hebdomadaire soit «dérogatoire» aux textes existants au nom du «donnant-donnant» : par exemple, maintien des emplois contre augmentation du temps de travail.

Questions

4. À quelle logique obéit la « pyramide » théorique des textes encadrant le droit du travail ?
5. Selon vous, quelle est la flexibilité la plus dramatique pour un salarié ? Pourquoi ?
6. **Question Bac.** Procurez-vous la convention collective de votre branche professionnelle. Quels avantages offre-t-elle par rapport à la loi ?

C Les contraintes de la mondialisation

1. Les écarts de coûts horaires en euros en Europe

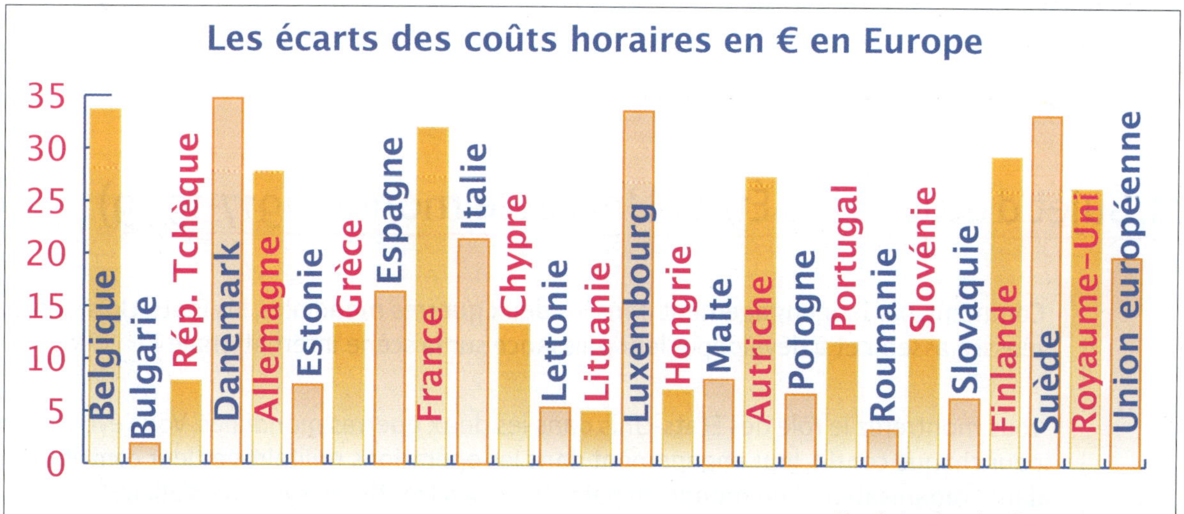

D'après les données d'Eurostat, 2010.

2. La fermeture de l'usine Jacob-Delafon à Brive-la-Gaillarde

L'usine de produits sanitaires Jacob-Delafon est la propriété de la société américaine Kohler. En avril 2010, pour protester contre la fermeture annoncée de leur usine, les salariés ont installé, près de l'entrée, 139 cuvettes de W.-C. surmontées d'une croix symbolisant la disparition de 139 CDI et 21 intérimaires. Les pièces produites à Brive sont désormais fabriquées en Espagne, au Maroc et en Inde.

Questions

7. Relevez les deux coûts horaires les plus élevés et les deux plus bas. Quel écart constatez-vous ?

8. D'après le tableau, comment s'explique la délocalisation de Jacob-Delafon en Espagne ?

9. RECHERCHE. Recherchez dans la presse locale une délocalisation ayant touché une entreprise de votre région. Quand et dans quelles conditions s'est-elle produite ?

Ce qu'il faut retenir

A Le contrat de travail

Le contrat de travail existe dès qu'une personne (le salarié) s'engage à travailler, moyennant rémunération, pour le compte et sous la direction d'une autre personne (l'employeur). Le contrat entraîne un certain nombre d'obligations et de sécurités, tant pour le salarié que pour l'employeur.

B L'introduction de flexibilité dans l'emploi

La flexibilité dans l'emploi renvoie à la souplesse de l'organisation de la production dont a besoin une entreprise pour répondre aux évolutions de son environnement économique. Tout le problème est de concilier la nécessaire sécurité des employés, les exigences économiques et les demandes sociales.

C Les contraintes de la mondialisation

Les inégalités de niveaux de vie aux échelles européenne et mondiale transforment profondément les relations de travail parce qu'elles provoquent des délocalisations et fragilisent l'emploi. C'est l'occasion de conduire une réflexion sur la responsabilité individuelle et collective du citoyen face à ces enjeux.

Partie 1 de l'examen : 9 points

Histoire

Le candidat choisit l'un des deux sujets d'étude suivants.

Choix 1. Sujet d'étude : Les États-Unis et le monde (1917-1989)

1 Comment, par leur engagement dans les deux guerres mondiales, les États-Unis ont-ils réussi à asseoir et à développer leur puissance sur la scène internationale ? (3 POINTS)

2 Vous montrerez le rôle des États-Unis dans les deux guerres mondiales. Vous évoquerez, pour chaque conflit, leur engagement dans les opérations militaires et leur contribution dans l'organisation d'un monde en paix : tracé des frontières, système d'alliance, organisation internationale, relance économique. (6 POINTS)

Choix 2. Sujet d'étude : L'idée d'Europe au XXe siècle

1 Dans quel projet économique l'idée d'Europe s'est-elle d'abord matérialisée ? Quelle en était la motivation première ? (2 POINTS)

2 Dans le cadre européen, qu'est-ce que la supranationalité ? (1 POINT)

3 Quelle conséquence a eu la disparition des blocs sur la construction européenne ? (2 POINTS)

4 Quels débats et quelles oppositions suscite aujourd'hui toute extension des limites de l'Union européenne :
– au plan du développement de ses champs de compétences dans une Europe à 27 ?
– au plan de son élargissement géographique ? (4 POINTS)

Partie 2 de l'examen : 4 points

Éducation civique

Le candidat répond à la question.

Thème : Droits de l'homme et action internationale

Pétition adressée à la fédération internationale des industries du jouet

Plus de 90 % des jouets importés en Europe sont fabriqués en Chine. Au cours de leur production, les droits de l'homme et des travailleurs sont très souvent bafoués. Dans la plupart des usines, de jeunes ouvrières s'épuisent à la tâche pour des salaires de misère. Contraintes de vivre dans des dortoirs d'usine, elles ne reçoivent pas de contrat de travail, travaillent jusqu'à 15 heures d'affilée, ne bénéficient pas de la sécurité sociale et sont punies d'amendes si elles ont le malheur de s'arrêter trop souvent pour aller aux toilettes ou de parler avec leurs collègues. […] Longues heures de travail (jusqu'à 100 heures par semaine) ; salaires de misère, inférieurs au minimum légal, insuffisants pour vivre ; absence de contrats de travail ; absence de mesures de sécurité adéquates ; absence de congés maternité, assurance santé ou retraite ; conditions d'hébergement insalubres etc., la liste des violations des droits de ces ouvriers est longue. […]

Les jouets sont devenus un gigantesque commerce mondialisé, dominé par quelques entreprises américaines comme Mattel, Hasbro ou encore Disney. Les sociétés et leurs actionnaires exigeant toujours plus de profits, les coûts de production doivent diminuer. La solution la plus simple est donc de sous-traiter dans des pays à faible coût de revient. En Chine, les salaires sont incroyablement faibles et ne sont assortis d'aucune assurance sociale.

AIDEZ-NOUS À FAIRE CHANGER LES CONDITIONS DE TRAVAIL DANS LES USINES CHINOISES DE FABRICATION DE JOUETS : SIGNEZ ET FAITES SIGNER LA PÉTITION À L'INTENTION DE LA FÉDÉRATION INTERNATIONALE DES INDUSTRIES DU JOUET !

Pétition mise en ligne le 16 septembre 2010, www.peuples-solidaires.org

Question

■ Les ONG sont-elles des leviers pour mettre les citoyens devant leur responsabilité individuelle et collective ? En vous appuyant sur le document ci-dessus, vous expliquerez ce que dénonce l'organisation non gouvernementale « Peuples solidaires » et quel moyen d'action elle a choisi. Vous citerez enfin d'autres types d'interventions pouvant être utilisés par une ONG. (4 POINTS)

Partie 3 de l'examen : 7 points

Géographie

Le candidat choisit l'une des deux situations présentées (pages 208-209)

Choix 1 • Situation : Le Conservatoire du littoral

Affiche éditée à l'occasion du forum national des gardes du littoral, 2006.

Questions

1. Quel est l'objectif du concours annoncé par le document ? (1 POINT)

2. Quel organisme est à l'origine de ce concours ? Comment expliquer son partenariat avec le Conservatoire du littoral ? (2 POINTS)

3. Expliquez les principales missions du Conservatoire du littoral. Illustrez vos explications par des exemples issus de vos connaissances et d'autres tirés du document. (4 POINTS)

Géographie

Le candidat choisit l'une des deux situations présentées (pages 208-209)

Choix 2 • Situation : Un aménagement dans une communauté de communes

Plaquette de présentation du projet de tramway à Brest éditée à l'initiative de l'agglomération brestoise. Les travaux commencés en 2009, s'achèvent avec la mise en service de la première ligne en 2012.

Questions

1. Quel est l'objectif du document ? (1 POINT)

2. À qui s'adresse-t-il ? (1 POINT)

3. Quels sont les arguments en faveur de la mise en service du tramway à Brest ? (2 POINTS)

4. Expliquez quels sont les enjeux de l'aménagement des réseaux de transports en commun dans une agglomération. (3 POINTS)

Sujet du BAC

Partie 1 de l'examen : 9 points

Géographie

Le candidat choisit l'un des deux sujets d'étude présentés (pages 210-211).

Choix 1. Sujet d'étude : Les mobilités de la population

1 Quel est l'émetteur du document ? Quels sont ses objectifs ? (1 POINT)

2 Quels sont les pays concernés par cette nouvelle ligne ferroviaire ? (1 POINT)

3 En vous appuyant sur le document, rédigez un paragraphe dans lequel vous expliquerez les enjeux de l'aménagement des grands réseaux de transports pour les populations des régions traversées. (3 POINTS)

4 En vous appuyant sur vos connaissances, expliquez en quoi les mobilités de la population en France reflètent l'attractivité des territoires. Vous présenterez les territoires les plus attractifs en expliquant les causes de cette attractivité. Vous montrerez ensuite que certains territoires demeurent à l'écart de ce dynamisme. (4 POINTS)

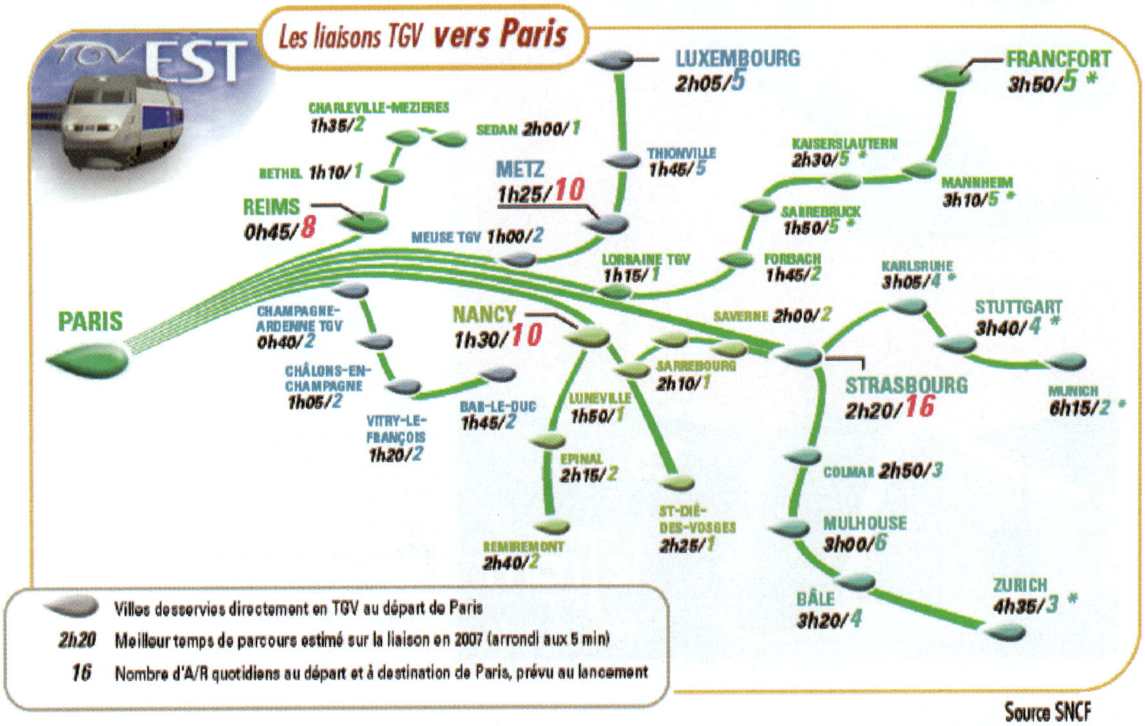

Source SNCF

La LGV Est.

Inaugurée en 2007 la première phase LGV, ligne à grande vitesse relie Paris et la gare de Saverne à 33 kilomètres de Strasbourg. Elle a nécessité la construction de trois nouvelles gares, Champagne-Ardenne, Meuse et Lorraine et représenté un investissement global de plus de 3 milliards d'euros. La mise en service d'une seconde phase en 2015 prolonge la ligne au nord de Strasbourg et permet une meilleure articulation avec le réseau à grande vitesse européen.

Sujet du bac 2

Géographie

Le candidat choisit l'un des deux sujets d'étude présentés (pages 210-211).

Choix 2. Sujet d'étude : L'UE et ses territoires

1 Quels sont les territoires concernés par ce programme Interreg ? (1 POINT)

2 Relevez les éléments du document qui montrent la collaboration de l'Union Européenne à ce programme. Pourquoi son action s'exerce-t-elle sur ces territoires éloignés ? (1 POINT)

3 En vous appuyant sur le document, rédigez un paragraphe dans lequel vous expliquerez l'action de l'Union européenne. Vous expliquerez comment l'Union européenne intervient pour dynamiser ces régions d'outre-mer. (3 POINTS)

4 Les territoires au sein de l'Union européenne présentent à la fois des caractéristiques d'unité mais aussi de contrastes. En vous appuyant sur vos connaissances, vous expliquerez, dans un premier temps, quels sont les facteurs d'unité de la géographie de l'Union européenne. Dans un second temps, vous montrerez quels contrastes caractérisent l'Union européenne. (4 POINTS)

Le programme Interreg IV Caraïbes.

Il a pour objectif de contribuer au développement harmonieux, concerté et durable de l'espace Caraïbes par une croissance économique, respectueuse de l'environnement et créatrice d'emplois. Cela suppose l'approfondissement de la coopération régionale et le renforcement de la compétitivité, l'attractivité, l'intégration et la valorisation des atouts et ressources de l'espace Caraïbes.

Partie 2 de l'examen : 4 points

Éducation civique

Le candidat répond à la question.

Thème : Droits de l'homme et action internationale

1 La création de l'ONU en 1945 : une chance pour la paix mondiale ?

Affiche de 1945.

2 Au début du XXIe siècle, l'ONU est-elle en panne ?

L'ONU n'a pas les moyens d'éviter toutes les guerres. On l'a vu en Irak et on le voit dans d'autres endroits du monde. Mais si l'ONU n'a pas les moyens politiques, ou juridiques, ou militaires d'empêcher toutes les guerres, elle a néanmoins pu en empêcher certaines, soit en lançant des négociations, soit en faisant de la prévention.

L'une des causes de l'échec – relatif néanmoins – c'est que les pays qui ont créé l'ONU et qui étaient alliés lors de sa création, se sont ensuite divisés du fait de la guerre froide. [...] Et ce qui devrait être fait, c'est de réformer le Conseil de sécurité et d'augmenter le nombre des membres permanents, afin que le Conseil soit plus représentatif du monde d'aujourd'hui, et non plus du monde de 1945. C'est malheureusement cette réforme prévue par Kofi Annan* qui a échoué.

D'après un débat avec Pascal Boniface, Directeur de l'Institut de Relations Internationales Stratégiques, *L'ONU est-elle en panne ?* Septembre 2005, lemonde.fr

*Le ghanéen Kofi Annan a été Secrétaire général de l'ONU de 1997 à 2006.

Question

■ L'ONU, est-elle détentrice d'un droit universel qui s'impose aux États du monde entier ? En vous appuyant sur les documents ci-dessus, vous expliquerez d'abord quel rôle joue l'ONU dans la mise en œuvre de ce droit universel. Vous vous interrogerez ensuite sur les effets de son mode de fonctionnement et sur ses actions : succès reconnus et limites rencontrées. (4 POINTS)

Partie 3 de l'examen : 7 points

Histoire

Le candidat choisit l'une des deux situations présentées (pages 213-214).

Choix 1 • Situation : La chute du mur de Berlin

1 La chute du mur dans *Le Figaro* du 10 novembre 1989.

K.O. moral

Qui aurait cru qu'il verrait, avant sa mort, la fin du mur de Berlin ? Pendant que les réfugiés passent la frontière, rares sont les experts qui ne glosent pas avec la conviction d'avoir tout prévu. Mais ils n'avaient généralement rien prévu. Ce n'est pas leur faute. Il est des moments où l'Histoire s'emballe. Quand elle ne s'affole pas… […]

En décidant d'ouvrir les frontières de la RDA vers la RFA et Berlin-Ouest, le dirigeant est-allemand Egon Krenz a fait tomber le mur de 160 kilomètres qui, avec les 1 393 kilomètres du « rideau de fer », sépare les deux Allemagne. C'est la fin d'une époque. C'est même la fin d'un monde.

En 1963, le président des États-Unis, John Fitzgerald Kennedy, s'était écrié devant le mur : « Ich bin ein Berliner ! » (« Je suis un Berlinois ! »). Jusqu'à hier, face à cette hideuse invention du communisme, avec ces miradors et ces fugitifs abattus comme des lapins, nous étions tous des Berlinois.

D'où la vague de joie qui, avec la chute du mur, déferle sur la planète. C'était le dernier grand symbole de la guerre froide. L'Occident l'ayant gagnée, par K.O. économique, moral et idéologique, il fallait qu'il tombe.

Franz-Olivier Giesbert, *Le Figaro*, 10 novembre 1989.

2 La chute du mur dans *L'Humanité* du 10 novembre 1989.

Frontières ouvertes

Les citoyens est-allemands peuvent désormais franchir librement leurs frontières. Le comité central du Parti communiste est-allemand convoque une conférence nationale. La réunification n'est pas à l'ordre du jour et la RFA n'a pas à se mêler des affaires de la RDA.

La République Démocratique Allemande a décidé d'ouvrir totalement ses frontières, avec effet immédiat, à ceux de ses concitoyens qui veulent quitter définitivement le pays, a annoncé, jeudi soir, au cours d'une conférence à Berlin, Günter Schabowski, membre du Bureau politique du parti communiste est-allemand.

Alors qu'on lui demandait si une telle décision annonçait la démolition prochaine du mur de Berlin, le dirigeant communiste a indiqué que pour cela « d'autres éléments devraient être pris en considération ». « Le débat sur cette question sera certainement influencé favorablement si la RFA et l'OTAN décident de prendre des mesures de désarmement », a-t-il ajouté en qualifiant le mur de « frontière d'État fortifié ».

L'Humanité, 10 novembre 1989.

* L'Humanité est le journal du parti communiste français.

Questions

1. Comment le journaliste du Figaro souligne-t-il le caractère exceptionnel de l'événement ? (1 POINT)

2. Dans quel contexte plus général, le journaliste du Figaro replace-t-il la chute du mur ? (1 POINT)

3. Dans le journal *L'Humanité*, le dirigeant est-allemand évoque l'OTAN. Qu'est-ce que l'OTAN ? À quel contexte cela renvoie-t-il ? (1,5 POINT)

4. L'analyse de la chute du mur est très différente dans les deux journaux. Montrez-le. (1,5 POINT)

5. Comment ces différences d'analyse s'expliquent-elles ? Justifiez votre réponse à l'aide vos connaissances. (2 POINTS)

Partie 3 de l'examen : 7 points

Histoire

Le candidat choisit l'une des deux situations présentées (pages 213-214).

Choix 2 • Situation : Le 11 septembre 2001

1 New York, 11 septembre 2001, 9h03.

9h03, le monde entier voit en direct l'avion détourné de la compagnie *United Airlines* s'écraser sur la tour Sud du *World Trade Center*. Un premier avion, lui aussi détourné, a percuté la tour Nord à 8h46.

2 Washington, 11 septembre 2001, 20 h 30, discours du Président George Bush depuis la Maison Blanche.

Aujourd'hui, nos concitoyens, notre mode de vie, notre liberté même ont subi une succession d'actes terroristes délibérés et meurtriers. Les victimes se trouvaient dans des avions et des bureaux : c'étaient des secrétaires, des hommes et des femmes d'affaires, des militaires et des fonctionnaires fédéraux, des mères et des pères, des amis et des voisins. Des milliers de vies ont brusquement été fauchées par des actes de terreur pernicieux et méprisables. Les images d'avions percutant en vol des immeubles, d'incendies, de structures énormes qui s'effondrent nous ont emplis de stupeur, d'une terrible tristesse et d'une colère calme mais sans faille. Ces meurtres en masse visaient à effrayer notre nation et à la plonger dans le chaos et le repli. Mais ils ont échoué.

Notre pays est fort. Un grand peuple s'est levé pour défendre une grande nation. Les attentats terroristes peuvent ébranler les fondations de nos immeubles les plus hauts, pas les fondations de l'Amérique. […] Le gouvernement continue de fonctionner sans interruption. Les agences fédérales qui avaient dû être évacuées dans la journée à Washington sont rouvertes ce soir pour le personnel indispensable, et elles le seront normalement demain. Nos institutions financières restent solides et l'économie américaine continuera également de tourner.

Les recherches sont en cours pour retrouver ceux qui se cachent derrière ces actes funestes. J'ai donné l'ordre que toutes les polices et les agences de renseignements s'attellent à retrouver les responsables et à les traduire en justice. Nous ne ferons pas de distinction entre les terroristes et ceux qui les protègent.

Personne n'oubliera cette journée.

Le Monde, 13 septembre 2001.

Questions

1. Quelle particularité présente l'attentat contre le *World Trade center* ? (1 POINT)

2. Le discours du président Bush aborde successivement trois thèmes. Lesquels ? (1,5 POINT)

3. Quels termes emploie-t-il pour désigner les responsables ? Pourquoi ? (2 POINTS)

4. À l'aide de vos connaissances, indiquez d'abord ce qui fait la particularité du 11 septembre 2001 dans l'histoire des États-Unis. Indiquez ensuite les conséquences qu'ont eues ces événements sur l'engagement américain dans le monde. (2,5 POINTS)

Index

Crédits photographiques

Couverture © Ullstein/Bild/Roger Viollet **p. 10 :** Keystone ; **p. 11 :** Nasa ; **p. 15 (h) :** Prod DB©Lucasfilm/ DR ; **p. 15 (b) :** Magnum/Bob Enriques; **p. 16 (h) :** Coll René Dazy/ Rue des Archives ; **p. 16 (b) :** Daily Mail, London; **p. 17 (h) :** K Shimamoto/ Pan Asia/ Rapho/ Gamma Rapho ; **p. 17 (m) :** Rene Burri/ Magnum Photos ; **p. 18 (h) :** Getty Images / Hulton Archive ; **p. 18 (b) :** DeAgostini/ Leemage ; **p. 19** : Coll. Cossira/ DR ; **p. 20 :** Alain Gesgon/ Cirip ; **p. 21 :** Keystone/ Gamma Rapho ; **p. 23 :** Cirip/A. Gesgon ; **p. 25 :** Hulton Archives/ Getty Images ; **p. 26 (g) :** Dite-Usis ; **p. 26 (d) :** Cirip/A. Gesgon ; **p. 27 :** Archives Charmet/ Bridgeman Giraudon ; **p. 29 :** Leonard Freed/ Magnum Photos ; **p. 30 :** Jacques Moreau/ Archives Larousse/ The Bridgeman Art Library ; **p. 31 :** Sean Gallup/ Getty Images/ Afp ; **p. 34 :** Akg Images ; **p. 35 (hg) :** Bibliothèque Forney ; **p. 35 (mg) :** Fototeca/ Leemage ; **p. 36 (hg) :** Alain Gesgon/ Cirip ; **p. 36 (bd) :** Horst Haitzinger/ DR ; **p. 38 (mg) :** Pielert/ DR ; **p. 38 (bg) :** Archives Nathan ; **p. 39 (hg) :** Commission européenne ; **p. 39 (bg) :** Collection particulière ; **p. 40 (hd) :** Francolon-Simon/ Gamma/ Gamma Rapho ; **p. 40 (mg) :** Selva/ Leemage ; **p. 41 (hd) :** Rolf Henn/ DR ; **p. 41 (bg) :** Pascal George/ Afp ; **p. 43 :** Gérard Cerles/ Afp ; **p. 45 :** Süddeutscher Verlag, München ; **p. 46 :** Chaunu ; **p. 47 (bd) :** Alain Gesgon/ Cirip ; **p. 47 (g) :** Commission Européenne ; **p. 48 (d) :** Paris Berlin Magazine ; **p. 48 (bg) :** Archives Larbor/J ; **p. 50 :** Hulton Archive/ Getty Images ; **p. 51 :** Marc Riboud ; **p. 54 :** Keystone/ Gamma Rapho ; **p. 55 :** Marc Riboud ; **p. 58 (hd,md) :** Tal/ Rue des Archives ; **p. 58 (bd) :** Fia/ Rue des Archives ; **p. 58 (bg) :** Fia/ Rue des Archives ; **p. 59 (hd) :** Vithalbhai Jhaveri/ GandhiServe ; **p. 59 (bg) :** Collection Christophe L ; **p. 60 (bg) :** Tal/ Rue des Archives ; **p. 61 (hg) :** La Dépêche Quotidienne ; **p. 61 (hd) :** Rue des Archives ; **p. 63 :** GandhiServe ; **p. 66 :** Alain Gesgon/ Cirip ; **p. 67 (hd) :** Agip/ Rue des Archives ; **p. 67 (mg) :** Alain Gesgon/ Cirip ; **p. 67 (bd) :** Fritz Behrendt/ DR ; **p. 69 :** Roger-Viollet ; **p. 70 :** Sygma/Corbis/R. Bossu ; **p. 71 :** Chad Hunt/ Corbis ; **p. 75 :** Georges Million ; **p. 76 (b) :** Howard Davies/ Corbis ; **p. 77 :** Chappatte, dans «NZZ am Sonntag» (Zurich)/ www.globecartoon.com ; **p. 78 (h) :** Gérard Malie/ Afp ; **p. 78 (b) :** Picture-Alliance/DPA/UPI; **p. 79 :** Michael Gottschalk/ Ddp/ Afp ; **p. 80 :** Beth A. Keiser/ Afp ; **p. 88 :** Edmund Valtman/ DR ; **p. 89 (h) :** Vladimir/ Sipa/ Paris Match ; **p. 89 (b) :** Courrier International ; **p. 92 :** G.PM.H/ Le port du Havre ; **p. 93 :** Frans Lanting/ Corbis ; **p. 97 :** James Leynse/ Rea ; **p. 98 (h) :** © www.parisdeveloppement.com/ ; **p. 98 (b) :** Sichov/ Sipa ; **p. 99 (b) :** © Anne-Marie Gérin-Grataloup; **p. 101 (h) :** Sébastien Mérion / Tikiwaka.com ; **p. 101 (b) :** Ministère de l'Ecologie, de l'Energie, du Développement durable et de la Mer ; **p. 106 :** Hamilton/ Rea ; **p. 107 :** Christophe Valentin/ Hoa-Qui/ Gamma Rapho ; **p. 108 :** © Région Centre; **p. 109 (h) :** Le Temple Sri Manicka/ www.templeganesh.fr ; **p. 109 (b) :** Esa ; **p. 110 :** Philippe Guignard/ Air-images.net ; **p. 111 :** Philippe Guignard/ Air-images.net ; **p. 114 (bg) :** Région Pays de la Loire ; **p. 115 (h) :** Chauvet H./ Urba Images Server ; **p. 115 (m) :** Mairie de Toulouse ; **p. 115 (b) :** Samson/ Iconovox ; **p. 116 (h) :** Communauté Urbaine Marseille Provence Métropole ; **p. 116 (m) :** Ville de Besançon ; **p. 116 (b) :** Brouck/ Iconovox; **p. 117 :** Paris C./ Urba Images Server ; **p. 118 (h, b) :** Conservatoire du littoral ; **p. 119 (h) :** Ferme Insulaire de Quéménès; **p. 119 (b) :** Isabelle Juguet ; **p. 120 (h) :** Richard Zéboulon/ La Mémoire de Bordeaux ; **p. 120 (m) :** © Isabelle Juguet; **p. 123 :** Lyon Confluence- www.lyon-confluence.fr ; **p. 125 :** www.investinreims.com ; **p. 126 :** Delucq ; **p. 127 (hg) :** Région d'Aquitaine ; **p. 127 (bg) :** Coordination des associations de vigilance LGV ; **p. 127 (hd) :** Florian Roulies ; **p. 129 (h) :** Conservatoire du littoral ; **p. 129 (b) :** Euroméditerranée ; **p. 130 :** Yann Arthus-Bertrand/ Altitude ; **p. 131 :** Gardel Bertrand / Hemis.fr ; **p. 134 :** Benoît Stichelbaut ; **p. 135 :** San Rostro/ Age Fotostock ; **p. 136 :** Europe Vue du Ciel ; **p. 137 :** Michel Troncy/ Hoa-Qui ; **p. 138 (h) :** www.nordmag.fr ; **p. 138 (b) :** Yann Guichaoua/ Hoa-Qui ; **p. 139 :** Hameau des Lainières ; **p. 143 :** Nîmes Métropole Communauté d'Agglomération ; **p. 146 (h) :** IM/ Kharbine Tapabor ; **p. 146 (m) :** Sonnet Sylvain/ Hemis.fr ; **p. 148 :** Bertrand Gardel/ Hemis/ Corbis ; **p. 149 :** LAM, Lille Métropole, musée d'art moderne, d'art contemporain et d'art brut/ Max Lerouge/ LMCU ; **p. 150 :** Patrice Lapoirie/ Photopqr/ Nice Matin/ Maxppp ; **p. 151 :** Philippe Guignard/ Air-images.net ; **p. 154 :** Benoit Tessier/ Photopqr/ Le Parisien/ Maxppp ; **p. 155 (h) :** Les Sénioriales ; **p. 155 (b) :** Pesendorfer J./ Urba Images Server ; **p. 156 (hd) :** Service communication de la ville de Montpellier ; **p. 157 (h) :** Philippe Guignard/ Air-images.net ; **p. 157 (b) :** Cantal ; **p. 158 (hd) :** Faujour/ Iconovox ; **p. 158 (bg) :** Bison Futé ; **p. 159 (hg) :** Jean-Pierre Clatot/ Afp ; **p. 159 (hd) :** Service communication de la ville de La Grande Motte ; **p. 159 (bg) :** Julien Muguet/ Maxppp ; **p. 159 (bd) :** Cap Breton ; **p. 160 :** Prod DB©Cinéma Public Films/ DR ; **p. 161 (hg) :** Cnous Crous ; **p. 161 (hd) :** Ubi Bene/ Ecran Media/ Media Transport ; **p. 161 (bd) :** Guadeloupe ; **p. 163 :** Souris Inc, Getty, Corbis, Erik Levilly, Grand Port Maritime du Havre, Robert Monthuis, Franck Godard, François Kenesi, Jacques Basile, Philippe Bréard ; **p. 169 (h) :** Jaffre J.C./ Urba Images Server ; **p. 169 (b) :** Chauvet H/ Urba Images Server ; **p. 170 :** Gefyra ; **p. 171** : Parlement Europeen/ Rea ; **p. 175 :** Illustration François Dimberton; **p. 177 :** Ap/ Sipa ; **p. 178 :** Henrik Montgomery/ Afp ; **p. 179 :** Fournil/ Photopqr/ Nice Matin/ Maxppp ; **p. 180, p. 181 (hg,hd,m) :** Esa ; **p. 183 :** Cosmos/SPL/WT Sullivan III ; **p. 185 :** Agriculture.gouv.fr ; **p. 187 (m) :** Jodar-Airbus/ Sipa ; **p. 187 (b) :** Agence Ide ; **p. 192 (g) :** Nations Unies ; **p. 192 (d) :** Albert Gonzalez Farran / Unamid ; **p. 193 (hd) :** Sara Danguis/ Amnesty International ; **p. 194 (mg) :** Waltraud Grubitzsch/ Dpa/ Corbis ; **p. 194 (bd) :** Katsutoshi Hatsuzawa/ Orion/ Amanaimages/ Corbis ; **p. 195 (hg) :** Maurice Mcdonald/ Ap/ Sipa ; **p. 195 (md) :** Michael Dalder/ Reuters ; **p. 196 (hd) :** Sipa/Rex/Jonathan Hordle ; **p. 196 (mg) :** Wikileaks ; **p. 197 (h/m/mb) :** Cnil ; **p. 199 :** Greenpeace ; **p. 203 :** Ide pour 20 minutes ; **p. 205 :** Patrick Allard/ Rea ; **p. 207 :** Peuples Solidaires ; **p. 208 :** Conservatoire du Littoral ; **p. 209 :** SemTram Brest ; **p. 210 :** Sncf ; **p. 211 :** Interreg IV Caraibes ; **p. 212 :** Alain Gesgon/ Cirip ; **p. 214 :** Afp

Coordination éditoriale : **Christine Asin**

Édition : **Aude Benkaki**

Relecture – correction : **Nathalie Rachline**

Conception maquette et mise en pages : **Killiwatch**

Coordination artistique : **Evelyn Audureau**

Iconographie : **Katia Davidoff/Booklage**

Cartographie : **Légendes Cartographie et Marie-Sophie Putfin**

Infographie : **Aude Macquet**

Couverture : **Killiwatch**

Fabrication : **Maria Pauliat**

FSC
www.fsc.org
MIXTE
Papier issu de sources responsables
FSC® C022030

IMPRIM'VERT
Votre imprimeur agit pour l'environnement

Achevé d'imprimer en France par Loire Offset Titoulet à Saint-Etienne

N° éditeur : 10190882 - Dépôt légal : Août 2012

« Le papier de cet ouvrage est composé de fibres naturelles, renouvelables, fabriquées à partir de bois provenant de forêts gérées de manière responsable ».